马克思主义经济学中国化研究

颜鹏飞 丁 霞 主编

MAKESIZHUYI JINGJIXUE
ZHONGGUOHUA YANJIU

中国社会科学出版社

图书在版编目（CIP）数据

马克思主义经济学中国化研究/颜鹏飞，丁霞主编 . —北京：中国社会
科学出版社，2015.8
ISBN 978 - 7 - 5161 - 6324 - 5

Ⅰ.①马…　Ⅱ.①颜…　②丁…　Ⅲ.①中国经济—社会主义
经济—研究　Ⅳ.①F120.2

中国版本图书馆 CIP 数据核字（2015）第 131107 号

出 版 人	赵剑英
责任编辑	田 　文
特约编辑	陈 　琳
责任校对	张爱华
责任印制	王 　超

出 　　版	中国社会科学出版社
社 　　址	北京鼓楼西大街甲 158 号
邮 　　编	100720
网 　　址	http://www.csspw.cn
发 行 部	010 - 84083685
门 市 部	010 - 84029450
经 　　销	新华书店及其他书店

印刷装订	北京君升印刷有限公司
版 　　次	2015 年 8 月第 1 版
印 　　次	2015 年 8 月第 1 次印刷

开 　　本	710 × 1000　1/16
印 　　张	17
插 　　页	2
字 　　数	292 千字
定 　　价	59.00 元

目　录

绪　　论

　　中国共产党在领导中国革命、建设和改革的长期实践中，把马克思主义基本原理同中国具体实际和时代特征结合起来，实现了马克思主义同中国实际相结合的两次历史性飞跃，产生了两大理论成果，即毛泽东思想和中国特色社会主义理论体系。毛泽东思想中蕴含着丰富的经济思想，这些思想坚持马克思主义经济学基本原理，从中国实际出发深入回答了新民主主义革命和社会主义革命、社会主义建设中的重大问题，对于在中国这样一个经济文化落后的东方大国如何实现新民主主义革命、如何走向社会主义道路、建设什么样的社会主义、怎样建设社会主义及其经济建设规律进行了艰辛探索，推动了马克思主义经济学在中国的发展。中国特色社会主义理论体系，即由邓小平理论、"三个代表"重要思想、科学发展观以及习近平总书记系列重要讲话等构成的有机统一的整体，系统回答了在中国这样一个十几亿人口的发展中大国建设什么样的社会主义、怎样建设社会主义，建设什么样的党、怎样建设党，实现什么样的发展、怎样发展，什么是马克思主义、怎样发展马克思主义等一系列重大问题；而其中蕴含的丰富的经济思想是马克思主义经济学中国化的最新成果。

一　马克思主义基本原理同中国具体实际的两次历史性结合

　　我们党坚持把马克思主义基本原理同中国具体实际结合起来，在推进马克思主义中国化的历史进程中产生的第一大理论成果是毛泽东思想。毛泽东是新民主主义时期，关于马克思主义与中国革命和建设的具体实践的"第一次结合"论的提出者和完成者，系统回答了在一个半殖民地半封建的东方大国，如何实现新民主主义革命和建设，以及如何实现由新民主主义到社会主义的转变，并对这些过程中的一系列重大问题进行了卓有成效的探索。以毛泽东为核心的党的第一代中央领导集体紧紧依靠人民，夺取了新民主主义革命的伟大胜利，通过三大社会主义改造确立了社会主义基本制度，创造性地实现了由新民主主义到社会主义的转变，使占世界人口四分之一的东方大国进入社会主义社会，并且建立起独立的比较完整的工业体系和国民经济体系，初步积累了在中国这样一个社会生产力水平十分落后的东方大国进行经济建设的重要经验，从而实现了马克思主义中国化的第一次理论飞跃。

毛泽东还是社会主义时期"第二次结合"论的提出者和先行者，目的在于"找出在中国怎样建设社会主义的道路"。① 这一结合分成两个大的历史时期。

"第二次结合"的第一个时期即前 22 年（1956—1978 年），以党的八大（1956 年 9 月 15—27 日）为标志，在对农业、手工业和资本主义工商业的社会主义改造已取得决定性胜利、国内主要矛盾发生了重大变化的情况下，如何解决关于把我国尽快地从落后的农业国变为先进的社会主义工业国的问题。第一代中央领导集体对什么是真正的社会主义、什么是中国特色的社会主义建设道路、怎样建设社会主义作了难能可贵的探索，为在中国这样的社会生产力水平十分落后的东方大国怎样进行社会主义建设积累了重要经验，并且完成了"以俄为师"到"以俄为鉴"的转变，由此形成的中国化的马克思主义经济学，丰富和发展了马克思主义经济学。在这一过程中，尽管有曲折、失误和教训，但是建立起了比较完整的独立的国民经济体系，为社会主义现代化建设进一步发展奠定了重要的制度基础和物质技术基础。

---

① 《人民日报》1956 年 4 月 5 日发表的《关于无产阶级专政的历史经验》一文，是由毛泽东主席主持的中央政治局会议多次讨论和修改写成的。4 月 4 日下午，毛主席召开中央书记处会议讨论修改意见。并且指出："发表这篇文章，我们对苏共二十大表示了明确的但也是初步的态度。议论以后还会有。问题在于我们自己从中得到什么教益。"他认为："最重要的是要独立思考，把马列主义的基本原理同中国革命和建设的具体实际相结合。民主革命时期我们在吃了大亏之后才成功地实现了这种结合，取得了中国新民主主义革命的胜利。现在是社会主义革命和建设时期，我们要进行第二次结合，找出在中国怎样建设社会主义的道路。这个问题我几年前就开始考虑，先在农业合作化问题上考虑怎样把合作社办得又多又快又好，后来又在建设上考虑能否不用或者少用苏联的拐杖，不像第一个五年计划那样照搬苏联的一套，自己根据中国的国情，建设得又多又快又好又省。现在感谢赫鲁晓夫揭开了盖子，我们应从各方面考虑如何按照中国的情况办事，不要再像过去那样迷信了。其实，过去我们也不是完全迷信，有自己的独创。现在更要努力找到中国建设社会主义的具体道路。"详见吴冷西《忆毛主席》一书中"一论无产阶级专政的历史经验"章，新华出版社 1995 年版，第 6—7 页。

"第二次结合"的第二个时期即后 30 年（1978—2008 年），以党的十一届三中全会为标志，实现了新中国成立以来党的历史上具有深远意义的伟大转折，开启了我国改革开放和社会主义现代化建设历史新时期。以邓小平、江泽民、胡锦涛为核心的党的中央领导集体，紧紧依靠广大人民，坚持以经济建设为中心，坚持四项基本原则，坚持改革开放，不断探索中国特色社会主义建设和科学发展规律，大大推进了"第二次结合"的历史进程，实现了马克思主义中国化的"第二次飞跃"。

（一）马克思主义经济学中国化的第一次历史性结合和大飞跃

毛泽东思想中蕴含着丰富的经济思想，这些思想坚持马克思主义经济学基本原理，从中国实际出发深入回答了新民主主义革命和社会主义革命、社会主义建设中的重大问题，初步探索了中国社会主义经济建设规律，推动了马克思主义经济学在中国的发展。中国共产党制定的新民主主义革命的总路线以及作为这一总路线的具体展开的新民主主义基本纲领，反映了中国革命的基本规律，中国革命的对象、性质、动力、领导力量，以及阐述新民主主义的政治、经济和文化等方面的具体奋斗目标、方针和政策。中国新民主主义及其过渡或转型的实践（1921—1956 年）及其理论成果，解决了在一个以农民为主体的、落后的半殖民地半封建的东方大国里如何进行革命和建设，如何打通转向社会主义之道的一系列理论问题，其中蕴含着丰富的经济思想，是马克思主义经济学中国化的第一次大飞跃。

其一，新民主主义时期的经济思想（1921—1949 年）主要包括关于新民主主义社会经济形态的学说亦即中国化的马克思主义社会经济形态学说，以及新民主主义经济纲领和经济结构的论述、革命根据地和解放区的经济建设的理论和实践等，构成了马克思主义中国化第一次历史飞跃的最重要标志。这是对由马克思和恩格斯提出、列宁发展了的关于资产阶级民主革命的理论的深化和中国化，也是对马克思"三形态说"、"五形态说"和"东方社会"理论例如"亚细亚生产方式"的深化和发展。

其二，新民主主义向社会主义过渡时期的经济思想（1949—1956 年）主要包括关于过渡时期总路线、关于过渡时期经济特征的概括、用国家资本主义的形式与和平赎买政策改造资本主义工商业，用自愿互利和逐步过渡的形式改造个体农业和个体手工业、两种统一战线和两种联盟的思想、先合作化后机械化的思想等。因为对于在中国这样一个占世界人口近四分之一的、经济文化落后的大国中如何实现从新民主主义到社会主义的转变，从而建立社会主义的基本经济制度，即如何把握过渡与转变的时机、转折点、改造方式和具体步骤，怎样过渡与转变，马克思主义经典作家没有现成的答案。虽然在过渡时间上和社会主义经济制度和体制上不尽如人意，但是，这毕竟是马克思列宁主义社会主义革命、过渡和建设理论在中国创造性应用和发展的结果，是马克思主义中国化尤其马克思主义经济学中国化的成果。

（二）马克思主义经济学中国化的第二次历史性结合和大飞跃

毛泽东是马克思主义中国化第二次大飞跃的提出者、先行者和探索者，他在 1956 年 4 月 4 日召开的中央书记处会议上，指出："最重要的是要独立思考，把马列主义的基本原理同中国革命和建设的具体实际相结合。民主革命时期我们在吃了大亏之后才成功地实现了这种结合，取得了中国新民主主义革命的胜利。现在是社会主义革命和建设时期，我们要进行第二次结合，找出在中国怎样建设社会主义的道路。"①

毛泽东及其领导集体在这一跌宕起伏的历史时期展开了长达 22 年的探索过程，涉及"中国特色社会主义的初步探索与失误"（1956—1965年）、"马克思主义中国化进程的暂时中断"（1965—1978 年）这两个阶段，对于什么是社会主义以及如何搞好中国特色社会主义经济建设，作了开拓性探索和创新性贡献，由此形成的中国化的马克思主义经济学，丰富和发展了马克思主义经济学，概而言之：一是社会主义社会的基本矛盾仍然是生产力和生产关系之间的矛盾、经济基础和上层建筑之间的矛盾，其主要矛盾已经转化成为人民对于经济文化迅速发展的需要同当前经济文化不能满足人民需要的状况之间的矛盾；二是社会主义的根本任务已经由解放生产力变为在新的生产关系下保护和发展生产力，努力建设成为以"四个现代化"为标志的社会主义强国；三是区分社会主义社会的两个阶段，前一阶段是不发达的社会主义，后一阶段是比较发达的社会主义，谨慎辨识关于"建立"与"建成"社会主义的两种表述，这是"社会主义初级阶段"论断的理论基础；四是对处理计划与市场相互关系的初步探索，对轻视和消灭商品经济的倾向进行了批评，强调商品生产不能与资本

---

① 详见吴冷西《忆毛主席》，"一论无产阶级专政的历史经验"章，新华出版社 1995 年版，第 9 页。

主义混为一谈、价值法则是一个伟大的学校、商品生产的命运最终和社会生产力的水平有密切关系；五是统筹兼顾，生产力区域合理布局，各得其所，充分调动一切积极因素；六是自力更生为主、国外市场为辅的对外经济战略，以及结合中国实际，提出了一系列关于社会主义建设的重要思想、方针和政策，等等。这一阶段马克思主义经济学中国化的主题和特点，是探索适合中国特点的社会主义经济建设的规律和道路，从而对马克思主义经济学中国化的"第二次飞跃"奠定了坚实的基础。

中国以党的十一届三中全会为标志，进入了"第二次结合"的第二个时期（1978—2008 年），开启了我国改革开放和社会主义现代化建设历史新时期，形成了蕴含着中国化马克思主义经济学的中国特色的社会主义理论体系，大大推进了"第二次结合"的历史进程，实现了马克思主义中国化的"第二次飞跃"。

这一时期马克思主义经济学中国化的创新成果，一是关于中国位于社会主义初级阶段及其中国特色社会主义的本质和根本任务；二是关于社会主义经济体制改革的理论；三是关于社会主义对外开放的基本国策；四是关于社会主义初级阶段以公有制为主体、多种所有制经济共同发展为标志的基本经济制度；五是关于按劳分配为主体、多种分配方式并存是社会主义初级阶段的分配制度；六是关于社会主义经济管理和宏观调控的理论；七是中国区域经济协调发展的基本观点；八是基于科学发展理念的关于社会主义经济又好又快发展的理论等。这是对当代马克思主义经济学的创新和发展所作出的历史性贡献，特别是提出在社会主义条件下解放和发展社会主义社会生产力，发展市场经济，从而实现社会主义基本经济制度与市场经济的顺利对接与有机结合的伟大创举，大大丰富和发展了马克思主义政治经济学，形成了中国特色社会主义经济理论体系。①

----

① 学术界有一种观点，是从建设中国特色社会主义经济的基本纲领角度予以解读，即建立和完善社会主义市场经济体制；积极参加国际经济合作与竞争，实施互利双赢的对外开放战略；坚持公有制为主体、多种经济成分共同发展的基本经济制度；坚持和完善按劳分配为主体的多种分配制度，逐步达到共同富裕；实施科教兴国战略，提高自主创新能力，建设创新型国家；实施人才强国战略；实施可持续发展战略；加快转变经济增长方式，推动产业结构升级，坚持走中国特色新型工业化道路；统筹城乡发展，推进社会主义新农村建设；加强能源资源节约和生态环境保护，把建设资源节约型、环境友好型社会放在工业化、现代化发展战略的突出位置；推动区域协调发展，优化国土开发格局，缩小区域发展差距，实现公共服务均等化和生产要素跨区域合理流动；走中国特色城镇发展道路，促进大中小城镇协调发展。

二　中国特色经济学体系是马克思主义经济学中国化的最新成果

一定时代和历史阶段上的理论体系是关于一种学说的概念、范畴、规律和理论的集成、总和、系统或有机统一的整体。马克思主义经典作家十分看重理论"结构"或者逻辑"体系",强调"马克思主义是马克思观点和学说的体系",并且阐述了这一体系的时代性、历史性和严整性:"一切划时代的体系的内容都是由于产生这些体系的那个时代的需要而形成起来的","马克思主义的全部精神,它的整个体系,要求人们对每一个原理只是(a)历史地,(b)只是同其他原理联系起来,(c)只是同具体的历史经验联系起来加以考察"①。同时,也验证了一句名言:"真理只有作为体系才是现实的。"②

其次,尤应倡导马克思的总体方法论和经济学逻辑体系构建方法。卢森堡(Rosa Luxemburg)、卢卡奇(Ceorg Lukacs)等人推崇"总体性"、"总体范畴"及其"至高无上性"原则,指出:总体范畴是辩证法的支柱,"总体范畴,整体对各个部分的全面的、决定性的统治地位,是马克思取自黑格尔并独创性地改造成为一门全新科学的基础的方法的本质"③。

马克思总体方法论和经济学逻辑体系构建方法的实质,就是"思想总体"如何再现"生产总体"和"具体总体",并从总的联系和内在矛盾中逻辑地再现社会经济形态总体的一门学问,一言以蔽之,就是构建"生产力(生产资料)的概念和生产关系的概念的辩证法"运动的逻辑体系④,这也是政治经济学的研究对象和任务。这一经典论断出自被马克思评价为"为重要的社会关系观作了第一次科学表述"的《政治经济学批判大纲》(1857—1858经济学手稿)之中的"经济学提纲"(8条),其

---

① 《列宁选集》第2卷,人民出版社1995年版,第418页;马克思、恩格斯:《德意志意识形态》,人民出版社1961年版,第534页;《列宁全集》第47卷,人民出版社1990年版,第464页。

② [德] 黑格尔:《精神现象学》上卷,商务印书馆1979年版,第15页。

③ [匈牙利] 卢卡奇:《历史与阶级意识》,商务印书馆1992年版,第76页。

④ 《马克思恩格斯文集》第8卷,人民出版社2009年版,第34页。

理论意义和学术价值不亚于彰显马克思哲学革命原创性成果的《关于费尔巴哈的提纲》（11条）。

中国经济学理论体系是中国特色社会主义理论体系重要组成部分，是马克思主义经济学中国化的集中反映和最为突出的理论成果。两者既有共性，同时后者又有自己独特的话语体系、主导理论、演变路径和发展规律。

两者的共性是：（1）它们不是邓小平理论、"三个代表"重要思想、科学发展观等重大战略思想的简单叠加，它是由一系列有着内在逻辑性和内在层次的基本观点、基本理论或者主导理论构建成的科学体系。（2）社会主义本质理论、初级阶段理论、时代理论是它们共同的理论基石。以"一个中心，两个基本点"为标志的党的基本路线是社会主义本质的内在要求和鲜明体现，是以初级阶段为客观依据，也是现时代的内在要求。（3）马克思主义基本原理同中国具体实际的结合是它们共同的主题。（4）关于三个"没有变"的判断，是这两个理论体系对于整个国情、世情和经济社会发展方位的科学判断，即我国仍处于并将长期处于社会主义初级阶段的基本国情没有变，人民日益增长的物质文化需要同落后的社会生产之间的矛盾这一社会主要矛盾没有变，我国是世界上最大的发展中国家的国际地位没有变。

两者的个性是：虽然它们都可以从"围绕一个主题、探索和回答四个基本问题"的角度加以研究，只是侧重点有所不同而已，但是它们又有着自己独特的话语体系、主导理论、演变路径和发展规律。

中国特色社会主义理论体系强调"五位一体"的总体布局思想和社会主义初级阶段的基本纲领，以及这四大建设和生态文明建设、党的建设全面推进的战略思想，全面推进中国特色社会主义经济建设、政治建设、文化建设、社会建设和生态文明建设以及党的建设。其主导理论包括改革开放理论、经济建设和经济发展方式理论、政治建设理论、文化建设理论、生态文明建设理论、社会建设和社会管理理论、国际战略理论、和谐社会与和谐世界理论、党建理论等。而中国经济学理论体系的个性和特征是：

（1）中国经济学理论体系则回答了在社会主义实践中提出的关于建设什么样的社会主义、确立什么样的经济制度、体制和机制，怎样搞好社会经济发展等重大问题，着重解读和科学地阐述"什么叫发展，怎样发展，为谁发展、依靠谁发展、由谁来享受发展成果"这一重大问题，逐步形成了以社会主义初级阶段经济关系为研究对象，以社会主义初级阶段经济制度研究为起点，以对社会主义市场经济体制建立和完善为主体，以对社会主义市场经济体制运行为展开内容的中国特色社会主义经济学理论体系。换而言之，中国特色的初级阶段是马克思主义经济学中国化的出发点；改革开放是马克思主义经济学中国化的强大动力。初级阶段的社会主义基本经济制度理论、社会主义经济体制改革理论、对外开放的基本国策和理论，以及中国特色的经济发展理论等是其主导理论，也是马克思主义经济学在制度领域中国化的重大成果。

（2）这一体系在表述形式上，已经出现了摆脱对于西方经济学范式的全盘肯定和模仿的倾向，已初步建立了自己的大众化和时代化的，具有中国特色、中国风格、中国气派的学术话语体系，从而体现了它的科学品性和创新能力，因为"一门科学提出的每一种新见解，都包含着这门科学的术语的革命"①。"中国特色"、"中国经验"、"中国元素"、"中国奇迹"、"中国速度"、"中国道路"、"中国模式"已成为举世瞩目的话题。举凡农业承包制、经济特区、乡镇企业、财政包干制、价格双轨制、现代企业制度、中国社会主义初级阶段、基本经济制度、社会主义市场经济体制、自主创新战略、转变经济发展方式、新型工业化道路、中国特色城镇化道路等术语、概念和范畴，已经为世人所熟悉和运用。

（3）这一体系在结构层次上也有自己的特点：第一，是指其位于抽象层面的基础性逻辑层次，即从抽象层次反映生产力与生产关系的辩证法运动，以及在继起的更高层次上涵盖基本经济制度、经济体制和经济发展方式、社会主义经济本质理论，以及关于基本经济制度和经济体制相互关系的理论等；第二，宏观层次，涉及经济的生产、分配、交换和消费等主要环节及其宏观经济运行和调控机制等；第三，微观层次，涉及微观经济组织经济运行和调控机制等；第四，侧重现象层次和具体层面，具有综合化、政策化和宽泛化特征的中国模式理论，涉及中国经济发展道路、发展

---

① 马克思：《资本论》第1卷，人民出版社1975年版，第34页。

目标、发展模式、发展战略、发展动力等。①

　　总的来看，第一层次决定中国经济学及其中国经济模式的本质和基本性质，而第二、第三、第四层次的运行和发展都是生产力与生产关系的辩证法运动的具体反映，是与一定的经济制度、经济体制和经济发展方式紧密相关的，并且在第四层次的中国经济模式得到最为具体的综合反映。由此可见，中国经济发展模式仅仅是中国经济学体系在现象层次或者具体层次的折射或者反面映象。

　　（4）这一体系形成与发展大致划分为三大阶段：

　　一是中国经济学体系的酝酿和探索阶段（20 世纪 50 年代至 1978年）。这一阶段的理论和实践基本上是按照苏联计划经济体制和"苏联范式"而建立起来的，形成了具有中国特色的计划经济理论。研究内容集中在马克思主义经济学、苏联社会主义经济理论等领域，目的性和宏观性很强。配合国家经济建设需要来注解和诠释政策的意图非常明显。

　　应该强调指出，毛泽东、刘少奇、陈云、邓子恢等人的经济思想，尤其毛泽东的《论十大关系》以及关于苏联政治经济学教科书的学习笔记等重要文献，对中国社会主义建设道路和经济理论作了有益的初步探索。

　　此外，中国经济思想界提出了一些有影响的经济理论，产生了一批有影响的经济学著作，其中包括马寅初的《新人口论》、王亚南的《中国经济原论》、卓炯的《论社会主义商品经济》、孙冶方的《社会主义经济论稿》及其"价值规律论"、薛暮桥的《中国社会主义经济问题研究》、《顾准文集》以及李平心的"生产力理论"等。同时，召开了一些有影响

----

　　① 学术界有的同志提出"九点"论。指出：中国特色经济学经济理论体系是对中国社会主义经济建设特别是改革开放以来社会主义经济发展的实践和经验的概括和总结，其基本范畴包括生产、分配、交换和消费等主要环节，以及基本制度、经济体制、经济发展和全球化背景下的对外开放等主要方面。其逻辑主线是中国特色社会主义的实践。围绕中国特色经济学的逻辑起点、基本范畴和基本线索，中国特色经济学的理论体系主要包括了以下内容：关于社会主义经济本质的理论；关于社会主义初级阶段基本经济制度的理论；关于社会主义初级阶段收入分配的理论；关于经济体制改革的理论；关于社会主义市场经济理论；关于中国特色的经济发展理论；关于积极参与经济全球化与对外开放的理论；关于自主创新和建立创新型国家的理论。它们涵盖了中国特色社会主义经济的生产、分配和交换等主要环节，以及基本制度、经济体制、经济发展和对外开放等主要方面，初步形成了一个比较完整的理论体系。中国特色社会主义经济理论体系的内容是十分丰富的，除了以上九个方面最基本的内容外，建设社会主义新农村的理论、建立创新型国家的理论、深化国有企业改革的理论、政府职能和政府调节的理论等也都很重要。

的经济理论研讨会，对经济建设实践中提出的重大问题展开了卓有成效的大争论，其中包括关于商品市场、社会主义基本经济规律与特征、按劳分配、生产劳动与非生产劳动、速度与比例等问题的讨论（1956—1959年），以及关于经济核算、经济效果、社会主义再生产的争论（20世纪60年代）。

二是中国经济学体系的初步形成阶段（1978—2002年）。理论是实践的反映。中共十一届三中全会实施以经济建设为中心的战略性转移，开始改革开放的伟大历程。这是中国经济学体系创立的起点，中共十二届三中全会（1984年10月）通过的《中共中央关于经济体制改革的决定》，被邓小平称之为"中国版的社会主义政治经济学"。中共十六届三中全会（2003年10月）通过的《中共中央关于完善社会主义市场经济体制若干问题的决定》是中国特色的社会主义基本经济制度、体制和经济学理论体系初步形成的标志，中国经济体制改革在理论和实践上取得重大进展。

这一阶段经济理论界关于社会主义经济学理论体系的讨论和探索是空前活跃、异常繁荣的，尤其各个高校和研究机构也编写了各种版本的政治经济学教材。例如，逄锦聚、洪银兴、林岗、刘伟等主编的《政治经济学》，蒋家俊、吴宣恭主编的南方16所高校合作的《政治经济学（社会主义部分）》（史称"南方本"），谷书堂教授、宋则行教授主编的北京13所高校参与的《政治经济学（社会主义部分）》（史称"北方本"），卫兴华教授等编写的《政治经济学原理》，刘诗白教授主编的《马克思主义政治经济学原理》，魏埙教授等主编的《政治经济学（资本主义部分）》等。这些研究成果有助于确立中国经济学体制的框架，有助于中央关于构建和完善社会主义市场经济体制的战略决策和工作部署。

三是中国经济学体系的进一步完善阶段（2003— ）。党的十六大特别是十七大以来，提出了关于一面旗帜、一条道路、一个理论体系的总体性理论概括和科学总结，系统地总结了中国特色社会主义建设的成功经验，丰富和完善了中国特色社会主义理论体系，在新的历史条件下进一步回答了发展中国特色社会主义的一系列重大问题，包括正确认识"什么是社会主义，如何建设社会主义，建设什么样的党、怎样建设党，怎样处理政党、政府、市场、企业和社会的关系"，"什么叫发展，怎样发展，为谁发展、依靠谁发展"以及在推进的各个具体阶段上，不断解决"改革什么，怎么改；开放什么，怎么开放"等问题。① 因此，在社会主义经济的本质特征、分配原则、发展道路、发展模式、科学发展、和谐发展、发展战略、对外开放，以及不断提高驾驭社会主义市场经济能力的具体途径等方面提出了一系列新的思想和发展理念，深化了对中国特色社会主义本质和社会主义市场经济发展规律的认识。由此表明：在实现马克思主义中国化，把握中国特色社会主义发展基本规律和完善中国经济学体系上进入一个新的阶段。

应该强调指出，自 2004 年以来，中央直接部署和实施的马克思主义理论研究和建设工程是以胡锦涛同志为总书记的党中央作出的一项重大决策。其中包括编写"马克思主义政治经济学概论"在内的一系列高校哲学社会科学重点教材。

（5）处在大转折时代坐标之上的中国社会经济在相当长一段时间内，因其鲜明的阶段性或过程性、开拓性、不成熟性、双重过渡性和改革开放的渐进性，因而是一种特殊的经济形态。由此而决定了中国经济学体系是具有典型的过渡和转换性质的转型经济学体系。"经济转型"是苏联政治家和理论家布哈林最早使用的概念。世界上迄今为止大约有 30 多个国家从计划经济向市场经济转型、转轨或过渡。而处在初级阶段的中国改革开放的实践所提供的经验材料和逻辑构件在目前只能构建中国转轨型经济学体系。该体系应保持一定的弹性，以免让不成熟的体系来束缚实践活动。

（6）中国经济学体系的发展和完善是一个长期的过程。

马克思穷其一生，创立了马克思主义经济学体系，但其主要精力用于构筑资本主义经济学逻辑体系，相当于他所设想的政治经济学"六册结构"的第一册。而马克思主义中国化理论体系也是如此。广义的中国经济学体系（狭义的中国经济学体系是特指中国特色的社会主义经济学体系或者中国化的马克思主义经济学体系），上可以追溯到 20 世纪 20 年代陈独秀、李大钊时期，下可至世纪之交的中国特色的社会主义理论体系。

这是因为"即使只是在一个单独的历史事例上发展唯物主义的观点，

① 邓小平还指出："要发展生产力，就要实行改革和开放的政策。不改革不行，不开放不行。过去二十年的封闭状况必须改变。我们实行改革开放政策，大家意见都是一致的，这一点要归'功'于十年'文化大革命'，这个灾难的教训太深刻了。当然，在改革中也有不同意见，但这里的问题不是要不要改革，而是改革到什么程度，如何改革，如何开放。"（《邓小平文选》第 3 卷，人民出版社 1993 年版，第 265 页）

也是一项要求多年冷静钻研的科学工作，因为何时能明显，在这里只说空话是无济于事的，只有靠大量的，批判地审查过的、充分地掌握了的历史资料，才能解决这样的任务"①。应该强调指出，尽管中国特色的社会主义经济学体系已经基本具备形态化、体系化、时代化的特征，但是，作为处于发展和转型中的最大的发展中大国，又面临着工业化、信息化、市场化、全球化等重大的历史变革，这就使得中国发展道路具有其他任何国家都不能与之相比的复杂性、丰富性和特殊性，无疑加大了理论与实践的结合的难度、从必然王国走向自由王国的难度，以及丰富、完善和发展中国经济学体系的难度。"现在一切都在于实践，现在已经到了这样一个历史关头：理论在变为实践，理论由实践赋予活力，由实践来修正，由实践来检验"②；"路漫漫其修远兮，吾将上下而求索"。这是因为理论来自于实践，理论指导实践，理论由实践赋予活力，又由实践来修正和完善并且归根结底由实践来检验。

三　中国化的马克思主义经济学体系是历史合力的产物

马克思主义中国化的成果，其中包括中国化的马克思主义经济学体系，是谁创造的？它们无疑是党的理论创新的成果，也是广大人民群众智慧的结晶，是"从群众中来，到群众中去"的产物。我们党的马克思主义中国化理论创新的每一个重大成果，是全国人民革命和建设实践的产物和实践新鲜经验的科学总结。

这里不仅仅归功于众所公认的党的领袖人物卓越的理论贡献，也包含着党的领导集体——刘少奇、周恩来、陈云、邓子恢、李先念等所作出的贡献，其中包括一批早期的马克思主义者——陈独秀、李大钊、恽代英、瞿秋白、张闻天、李达等所作出的贡献。他们已经意识到"一个社会主义者，为使他的主义在世界上发生一些影响，必须要研究怎么可以把他的理想尽量应用于环绕着他的实境"，"社会主义是要富的，不是要穷的，

<hr>

① 《马克思恩格斯文集》第2卷，人民出版社2009年版，第598页。
② 《列宁全集》第33卷，人民出版社1985年版，第208页。

是整理生产的不是破坏生产的"（李大钊）①；"我们的任务，在寻求一个适合国情，而又合于共产主义的方针来"（恽代英）；而刘少奇在 1941 年就明确指出"要使马克思主义中国化"② 的任务。

马克思主义中国化不仅仅归功于党的领袖人物及其党的领导集体的贡献，而且也包含着全党理论工作者以及专业的或者职业的马克思主义理论工作者所作的创造性努力。其中，既包括出生于 20 世纪初期，大都历经清末、民国和新中国时期的第一代马克思主义经济学家的代表人物，主要有薛暮桥、许涤新、孙冶方、顾准和卓炯，以及马寅初、沈志远、王学文、狄超白、管大同等一大批著名经济学者。同时也包括第二代马克思主义经济学家的代表人物，刘国光、吴敬琏，以及厉以宁、董辅礽、苏星、林子力等一大批著名经济学者。尤其改革开放以来，理论工作者关于社会主义商品经济、关于生产力、关于社会主义市场经济的几次大讨论，都为中央领导集体的决策，为社会主义市场经济的建立，作出了积极的贡献。

从理论产生的渊源和创新的源头来讲，中国化马克思主义是历史的合力的产物。首先，它是所处时代的产物。经济全球化时代、和平与发展、两种社会制度的并存性和多元化，以及时代转折期的凸现是当今时代的四大主要特征。这是中国化的马克思主义理论体系产生的时代背景。

马克思思考重大问题都是具有强烈的"时代"嗅觉、"问题"意识、德国本土"情结"、并崇尚实践品性和主体精神的。《黑格尔法哲学批判》导言，实际上是关于哲学现实品性、实践品性、本土性和主体性的序言，这里讲的"问题就是公开的、无畏的、左右一切个人的时代声音。问题就是时代的口号，是它表现自己精神状态的最实际的呼声"③。可见，马克思的问题意识又是以时代意识为前提的。

因此，中国化的马克思主义理论体系赖以产生的物质存在条件还没有成熟之前，是决不会出现的，"所以人类始终只提出自己能够解决的任务，因为只要仔细考察就可以发现，任务本身，只有在解决它的物质条件

---

① 李大钊：《平民政治与工人政治》，转引自蔡尚思主编《中国现代史资料简编》第 2 卷，河南大学出版社 1989 年版，第 194 页。

② 刘少奇在 1941 年 7 月 13 日致孙冶方信件，《刘少奇选集》上卷，人民出版社 1981 年版，第 222 页。

③ 《马克思恩格斯全集》第 40 卷，人民出版社 1982 年版，第 289—290 页。

已经存在或者至少是在生成过程中的时候，才会产生"。时代推出问题和解决这一问题的历史使命或任务，时代又孕育解决问题的物质条件；时代催生符合时代精神和时代主题的思想、原理、理论和学说，亦即每个原理和思想体系都是历史时代的产物从而打上时代的烙印；时代造势，甚至"每个人都是他那个时代的产物"（黑格尔语）。只有准确把握时代特点和时代主题，具备"时代"嗅觉、"世界"眼光和"本土情结"，正确回答"什么是时代，我们处于什么样的时代，怎样解决当今时代赋予我们的时代问题"，才能制定反映所处时代、符合中国国情的理论体系。因为"每一个时代的理论思维，从而我们时代的理论思维，都是一种历史的产物，它在不同的时代具有完全不同的形式，同时具有完全不同的内容"①。

时代孕育了中国特色的社会主义形态，同时也是这一形态所具有的新型生产力和生产关系矛盾运动的产物。而"新的生产力和生产关系不是从无中发展起来的，也不是从空中，又不是从自己产生自己的那种观念的母胎中发展起来的……这种有机体制本身作为一个总体有自己的各种前提，而它向总体的发展过程就在于：使社会的一切要素从属于自己，或者把自己还缺乏的器官从社会中创造出来，有机体制在历史上就是这样向总体发展的，它变成这种总体是它的过程即它的发展的一个要素"②。这是马克思的创造性发展观和从属性发展观。中国特色的社会主义即社会"有机体制"（列宁更多的使用"社会机体"亦即社会经济形态）及其社会主义经济学理论体系，其形成和发展的过程正是从低级向高级（"总体"）发展的过程，既体现历史继承性和开放性的"使社会的一切要素从属于自己的"的从属型发展过程，又体现历史更替性和创造性的"把自己还缺乏的器官从社会中创造出来的"创造型发展过程，从而是这两大过程相辅相成的辩证的历史发展的自然过程。这是广义的唯物主义的辩证的新发展观。

其次，中国特色的社会主义经济学理论体系应运而生，还有三大来源，即国内外发展市场经济的实践探索的经验和思想材料，是中国特色社会主义经济学体系赖以产生的实践性来源；马克思主义经典作家的思想是这一理论产生的基础性来源，而毛泽东思想又是其直接性来源和实践起

---

① 《马克思恩格斯选集》第 4 卷，人民出版社 1995 年版，第 284 页。
② 《马克思恩格斯全集》第 46 卷（上册），人民出版社 1979 年版，第 235—236 页。

点；国外经济学中的有益成分和合理因素，成为中国特色社会主义经济理论体系的补充性来源。如何把握这三大来源的相互关系？遵循创造型和从属型相结合的广义唯物主义发展观，基础性来源强调本源性、始基性，源远才能流长；补充性来源则是非本源性的，带有兼容性和从属性，"使社会的一切要素从属于自己"，借鉴和吸收人类社会创造出来的一切文明成果；而实践性来源，则是着眼于开拓性和创新性的实践之源，"把自己还缺乏的器官从社会中创造出来"。中国特色的社会主义经济学理论体系正是这样不断发展壮大的。

一言以蔽之，对于中国化马克思主义及其中国特色的社会主义经济学理论体系应该树立坚如磐石般的理论信念，应该占据理论制高点，控制学术话语权，从而达到自信、自觉和自为的境界。

四　中国化马克思主义经济学形态的新表述

中国经济改革和发展已经到了一个新的阶段，即中国初级阶段的经济总体不同于以往的单一的计划经济体或者市场经济体，已经是一个以公有制为主体、多种所有制成分和若干调节要素并存的多元化的复杂的经济系统。马克思主义经济理论也发展到了一个新的发展时期，即从以苏学继而西学东渐为标志的引进阶段，转向以建构中国化马克思主义经济学、占领话语权制高点为特征的"术语革命"、创新和大力加强话语体系建设的新阶段，旨在打造融通中外的新概念、新范畴和新表述，谨防套用西方的理论范式来解读中国的生动实践，从而堕入西方经济学"概念陷阱"或者"范式泥沼"。洞察国家干预主义与经济自由主义两大西方思潮之争的进程和融合趋势，尤其吸收和借鉴400多年来西方资本主义国家搞市场调节经济，以及80多年来社会主义国家搞计划调节经济的经验教训，推出"社会主义调节经济"这一新话语，有其历史必然性和现实合理性。这是在"社会主义市场经济"话语基础之上的深化、升华和发展，也是中国化马克思主义经济学形态的新表述。

第一，社会主义调节经济是一体（以公有制经济为主体）多元化混合调节（把"看不见的手"、"看得见的手"和"第三只手"等纳入总体调节和协调框架）经济体系。它有利于厘正各个调节方式尤其政府调节和市场调节的边界和活动区间，有利于谨防市场或者政府的"错位"、

"越位"、"缺位"或者"在其位而不谋其政"亦即"尸位素餐";① 它有利于杜绝两个异化即政府异化和市场异化或者两个失灵、两个缺陷,使其回归本位即政府本位和市场本位。

第二,它既不同于西方兼容理论尤其市场社会主义思潮,也不同于法国调节学派理论。既区别于计划经济话语,避免重返传统社会主义经济学话语体系;也不套用或者照搬市场经济话语,避免被强行纳入当代西方经济学话语体系而堕入其"概念陷阱"。

第三,它把市场调节、计划调节或者国家调节以及诸多调节因素,作为其内生变量,纳入作为总体的社会主义调节经济体系,并且是在社会主义公有制为主体的经济框架内运行。社会主义调节经济形态实际上是具有多元性和总体性的统一体。

多元化的调节要素包括:(1)就抽象层次若干关系的调节而言,生产力系统诸因素可以区分为:一是"生产力的永恒因素"(自然条件、社会条件、活劳动、生产资料等)以及领先因素或主导因素(科学、管理、信息等);二是生产关系系统诸因素可以区分为原生态生产关系,以及"派生的、转移来的、非原生的生产关系"、"第二级的和第三级的东西",② 生产方式、交换方式、发展方式、经济制度、经济体制、产权、分工、管理、股份制等,可以列入领先的生产力因素和非原生的生产关系行列;三是生产力——中介范畴——生产关系、上层建筑—经济基础之间的关系。(2)调节机制层次,涉及第一配置(市场机制);第二配置(计划机制);第三配置(伦理道德、习俗、权力寻租设租、裙带关系)。(3)调节主体层次,涉及企业、国家、非政府组织(例如工会、慈善机构、智库),以及社会、个人、家庭之间的调节问题。(4)其调节范围则把微观规制、中观协调、宏观调控、社会政策安排、国家经济关系排序等囊括其中。(5)就保障和支撑意义而言,调节经济也是区别于权力调节的法治经济,不能忽视法治对于调节经济的保驾护航作用。

第四,目的在于重铸以本土化的学术话语为标志的社会主义调节经济话语体系,开启"后西方经济学话语时代"之门。

---

① 语出自东汉班固《汉书·朱云传》:"今朝廷大臣,上不能匡主,下亡以益民,皆尸位素餐。"

② 《马克思恩格斯全集》第46卷(上册),人民出版社1979年版,第47页。

事物就是过程，就是关系，就是在于运动，调节就是推动事物演变这一主题应有之本义。社会主义调节经济，也就是多元化（诸多调节因素）一体（纳入作为总体的社会主义调节经济体系）经济，顾名思义，推动生产力—生产关系运动和经济发展的调节要素，以及与此相关的制度、体制、机制、途径、发展模式和政策选择等，是社会主义调节经济所着重考察的对象。这一新术语的特征如下。

一是具有马克思主义遗传基因、元素和话语。人们往往忘记，马克思在人类思想史上第一次提出比较系统的社会经济调节理论，而凯恩斯等人提出类似思想要晚一个甲子。调节经济的一级本质是社会总劳动时间的分配和调节，并且适用于一切社会经济形态。它的二级本质是，社会总劳动时间的分配和调节规律，在各个具体的社会经济形态中具有不同的表现形式。① 马克思指出："实际上，没有一种社会形态能够阻止社会所支配的劳动时间以这种或那种方式调节生产"，"这种按一定比例分配社会劳动的必要性，决不可能被社会生产的一定形式所取消，而可能改变的只是它的表现形式，这是不言而喻的。自然规律是根本不能取消的。在不同的历史条件下能够发生变化的，只是这些规律借以实现的形式"。②

马克思还以此剖析了三种社会经济形态的调节规律。一是以"农村家长制生产"为特征的自然经济形态："家庭内的分工和家庭各个成员的劳动时间，是由性别年龄上的差异以及随季节而改变的劳动的自然条件来调节的"。③ 二是在商品经济形态，生产商品的"社会必要劳动时间作为起调节作用的自然规律强制地为自己开辟道路"。④ 三是"自由人联合体"即产品经济形态，"劳动时间的社会的有计划的分配，调节着各种劳动职能同各种需要的适当的比例"。一方面，"社会化的人，

---

① 马克思在1861—1863年经济学手稿《剩余价值理论》中第一次系统阐述了社会总劳动时间的分配及其调节机制的问题。马克思指出：在一个单位商品上花费的劳动时间不超过社会必要劳动时间，即不超过生产这个商品平均所需要的时间，这是资本主义的结果，而且资本主义生产在不断降低这个必要劳动时间的最低值。当然，这是以资本主义生产必须在不断扩大的规模上进行为前提的。马克思提问："必要劳动时间究竟按怎样的量在不同的生产领域中分配？"他回答说："竞争不断地调节这种分配，正像它不断地打乱这种分配一样。"（《马克思恩格斯全集》第26卷第1册，人民出版社2008年版，第234—235页）

② 《马克思恩格斯文集》第10卷，人民出版社2009年版，第276页；《马克思恩格斯文集》第10卷，人民出版社2009年版，第289页。

③ 《资本论》第1卷，人民出版社1975年版，第95页。

④ 同上书，第92页。

联合起来的生产者，将合理地调节他们和自然之间的物质变换，把它置于他们的共同控制之下，而不让它作为盲目的力量来统治自己；靠消耗最小的力量，在最无愧于和最适合于他们的人类本性的条件下来进行这种物质变换"；① 另一方面，"他们的社会关系作为他们自己的共同的关系，也是服从于他们的共同的控制的"，② 人们也就成了自己社会结合的主人。

市场调节在马克思调节经济理论中，居于重要地位。马克思在早期是以英国作为研究典型。在他看来，资本主义之后的未来社会，尽管不存在商品经济，但是，"价值决定仍会在下述意义上起支配作用：劳动时间的调节和社会劳动在各类不同生产之间的分配。"③ 尤其在晚年，马克思以发展中国家或者俄国、印度和中国等东方社会作为考察对象，提出了另外一条东方社会发展中国家跨越"卡夫丁峡谷"的发展道路，就是利用市场关系或市场机制来发展社会主义生产力总量。另外，马克思对于市场经济的二重性，即在一定历史条件下促进生产力发展，以及伴随而来的"李嘉图定律"陷阱（社会生产力发展和社会的进步是以牺牲某些阶级或阶层的利益为代价，这一论断被英国古典经济学家李嘉图称之为绝对合理的必然规律）尤其商品拜物教、货币拜物教和社会不公平不公正等资本主义异化作了科学的剖析。

二是具有中国本土化文化根基、价值支撑和话语。秦汉以来一直把经济学视为经邦济世、强国富民之学，所谓"以人为本"（《管子·霸言》）、"凡治国之道，必先富民"（《管子·治国》），或者把"民生"视为"吾将上下而求索"的问题（《屈原·离骚》）。充分体现其厚生、惠民、彰显民生本位的特征，具有原始的朴素的鲜明的人文主义、人本主义、主体本位色彩。其次，既推行重农抑商政策，也崇尚"轻重之术"（《管子·轻重》）。轻重之术就是"应化之道，平衡而止。轻重不称，是谓失道"（《黄帝四经·道法》），也就是"损有余而补不足"之天道（《老子》，第77章），或者"使富者足以示贵而不至于骄，贫者足以养生

---

① 《资本论》第3卷，人民出版社1975年版，第926—927页。

② 《资本论》第1卷，人民出版社1975年版，第96页；《资本论》第3卷，人民出版社1975年版，第926—927页；《马克思恩格斯全集》第46卷（上册），人民出版社1979年版，第108页。

③ 《资本论》第3卷，人民出版社1975年版，第963页。

而不至于忧。以此为度而调均之"（《春秋繁露》），其中包括"管氏之轻重，李悝之平籴，耿寿昌之常平"（唐·白居易《辨水旱之灾明存救之术策》）在内的平抑物价和调节经济之术。① 把国家调节和市场调节融为一体，是中国对于经济学的重大贡献。此外，被誉为"群经之首，大道之源"的《易经》蕴藏着"天人合一"的系统观、和合思维、人本理念和朴素的辩证方法。这是社会主义调节话语体系的本土化理论渊源。

三是基于马克思总体性方法论（或者"总体性"原则、"整体性"研究方法、政治经济学话语体系构建学说）和社会或历史发展的"合力"理论。② 马克思很重视"总体"这一术语，现代经济就是由生产、分配、交换和消费各个环节构成的"总体"、"统一体"和"有机整体"，③ 是一个复杂的非线性的协调工程。必须从整体、总和、体系、方法论和发展观上把握社会主义调节经济理论，把包括市场调节和政府调节在内的诸种调节要素作为其内生变量而纳入作为总体的社会主义经济调节体系。毛泽东的《论十大关系》，十七大提出的"十个结合"是正确处理和调节各种关系的范例。

应该强调指出，马克思虽然提出了调节经济形态理论，但他没有因此否定其他经济形态模式。否则就不能全面系统地探索社会经济形态的发展规律，就会犯诸如"盲人摸象"一类的认知错误。他从不同角度提出了其他著名的发展路线和模式：

（1）社会形态的起源路线：一条是以西欧各国模式为基础的家庭——私有制——国家路线；另一条是适用东方的家庭——"直接的公有制"（"东方形式"）④ ——国家路线。

（2）古代共同体（前资本主义经济形态）——货币共同体（资本主义经济形态）——自由人联合体（共产主义经济形态）。

（3）人类自身的生产（种的繁衍）表现为目的，物质财富的生产表

---

① 中国历史上平抑物价的调节之术。例如，汉武帝时，桑弘羊推行平准政策："大农诸官尽笼天下之货物，贵则卖之，贱则买之。……万物不得腾跃，故抑天下之物。"（见《管子·国蓄》）。西汉宣帝五凤四年，"（耿）寿昌遂令边郡皆筑仓，以谷贱时增其贾而籴，以利农，谷贵时减贾而粜，名曰常平仓。便民之"（见《汉书·食货志》）。这是"看不见的手"（市场供求关系决定商品价格）和"看得见的手"（大农诸官尽笼天下之货物）相结合的典范。

② 《马克思恩格斯全集》第4卷，人民出版社1995年版，第695—697页。

③ 《马克思恩格斯文集》第8卷，人民出版社2009年版，第22—23页。

④ 《马克思恩格斯全集》第46卷（上册），人民出版社1979年版，第498页。

现为手段［古代世界］→人类自身的生产（单纯的劳动力的再生产）是手段，物质财富的生产是目的［资本主义社会］→人类自身的生产（全面发展的人的再生产）表现为目的，物质财富的生产表现为手段［共产主义社会］。

（4）个体和总体（类）共同发展的原始的浑然的一致性→抽象片面和退化的个体，发展着的总体（类）→具有全面性的个体和总体（类）发展的一致性。

（5）社会经济形态的五形态发展路线和三形态发展路线和模式。

（6）社会机体、社会经济形态发展和演进路径，在马克思看来，主要有两组四条路线、路径或模式。第一组是社会经济形态的发展五形态路径，以及社会经济形态的发展三形态路径；第二组是关于以英国为典型的西欧各国社会（经济）形态发展模式和演进路径，以及另一条适用于东方、落后的前资本主义国家的社会（经济）形态的演进路径、发展道路和模式。

社会主义调节经济话语体系的精髓，就是在洞悉"生产力（生产资料）的概念和生产关系的概念的辩证法"亦即主观辩证法逻辑运动（这也是马克思主义政治经济学的研究对象和研究宗旨）的基础上，审时度势，在有效调节生产力—生产关系的客观辩证法运动过程中，在诸种纷繁复杂的调节要素交叉作用过程中，寻找推动中国经济社会可持续健康发展的"合力"。①

我们应该努力破解社会主义调节经济三大难题。

第一，着重寻找政府调节和市场调节之间边界厘定、变动和修正的规律，是这一新话语体系的重中之重。政府调节和市场调节之间关系是一种对立统一的辩证关系。完全由政府调节，就会走向计划经济；完全由市场调节，就会走向市场原教旨主义或者新自由主义经济。应该尽全力寻找和剖析经济发展全过程中平衡各种关系的契合点、调节点或者制约经济发展的合力，适时调整相关调节政策，不断地纠正市场缺陷和市场异化或者政府缺陷和政府异化亦即错位、越位、缺位现象，有针对性地处理不同阶段遇到的不同性质的问题。

① 《马克思恩格斯全集》第46卷（上册），人民出版社1979年版，第47页；《马克思恩格斯全集》第4卷，人民出版社1995年版，第695—697页。

例如，习总书记根据改革开放中出现的新问题新情况，提出了一个新的理论概括：核心问题是处理好政府和市场的关系，使市场在资源配置中起决定性作用，更好发挥政府作用。一方面，市场在资源配置方面起决定性作用。既不能用市场在资源配置中的决定性作用取代甚至否定政府作用，也不能用更好发挥政府作用取代甚至否定使市场在资源配置中起决定性作用。另一方面，在如何更好发挥政府作用方面，搞好政府自身建设是重中之重。这是一篇大文章。应该坚持法治国家、法治政府、法治社会一体建设，实现科学立法、严格执法、公正司法、全民守法，促进国家治理体系和治理能力现代化，力图清除滋生权力寻租—设租亦即权力调节或配置资源的土壤。

第二，要真正区分私人产品、公共产品（包括基础教育、环境保护、科学研究等）和准公共产品（包括高等教育、文化卫生、基础设施等社会公益事业）。凡是供给和服务涉及住、行、信息对称、司法公正、社会治安、环境保护，尤其医疗保险、义务教育、社会保障都属于广义的公共品范畴。实践证明：医疗卫生领域的市场化改革是失败的，教育领域的市场化和产业化试验问题丛生，社会保障覆盖面有限，房地产的泡沫化，因此成为破坏社会和谐的重灾区。因此，要真正弄清楚哪些行业可以市场化，哪些是处在市场和政府接合部的行业，哪些是要通过国家产业政策扶持乃至需要运用国家力量实现跨越式发展的战略产业。另外，还要正确处理具有发散型、开放型及风险型特征的市场改革与带有集中及凝聚型倾向的政府改革之间的关系。政府自身的治理严重滞后，政府还掌管大量本来应该交由市场配置的资源。

第三，如何着重从理论上阐释先进的社会主义公有制社会形式与市场经济的相互融合和调节，并由此而构建一种话语逻辑体系，这是构建社会主义调节经济话语体系的难点和创新处。私有制与市场经济这两者关系的调节、兼容和相互融合，曾经呼唤出巨大的生产力和资本主义物质文明，公有制社会形式与市场经济这两者关系的调节、兼容和相互融合，必将在更高一级程度上创造出前所未有的灿烂和辉煌。

可以断言，在新的历史条件下，学习和传承马克思调节经济理论、总体方法论和中国文化传统，必然转化成为巨大的学习红利，从而释放促进中国社会主义初级阶段调节经济发展的正能量和物质力量，进而从学习型大国转变为学习型强国。

第一章　马克思主义经济学与中国具体实践的第一次结合

　　以毛泽东同志为核心的党的第一代中央领导集体领导中国人民夺取了新民主主义革命和建设的胜利，实现了新民主主义到社会主义的过渡，这是马克思主义中国化的第一个历史阶段。在这个过程中形成的毛泽东思想，是马克思列宁主义基本原理与中国具体实践第一次结合的产物，是全党全国人民的集体智慧的结晶，我们党和政府许多卓越的领导人以及马克思主义学者对于它的形成和发展都作出了重要的贡献。其中蕴含的经济思想丰富和发展了马克思主义经济学，从而形成了中国化的马克思主义经济学。

第一节　新民主主义时期的经济思想
（1921—1949 年）

　　中国共产党制定的新民主主义革命的总路线即无产阶级领导的，人民大众的，反对帝国主义、封建主义和官僚资本主义的革命，以及作为这一总路线的具体展开的新民主主义基本纲领，反映了中国革命的基本规律，中国革命的对象、性质、动力、领导力量，以及阐述新民主主义的政治、经济和文化等方面的具体奋斗目标、方针和政策。新民主主义革命的理论，以及关于新民主主义经济纲领和经济结构的论述、革命根据地的经济建设的理论和实践，解决了在一个以农民为主体的、落后的半殖民地半封建的东方大国里如何进行革命和建设，如何打通转向社会主义之道的一系列理论问题，其中蕴含着丰富的经济思想。

　　其一，关于农村包围城市、武装夺取政权的新民主主义革命道路，是一条不同于以"城市中心论"为标志的俄国十月革命的道路，突破了马克思主义关于两张革命的论断，提出关于第三种革命类型即以"两步走论"为标志的中国特色的新民主主义革命的新学说。这一抉择要求正确处理与之相关的下述问题，即土地革命、武装斗争、农村革命根据地建设三者之间，以及统一战线、武装斗争、党的建设三者之间的相互关系。其中，在关于革命根据地的经济建设的理论和实践方面，先后提出"集中经济力量供给战争，同时极力改良民众的生活，巩固工农在经济方面的联合"，自己动手、丰衣足食、开展大生产运动，以及关于发展经济、保障供给是经济工作和财政工作的总方针，从而为革命战争的胜利提供了重要保证。

其二，关于新民主主义社会经济形态的学说。这是一个属于社会主义体系的，并非独立的而是具有过渡性质的社会经济形态。它的基本特征是建立一个无产阶级领导的、以工农联盟为基础的、各革命阶级联合专政的新民主主义的共和国；其经济特征就是改变买办的封建的生产关系，解放被束缚的生产力，没收封建地主阶级的土地归农民所有，没收官僚资产阶级的垄断资本归新民主主义的国家所有，保护民族工商业，以及提出实行多种经济成分并存的新民主主义的经济结构，即占据领导地位的社会主义性质的国营经济、半社会主义性质的合作社经济、私人资本主义、个体经济和国家资本主义经济。这是对于马克思"三形态说"、"五形态说"或者"东方社会"理论例如"亚细亚生产方式"的深化和发展，是一种中国化的马克思主义社会经济形态学说。

下面重点阐述马克思主义经济学中国化在新民主主义阶段的具体进程。

一 新民主主义基本经济理论的初步形成阶段（1921—1937 年）

党在成立初期和第一次国内革命战争时期亦即大革命时期，提出了虽然是不完整、不成熟但是包含了新民主主义基本经济思想的一系列经济理论，例如对半殖民地半封建的中国社会经济性质和结构的分析，对中国基本国情的阐述和理解；反对帝国主义经济侵略和反对买办经济的思想；耕者有其田的理论；先进行民主主义革命，保护与发展民族工商业的理论，等等。这些经济思想散存于党的早期纲领或者一些早期共产党人发表的文章之中。

中国共产党在 1927 年大革命失败以后，走上了武装夺取政权的道路，从而进入十年土地革命战争时期。建立农村根据地、实行土地革命，开展了根据地经济建设的革命实践和经济政策，进而形成了新民主主义经济思想的雏形，这是这一阶段经济思想的主要特征。其一，土地革命是作为生产关系领域的一场伟大革命，主要是通过对农村土地所有权、占有权、支配权和使用权的重新安排，消灭以封建土地所有制为基础的剥削制度，真正实现"耕者有其田"。其二，根据地经济建设，涉及农业、工商业、财政和金融各个领域，组建各种形式的农业生产组织形式如劳动合作社、生产合作社、粮食合作社和信用合作社，以及制定各项方针路线和法令法规，从而为新中国成立后的经济建设积累了丰富的实践经验。

二 抗日战争时期的经济理论与新政策（1937—1945 年）

新民主主义经济思想和政策在八年抗战时期进行了调整。调整后的新政策包括：减租减息的土地政策，国防经济和战时财政经济政策，鼓励私人资本主义和新式国家资本主义亦即"广泛发展资本主义"和"帮助社会主义前进"的资本主义发展的思想，坚持不动富农的自耕土地的政策，自力更生为主的基本原则，军队屯田和大生产运动，精兵简政，等等。

而中国共产党陕甘宁边区颁布的 1941 年《五一施政纲领》（21 条）和毛泽东撰写的《经济问题与财政问题》（1942 年）是抗日战争时期的经济思想和政策方针的集中体现，是毛泽东在新民主主义革命时期经济理论的代表作之一，是马克思列宁主义和中国经济实践相结合的产物，"是马列主义经济学在边区的具体运用，是活的马列主义经济学"[1]。其经济思想要点如下：发展经济，保障供给是我们的经济工作与财政工作的总方针；必须重视和学会做经济工作，加强对经济工作的领导，对经济工作要充满负责精神，把经济建设工作看作是其他一切革命工作的基础；提倡按劳分配的原则；必须给人民群众以看得见的物质福利；经济决定财政；应确定以农业为第一位；发展合作事业，提倡股份经济；公私兼顾、军民兼顾；自己动手，解决困难，丰衣足食；统一领导、分散经营的管理原则；按需生产的"三原则"（即需要与可能相结合；需要与赢利相统一；需要什么就生产什么，需要多少就生产多少）；发挥经济杠杆对生产的调节作

---

① 贺龙：《财政问题报告》，转引自《抗日战争时期陕甘宁边区财政经济史料摘编》第一编，陕西人民出版社 1985 年版，第 175 页。

用和企业建立经济核算制、自负盈亏的思想。

三　解放战争时期的经济理论与政策（1945—1949 年）

这是新民主主义经济思想和政策的完善和实施时期，其标志是明确提出了新民主主义革命的"三大经济纲领"和基本经济方针，新民主主义经济理论日臻体系化，马克思主义经济学中国化行程从此进入体系化形态阶段。这一理论体系框架有四个主要理论支撑点。第一，关于革命根据地的经济建设。其中包括"集中经济力量供给战争，同时极力改良民众的生活，巩固工农在经济方面的联合"的思想；发展经济、保障供给是经济工作和财政工作的总方针和自力更生的原则，从而为革命战争的胜利提供了重要保证。第二，关于新民主主义革命的三大经济纲领和任务，即没收封建阶级的土地归农民所有，没收官僚垄断资本归新民主主义的国家所有，保护民族工商业，以及取消帝国主义在中国的特权，消灭地主阶级和官僚资产阶级（大资产阶级）的剥削和压迫，改变买办的封建的生产关系，解放被束缚的生产力。第三，实行公营经济、私营经济和合作社经济多种经济成分并存的新民主主义的经济结构。刘少奇在《论新民主主义的经济与合作社》（1948 年 9 月）第一次明确提出了新民主主义经济的社会构成应该是国家经济、由广大的生产者及广大的消费者在国家领导之下组织起来的合作社经济、私人资本主义经济及其他被允许设立的外国私人经济机关。第四，关于新民主主义过渡性质、过渡时机和条件以及发展趋势的理论。刘少奇指出："只有中国社会经济在新民主主义社会的国家中有了一定程度的充分发展以后，只有在经过许多必要的准备步骤以后，并且只有根据中国人民的需要和意愿，才能在中国实现社会主义的与共产主义的社会制度。"[①]

这一时期马克思主义经济学中国化的特点还有：

1. 关于农村土地改革的理论和政策趋于成熟和完善。农村土地改革的理论和实践是新民主主义时期马克思主义经济学中国化的重要组成部分。刘少奇作为土地改革运动的领导者和组织者，制定了土地改革的总路线："依靠贫农、雇农，团结中农，中立富农，有步骤地有分别地消灭封

---

① 《刘少奇选集》上卷，人民出版社 1981 年版，第 338 页。

建剥削制度，发展农业生产"①；并且把土地改革的基本目的和指导思想视为变更生产关系、解放农村生产力，为实现新中国的工业化开辟道路。

2. 保护民族工商业，允许民族资本主义发展。与苏联倡导消灭资本主义的思想迥然不同，并且扬弃了马克思关于社会主义经济与资本主义经济对立、劳资对立的观点，毛泽东回答了"共产党人为什么不但不怕资本主义，反而在一定的条件下提倡它的发展"这个长期困扰不已的问题。② 毛泽东认为保护和发展资本主义性质的民族工商业及其民族资产阶级，是有利于而不是有害于国计民生的私人资本主义经济，不是能操纵国计民生的资本主义；并提出"将消灭地主富农的封建剥削和保护地主富农经营的工商业严格地加以区别"的政策③；刘少奇也指出：新民主主义革命"客观上是为资本主义扫清道路的……在一定范围内允许它发展，这种有限制的发展，用不着我们害怕"④。

3. 新民主主义经济纲领和理论进一步具体化、政策化、制度化和体系化。新中国经济制度及建设方针的厘定，以及经济工作重心从农村向城市的转移，主要集中体现于张闻天起草、毛泽东和刘少奇修改的《关于东北经济构成及经济建设基本方针的提纲》（1948 年）、刘少奇的《关于新中国的经济建设方针与问题》（1949 年）、毛泽东所作的中共中央七届二中全会报告和相关决议（1949 年）以及《中国人民政治协商会议共同纲领》（1949 年）。主要内容涉及：

（1）关于社会经济性质问题。刘少奇指出：新民主主义经济是资本主义的呢？还是社会主义的呢？都不是，它有社会主义成分，也有资本主义成分，这是一种特殊的历史形态，它的特点是过渡时期的经济，可以过渡到资本主义，也可以过渡到社会主义。

（2）新中国的经济构成。其中包括社会主义性质的国营经济；半社会主义性质的合作社经济；国家资本主义经济；私人资本主义经济；小生产经济。其中国营经济处于领导地位。

（3）关于国营经济和合作社经济的经营路线问题。刘少奇所撰写的《论新民主主义的经济与合作社》（1948 年）提出"根据中国的情况来制

---

① 《刘少奇选集》上卷，人民出版社 1981 年版，第 395 页。
② 《毛泽东选集》第 3 卷，人民出版社 1991 年版，第 1060 页。
③ 《毛泽东选集》第 4 卷，人民出版社 1991 年版，第 1285 页。
④ 《刘少奇论新中国经济建设》，中央文献出版社 1993 年版，第 46 页。

定适合的合作社的各种原则和制度"的思想，经过商品经济引导农民集体化，关于组建合作社目的的层次性的思想，重视农村供销合作社的优先发展的思想。

（4）《共同纲领》将下列经济理论和政策列入国家根本大法：一是将党的民主革命经济纲领写入总纲。二是关于国家经济建设的根本方针，采纳了中国共产党提出的"四面八方"政策。"公私兼顾，劳资两利，城乡互助，内外交流"包括了四个方面：即公私关系、劳资关系、城乡关系、内外关系，八个对象：即公方（指党、国家和集体）、私方（指私营经济和个人利益）、工人、资本家、城市、乡村、国内、国外，因此又被简称为"四面八方"政策。三是关于国家的经济职能："使各种社会经济成分在国营经济领导之下，分工合作，各得其所，以促进整个社会经济的发展。"四是关于所有制结构和国家应采取的基本政策，也采纳了党的七届二中全会所提出的经济思想和政策，并且推出了劳动、农、林、牧、渔、副业、工业、交通、商业、金融、财政等方面的若干具体的经济政策。

第二节　新民主主义向社会主义过渡时期的经济思想（1949—1956 年）

对于在中国这样一个占世界人口近四分之一的、经济文化落后的大国中如何实现从新民主主义到社会主义的转变，从而建立社会主义的基本经济制度，即如何把握过渡与转变的时机、转折点、改造方式和具体步骤，怎样过渡与转变，马克思主义经典作家没有现成的答案。毛泽东根据中国国情、党情和世情提出过渡时期总路线——逐步实现国家的社会主义工业化，并逐步实现国家对农业、对手工业和对资本主义工商业的社会主义改造——及其相关理论和政策，即用国家资本主义的形式与和平赎买政策改造资本主义工商业，用逐步过渡的形式改造个体农业和个体手工业。简称为"一化三改"即社会主义工业化和三大社会主义改造，或鸟的"主体"和"两翼"，即"一化"是"主体"，"三改"是"两翼"。社会主义建设和社会主义改造同时并举，相互促进，相辅相成，体现了变革生产关系与发展生产力的统一，体现了"两种革命的结合"，亦即既"进行关于社会制度方面的由私有制到公有制的革命，而且正在进行技术方面的由手工业生产到大规模现代化机器生产的革命"①，既确立了社会主义基本制度又奠定了工业化的初步基础，为中国的进一步发展提供了根本政治前提和制度基础，从而开辟了又一条适合中国国情的社会主义改造道路。

中国仅仅在短短数年内基本上完成三大社会主义改造的设想，基本上消灭了存在几千年的生产资料私有制，奠定了社会主义的基本经济制度，使我国社会经济结构发生了根本变化，社会主义经济成分已占绝对优势，社会主义公有制已成为我国社会的经济基础。这是中国历史和国际共产主义运动的历史上的壮举。在一个几亿人口的大国中比较顺利地和平地实现了如此复杂、困难和深刻的社会变革，生产力不仅没有造成大破坏，反而促进了社会经济的大发展；并且对于经济文化比较落后的国家能不能够先于发达国家实行社会主义革命、建立社会主义制度的问题，又交出一份满意的答案。这是马克思列宁主义社会主义革命、过渡和建设理论在中国创造性应用和发展的结果，是马克思主义中国化尤其马克思主义经济学中国化的成果。

一 三大社会主义改造

这个时期又可分为两个阶段：第一阶段是 1949—1952 年，这个阶段的特点是建立了在国营经济领导下多种经济成分并存、计划管理与市场调节相结合的新民主主义经济体制；第二阶段是 1953—1956 年，迅速实现了由新民主主义社会向单一公有制和计划经济为特征的社会主义社会的转变，以及编制和开始实施"一五"计划。

1. 关于个体农业和个体手工业的社会主义改造

如何将占人口的绝大多数的几亿农民的个体所有制改造成集体所有制，是一个历史性的难题。以毛泽东同志为代表的第一代领导集体提出了对于个体农业和个体手工业，遵循说服教育、自愿互利、典型示范和国家帮助的原则，实行从低级到高级的过渡形式。中国走先合作化后机械化，在国家的工业化发展的基础上，逐步实现农业的机械化和现代化，这是不同于苏联的农业发展道路，是对于马克思和恩格斯关于不能采取剥夺农民，只能采取典型示范、国家帮助等方法，逐步把小农经济改造成为集体经济的论断的丰富和发展，是对于列宁关于合作制是改造小农经济的唯一

---

① 《毛泽东文集》第 6 卷，人民出版社 1999 年版，第 432 页。

道路的思想的深化，是马克思主义经济学的中国化的体现。

2. 关于资本主义工商业的社会主义改造

资本主义工商业的社会主义改造大致分为初步发动阶段（1949—1952年）、全面推动实施阶段（1953—1955 年）和高潮迭起阶段（1955—1956年），基本上完成了对资本主义工商业的社会主义改造。全行业各个企业的生产资料由国家统一调配，同时按照清产核资确定的私股份额支付5%的年息。马克思主义经济学中国化的鲜明特征，就是在世界社会主义共产主义运动史上，不是采取"剥夺剥夺者"方式，首次实现了列宁关于通过国家资本主义对资产阶级进行"和平赎买"政策的设想。

二　对社会主义改造和过渡道路的探索和争论

1. 党和政府领导人的探索成果和争论

基于对脱胎于贫穷落后的殖民地半殖民地和发展不平衡状况的分析，党的主要领导人在 1948—1952 年这一阶段，一致认为过渡时间为 10 年或15 年或者更多的时间，待到国家实现工业化和经济文化发达后再开始消灭私有制，从容过渡到社会主义社会。但是，毛泽东在 1952 年宣布开始实施粮食计划收购、计划供应即统购统销政策，翌年正式提出了过渡时期总路线，改变了全党形成的这一共识，将新中国建立三年来国营经济和合作社经济比重的增长这个新民主主义经济制度的优越性[1]，看成实际上是开始向社会主义过渡的结果，改弦更张，错误地宣布："党在过渡时期的总路线的实质，就是使生产资料的社会主义所有制成为我国国家和社会的唯一的经济基础。"[2]

张闻天一直主张关于发展新民主主义经济就是发展新式资本主义，关于中国资本主义经济是一种带有很大的社会主义性质的特殊的新式的国家资本主义经济，以及关于提倡新式富农、发展富农经济的观点，毛泽东在1953 年之前，对于私人资本主义经济的思想和政策主张是与张闻天的经

---

[1] 1949 年到1952 年，国民经济恢复性发展和公私经济力量的对比发生了巨大的变化。国营工业在工业生产总值中的比重由 34.2% 上升到 52.8%，开始在经济生活中占据主导地位；参加互助组的农户在老解放区达到总农户的 65%，全国开始出现半社会主义性质的农业生产合作社。1952 年全国工农业生产总值比 1949 年增长 77.5%，达到历史最高水平，城乡人民生活水平也有明显改善和提高。

[2] 《毛泽东著作选读》下册，人民出版社 1986 年版，第 705 页。

济思想基本一致的。但是，随着社会主义改造运动的顺利进行，他在 1953 年 10 月 9 日提出，要"彻底地消灭一切资本主义痕迹"①。

刘少奇在关于过渡时期的经济理论方面，提出了关于巩固新民主主义制度的构想，也是长期以来引起争议最多的理论。他在《共产党员标准的八项条件》（1951 年）中，明确提出了"巩固新民主主义制度"的口号。在他看来，新民主主义革命成功以后，在采取社会主义的实际步骤之前，应该经过一个阶段的经济建设，创造和准备了充分的物质条件后，再转向社会主义。

周恩来强调新民主主义向社会主义过渡的长期性、稳妥性和不急躁性，指出："我们要经过一个相当长的时期，使我们的国家健全地、有步骤地、不急躁地走向社会主义。"② 而完成社会主义改造需要几个"五年计划"，"发展新民主主义经济可能要十年、二十年"③。

邓子恢等人提出了照顾小农经济特点和发展条件、合作化应该稳步发展，以及把"统一经营、分级管理、明确分工的个人责任制"视为"合作社的新体制"等关于建立具有中国特色的农业生产责任制和农村合作经济体制的思想和政策主张。

我国的社会主义改造是前无古人的开创性的伟大事业，出现了一些失误和偏差是在所难免的。主要是没有搞清楚什么是社会主义这一重大的理论问题，并且受苏联社会主义经济模式影响，在公有制实现形式的选择和理解上过于简单化，追求纯粹的单一的社会主义经济成分，而对社会主义改造完成以后公有制经济可以和非公有制经济共同发展缺乏认识。1956 年 4 月，毛泽东发表了著名的《论十大关系》的讲话，其基本思想就是"以苏为鉴"、"引以为戒"，根据中国国情走自己的路。并且向全党提出，最重要的是要独立思考，把马列主义的基本原理同中国革命和建设的具体实际相结合，找出在中国怎样建设社会主义的道路。

2. 学术界的探索成果和争论

（1）关于新民主主义经济形态的研究成果

沈志远在其《新民主主义经济概论》中，认为中国必须经历两个发

---

① 毛泽东：《农业合作化的一场辩论和当前的阶级斗争》（1955 年 10 月 11 日），收入《毛泽东选集》第 5 卷，人民出版社 1977 年版。

② 《周恩来选集》下卷，人民出版社 1984 年版，第 12 页。

③ 《周恩来统一战线文选》，人民出版社 1984 年版，第 235 页。

展阶段，即"一个是替到社会主义的过渡准备物质前提的阶段，一个是直接过渡到社会主义去的阶段"；东南欧"新民主主义建设则大致多从后一阶段做起"①。沈志远还认为，"中国经济发展的总方向，是由落后的农业国变为近代的工业国，是由落后的农业经济到进步的工业经济的方向，是由新民主主义到社会主义的方向。"②

许涤新的《新民主主义经济》堪称最早的系统阐述新民主主义经济形态的姐妹篇。后者早在1944—1946年间撰写了《中国经济的道路》和《现代中国经济教程》两本书。而王学文是率先研究新民主主义经济形态的雏形即解放区经济的经济学家。其代表作有《中国经济提纲》、《抗战以来大后方的经济》、《由解放区上地改革来看中国资本主义发展的前途》、《关于解放区工业政策的几点意见》和《国营生产和合作生产》。

马寅初对新民主主义所有制结构中的经济成分的相互关系作了研究："五种经济成分必须在国营经济领导之下，分工合作，各得其所，以促进整个社会经济的发展"。他支持保存富农经济的政策，指出："我们的目的是要有步骤地消灭剥削，在目前一方面我们固然要积极地去消灭封建主义的剥削，但另一方面，我们却要容忍一下资本主义性质的剥削。这个时期很长，可能是二十年，或三十年，一直到社会主义的时候，一切的剥削才可以完全消灭。"③

瞿秋白和李达是最早提出在革命胜利后实行国家资本主义政策的第一人："假使中国无产阶级能够掌握政权，当然可以利用政治权力把私人资本主义促进到国家资本主义去。那么，将来采用的政策当然可以根据国家资本主义的原则来决定了。"④ 狄超白给出的国家资本主义的定义是："国家资本主义，就是在我们无产阶级领导的国家底组织、督导和调节之下的资本主义，是我们国家经济与之结成联盟的一种资本主义，是节制资本主义成分的无政府状态，在部分生产关系上（主要是交换关系和消费关系）改变资本主义发展法则的一种经济形式。"⑤ 这是一个较早作出的科学的

---

① 沈志远：《新民主主义经济概论》，生活·读书·新知三联书店1950年版，第11、15页。

② 沈志远：《怎样认识当前工商业的困难和前途》，《学习》1950年第2卷第7期。

③ 马寅初：《新民主主义的经济》（1950年8月），《马寅初经济论文选集》下册，北京大学出版社1981年版，第11、10页。

④ 《李达文集》第1卷，人民出版社1980年版，第119页。

⑤ 狄超白：《国家资本主义的性质、形式及其作用》，《学习》1951年第4卷第4期。

理论概括。

此外，管大同提出了我国过渡时期所有制结构的特点即新民主主义所有制结构具有"多元性"、"层次性"及"转化性"的特点的独特见解。①

（2）关于过渡时期商品经济和价值规律的研究成果

新民主主义向社会主义过渡时期，苏联的经济理论在中国经济学界占统治地位，尤其把斯大林《苏联社会主义经济问题》（1952 年）贬低商品生产和价值规律作用的观点奉为经典。但是，中国经济学界并非一池死水。比较系统全面地论述新民主主义商品经济理论的马克思主义经济学家是许涤新。他撰写的《论人民经济的价值法则》（1951 年）一文，是在这一领域中的较早的政治经济学文献。许涤新写道："在新民主主义的人民经济中，生产品仍然采取商品的形态，因为商品关系的经济基础，是普遍地存在着。"② 在他看来，新民主主义人民经济的商品之多种性，反映了新民主主义经济制度的多样性与过渡性，这就是说，各种不同的商品，是以各种不同的经济成分为基础的。

关于价值规律的作用问题，我国经济学界的共识是：在私人资本主义经济中，价值规律发挥调节作用；而在价值规律对我国新民主主义国营经济的作用问题上，意见并不一致。我国经济学界早期的一些代表作是肯定它对生产和流通有调节作用的。许涤新在《论人民经济的价值法则》（1951 年）一文中写道：新民主主义国家的国家经济计划，可能而且必须利用价值法则去确定社会劳动和社会产品的生产和分配。③ 这显然是肯定价值规律对新民主主义社会生产的调节作用的。但在《论新民主主义社会的商品生产和价值法则》（1953 年）一文中有所退步，即价值法则在流通过程中具有调节作用，在某些生产过程中也发生调节作用，亦即价值规律并不是对全部生产发生调节作用。而薛暮桥、蒋学模认为，国营经济生产的生产资料本质上不是商品而是商品外壳；其生产资料生产基本上是受计划调节，但是在计算成本、制定价格、实行经济核算的时候还要考虑价值规律的作用，"认为我们的国家计划可无限制地支配整个国民经济，完

① 管大同：《过渡时期的国家资本主义》，人民出版社 1954 年版，第 5—6 页。
② 许涤新：《论人民经济的价值法则》，《新建设》1951 年第 3 卷第 4 期。
③ 同上。

全否认价值规律"① 的观点是错误的。这些观点并没有完全突破斯大林经济理论的羁绊。

然而，孙冶方撰写的《把计划和统计放在价值规律的基础上》② 有所突破。该文提出了价值规律是计划经济的基础的论断，表明中国经济学人开始探索符合中国国情的新的经济体制，这是中国开启经济体制改革理论史的标志和转折点。该文批评了斯大林把价值规律和国民经济管理对立起来的观点。其一，价值规律同国民经济管理不是相互排斥的，同时也不是两个各行其是的并行的规律。社会主义经济是计划经济，国民经济有计划按比例发展必须建立在价值规律的基础上才能实现。孙冶方认为，在我国经济学理论界和经济工作中，存在着否定价值规律的唯意志论错误倾向。其二，价值和价值规律，不仅不是资本主义所特有的经济范畴，甚至也不是商品经济所特有的经济范畴。从价值规律的基本内容来看，不论在共产主义社会的最高阶段还是初级阶段，这个规律将始终存在着，所不同的只是作用的方式而已，只是这个规律体现自己的方式而已。在商品经济中它是通过商品流通，通过市场竞争来起作用，来体现自己的；而在计划经济中，是应该由我们通过计算去主动地捉摸它的。

被称为"我国提出社会主义条件下市场经济理论的第一人"的顾准，③ 1956 年 7 月，写下了《学习毛泽东同志"调动一切理论为社会主义服务"的报告中经济部分的几点体会》，9 月又写了《关于社会主义经济中价值及价值规律的问题——一个读书札记》，实际上已经提出社会主义经济要以价值规律为本，即由价格变动来调节生产，以及社会主义的所有生产都应该根据市场状况加以调节的思想。他此后提出的"市场取向"的观点已隐含其中，呼之欲出。

此外，学术界在新中国成立初期开展了多次讨论。例如，关于社会主义过渡时期社会性质的讨论；过渡时期经济基础与上层建筑之间关系的争论；生产力与生产关系问题的论战，其中包括 1950—1952 年关于生产力要素、1956—1957 年关于生产力发展动力，以及关于生产关系变更能否走在生产力前面的争论；关于农业先机械化还是先合作化的争论。

---

① 薛暮桥：《价值法则在中国经济中的作用》，《学习》1953 年第 9 期；蒋学模：《我国向社会主义过渡时期的商品生产和价值法则》，《复旦学报》1955 年第 5 期。

② 载《经济研究》1956 年第 6 期。

③ 吴敬琏：《吴敬琏自选集（1980—2003 年）》，山西经济出版社 2003 年版，第 25 页。

第一，过渡时期经济基础与上层建筑之间关系的争论。双方主要是围绕这一时期有没有独立的社会经济基础问题，以及经济基础与上层建筑是单一的，还是综合的问题展开了争论。

大致可以划分为"有"派与"没有"派。后者认为，新民主主义是一种包含多种经济成分的过渡型的特殊的经济体制，因此没有确定的经济形态。"有"派中又分为三种观点，即单一社会经济基础论者（新民主主义社会和过渡时期的经济基础，只能是社会主义经济）、单一上层建筑论者和经济基础与上层建筑的"综合"论者。"综合"论者认为，过渡时期经济基础是五种经济成分的矛盾统一体，单一社会经济基础论者没有看到过渡时期非社会主义经济成分在我国经济基础中的地位和影响；上层建筑也是参与政权的各个阶级的矛盾统一体，单一上层建筑论者没有看到非无产阶级存在的合理性。

第二，关于农业先机械化还是先合作化的争论。在争论初期大都持先机械化后合作化的观点，《关于农业社会主义的回答》（1948年7月27日新华社文章）甚至把合作化优先论斥之为"反动的幻想"。后期统一了关于先合作化后机械化的认识。

第三，关于生产力与生产关系问题的争论。这场争论首先以生产力与生产关系之间的关系展开，进而扩展到高级农业合作社这种生产关系是否已经超越生产力的水平的争论。生产力与生产关系问题的讨论主要集中于两个问题：生产关系能否走到其生产力的前面，以及如何理解生产关系要适应生产力发展的含义。一种观点认为，生产关系不可能跑到其生产力的前面，否则无异于承认可以无视客观经济规律而任意改变生产关系。有人认为，生产力是基础，生产关系是为生产力发展提供适合的形式，生产关系不适应或者脱离生产力的发展，不仅表示为落后于生产力的发展，也表现为走在生产力前面。[1] 另一种观点认为，两者是辩证的关系，先进的生产关系往往超越既定的生产力水平而促进生产力的发展，这是生产关系反作用的表现。[2]

高级农业合作社这种生产关系是否已经超越生产力的水平的争论，是

---

[1] 张洞明：《生产关系走到生产力前面的论点是有害的》，《解放日报》1956年10月29日；高安：《生产关系走到生产力前面的说法是否违背了历史唯物主义原理呢?》，《解放日报》1956年11月5日。

[2] 黄楠生：《论我国现阶段生产力和生产关系的关系》，《新建设》1957年第3期。

上述争论的继续和延伸。一种意见以张克灿为代表：高级社的生产关系是完全适合于生产力的性质；以关梦觉为代表的看法是，建立在手工劳动基础上的高级社的社会主义生产关系，其生产工具和技术条件与社会主义的生产关系暂时还是不相称的，农业的技术改造远远落后于其生产关系的改造，换而言之，"高级农业合作社的社会主义生产关系跑到其生产力的物质因素或技术条件的前面了"[①]。

第四，关于过渡时期基本经济规律内涵的争论。一个社会形态存在一个基本经济规律，还是一种生产方式存在一个基本经济规律？这个问题在1954年的中国经济学界引发了一场争论。最后基本上达成了共识。其一，每个社会形态的基本经济规律只能有一个，各种生产方式都有其自身的基本经济规律；其二，社会形态的基本经济规律是由该社会中占统治地位的生产方式的基本经济规律决定的。

苏星、徐禾等人认为，我国过渡时期还不是一个独立的而是具有过渡性质的社会经济形态，因而还没有一个决定整个社会生产发展的一切主要方面和主要过程的基本经济规律；但存在着社会主义基本经济规律和资本主义基本经济规律两个规律的作用，从而决定了两种对立的经济成分的并存性；而社会主义基本经济规律是起主导作用的规律，从而反映了国营经济的指导作用。这一观点是符合我国过渡时期的社会经济特征的。

应该说，不仅仅是领袖型马克思主义经典作家，而且专业型马克思主义经济学者也对马克思主义经济学中国化、毛泽东思想的形成和发展作出了贡献。这应该是题中应有之义。

---

① 关梦觉：《关于高级农业生产合作社的生产力与生产关系问题》，《新建设》1956年第7期。

第二章　马克思主义经济学与中国具体实践的第二次结合（上）

毛泽东还是社会主义时期"第二次结合"论的提出者和先行者，由此形成的中国化的马克思主义经济学，丰富和发展了马克思主义经济学。以党的十一届三中全会为标志，中国进入了"第二次结合"的第二个时期，开启了我国改革开放和社会主义现代化建设历史的新时期，创立了包括邓小平理论、"三个代表"重要思想、科学发展观，以及习近平总书记系列重要讲话等重大战略思想在内的中国特色社会主义理论体系，大大推进了"第二次结合"的历史进程，实现了马克思主义中国化的"第二次飞跃"。

毛泽东在这一时期（1956—1978 年）对于什么是社会主义以及如何搞好中国特色社会主义经济建设，作了开拓性探索和创新性贡献，其经济思想主要集中于《论十大关系》（1956 年）、《读社会主义政治经济学批注和谈话》（1958 年、1959—1960 年）、《在扩大的中央工作会议上的讲话》（1962 年）等著述，以及散见于一系列讲话、文件和批注之中。这一阶段马克思主义经济学中国化的主题是探索适合中国特点的社会主义经济建设的规律和道路，对马克思主义经济学中国化的"第二次飞跃"奠定了坚实的基础。

第一节　中国社会主义经济学中国化的理论和实践(1956—1978 年)

毛泽东既是新民主主义时期"第一次结合"论的提出者和完成者，还是社会主义时期旨在"探索在我们国家里建设社会主义的道路"的

"第二次结合"论的提出者和先行者。①这一时期以党的八大为标志，第一代中央领导集体和经济学界对什么是真正的社会主义、什么是中国特色的社会主义建设道路、怎样建设社会主义作了难能可贵的探索，由此形成的中国化的马克思主义经济学，丰富和发展了马克思主义经济学。尽管这种前无古人的马克思主义中国化的创新和实践中断于三年"大跃进"时期，以及后十年的"文化大革命"。但是，这些挫折、失败和徘徊，从某种意义上讲也是一种代价极大的探索。

这一时期的马克思主义经济学中国化的主题是探索适合中国特点的社会主义经济建设的规律和道路。其历程大致可以划分为三个阶段。

一 党的八大前后对于社会主义经济体制与经济建设道路的初步探索阶段（1956—1958 年）

这一阶段是马克思主义经济学与中国具体实践的第二次结合的启动阶段，也是马克思主义经济学中国化的繁荣时期。党的八大前后，毛泽东与党和国家的其他领导人以及中国经济学界反对照抄苏联经济模式，努力探索中国特色的社会主义经济建设道路与适合中国国情的社会主义经济体制，取得了积极的成果。

其一是理论成果。毛泽东的《论十大关系》（1956 年）、《在中国共产党第七届中央委员会第二次全体会议上的报告》（1956 年）、《关于正确处理人民内部矛盾的问题》（1957 年）、《读社会主义政治经济学批注和谈话》（1958 年、1959—1960 年）集中体现了毛泽东关于社会主义经济建设的理论精华。此外，还有第一代领导集体其他成员以及马克思主义经济学家的探索成果。

其二是提出了经济体制改革的初步方案。即《国务院关于改进国家行政体制的决议（草案）》（1956 年 10 月），以及 1958 年开始实施的《关于改进工业管理体制的规定》、《关于改进商业管理体制的规定》和

---

① 《人民日报》1956 年 4 月 5 日发表的《关于无产阶级专政的历史经验》一文，是由毛泽东主席主持的中央政治局会议多次讨论和修改写成的。在 3 月 17 日的中央书记处会议后，毛泽东主席在 3 月 19 日和 3 月 24 日先后召开了中央政治局会议，指出："不要再硬搬苏联的一切了，应该用自己的头脑思索了。应该把马列主义的基本原理同中国革命和建设的具体实际结合起来，探索在我们国家里建设社会主义的道路了。"详见吴冷西《忆毛主席》一书中"一论无产阶级专政的历史经验"章，新华出版社 1995 年版。

《关于改进财政管理体制的规定》，虽然没有涉及计划与市场的关系问题，却拉开了建设中国特色的社会主义经济体制的帷幕。但这些探索与此后的实践出现了一个巨大的落差，直到 1978 年十一届三中全会之后，我国才逐步确定了中国特色的社会主义经济体制。

二 "大跃进"运动中的严重失误阶段（1958—1960 年）

中共八大二次会议（1958 年 5 月 5—23 日）通过的社会主义建设总路线，其两重性表现在，一方面体现出社会主义建设这一主题，同时又强调两个阶级和两条道路的斗争是我国社会的主要矛盾，而急于求成、急于过渡与过早地用共产主义原则代替社会主义原则的"左"的指导思想已经在高层占据主导地位。"鼓足干劲、力争上游、多快好省地建设社会主义"的总路线，以及由此而全面铺开的"大跃进"运动、全民炼钢和人民公社化运动①，严重泛滥的高指标、瞎指挥、浮夸风和"共产"风；另一方面体现在中共八届八中全会庐山会议（1959 年 8 月 2—16 日）在全党错误地开展"反右倾"斗争和继续"跃进"，终于造成 1960—1961 年国民经济的严重的灾难。

三 1960 年冬天以后的五年经济调整阶段（1961—1965 年）

中共八届九中全会（1961 年 1 月 14—18 日）通过李富春、周恩来推出的国民经济"调整、巩固、充实、提高"的八字方针，使国民经济进入了长达五年的调整轨道；并且要求中央领导和地方党政负责人相继深入基层进行调查研究，确定一系列具体的方针和政策，使 1961 年成为实事求是年、调查研究年。"七千人大会"（1962 年 1 月 11 日至 2 月 7 日）初步总结了"大跃进"中的经验教训，进一步切实贯彻调整国民经济的方针。1965 年初的第三届全国人大一次会议提出，要在不长的历史时期内，把我国建设成为一个具有现代农业、现代工业、现代国防和现代科学技术的社会主义强国。1965 年全国工农业总产值 2235 亿元，标志着国民经济调整全面完成。

① 根据国家统计局公告，1958 年土法大炼钢铁，全民大办小土高炉、小土焦炉、小土煤窑，至少亏损 50 亿元，而 1957 年的财政收入也不过是 310 亿元。炼出来的土钢土铁，由于质量差而不能使用。大量的钢铁器物的损害，山林资源和环境的破坏，以及大量人力物力的浪费，更是难以计算。此外，国民经济农轻重比例严重失调，造成无法估量的后果。

　　第一代中央领导集体对于社会主义经济建设的重大失误，在理论层次上也作了深入的探讨，并没有停止对中国社会主义建设规律和道路的探索。例如，认为社会主义建设具有艰难性、复杂性和长期性，建设社会主义现代化国家可能需要一百年，要准备着由于盲目性而遭受到许多的失败和挫折；应该区分社会主义制度的"建立"和"建成"，以及发达的社会主义与比较发达的社会主义；不能剥夺农民，不能超越阶段，等等。但是，对于中国自己的建设道路和发展模式究竟是什么的问题，实际上并没有得到根本性的解决，未能突破基本上的单一公有制加计划经济的框框。究其原因之一，是受到另一种有害的"左"的探索倾向的干扰，特别是"文化大革命"使"左"倾错误观点更加系统化、理论化。这样，党对社会主义探索的主题已由社会主义建设转为如何把社会主义时期的阶级斗争进行到底，而关于社会主义建设道路的有益的探索，往往也被扣上资本主义复辟的帽子而遭到批判和制止。社会主义的探索走上了更曲折的道路。

四　"文化大革命"十年动乱和两年恢复整顿阶段（1966—1978 年）

　　"文化大革命"（1966—1976 年），开启的标志是毛泽东主持制定的"五一六通知"、"五七指示"以及中共八届十一中全会（1966 年 8 月 1—12 日）通过的《中国共产党中央委员会关于无产阶级文化大革命的决定》，从此开始了国民经济发展历史上的极不正常的十年动乱的年代。我国经济建设在无产阶级专政下继续革命的理论指导下，深受"左"倾思想的支配。这一时期国民经济虽然遭到巨大损失，人民群众的物质生活长期没有得到改善，但由于我国人民的艰苦努力，尤其经历过周恩来主持下的第一次整顿（1972—1973 年），以及邓小平主持的第二次整顿（1975 年），粮食生产还是保持了比较稳定的增长，工业交通、基本建设和科学技术方面取得了一批重要成就。特别是以"两弹一星"为代表的国防尖端技术得到了空前的突破。这些成果为以后改革开放时期的科学技术赶超世界先进水平，准备了物质基础。

　　恢复整顿阶段（1976—1978 年）突出"抓纲治国"，把被"四人帮"破坏了的，陷于瘫痪半瘫痪的国民经济搞上去。虽然这种恢复和整顿的指导思想和具体的方式，不可避免地还带有以往时期的烙印和局限性，但是，全党工作的重心已经转移到经济建设，而不光是阶级斗争了。这就为下一阶段的全面开创社会主义现代化建设这一战略转移，为中国特色社会主义理论体系的建立铺平了道路。

应该强调指出，马克思主义经济学的中国化及其理论创新的每一个重大成果，也包含着全党理论工作者以及专业的或者职业的马克思主义理论工作者所作的创造性努力。在上述各个阶段作了宝贵的理论探索的第一代马克思主义经济学家，其代表人物主要有薛暮桥、许涤新、孙冶方、顾准和卓炯，以及马寅初、沈志远、王学文、狄超白、管大同等一大批著名经济学者。

综上所述，我们党经历过 22 年社会主义建设的曲折发展，经历过"大跃进"和"文化大革命"这两次重大挫折，但在经济建设上所取得的成就仍然是巨大的。如同新民主主义革命是经过两次胜利两次失败的经验教训才使党逐步掌握了中国革命的规律，而以毛泽东为核心的党的第一代中央领导集体和马克思主义经济学家在社会主义建设时期的多次反复的探索及其所取得的理论成果，也为我们逐步掌握建设社会主义的规律提供了宝贵的经验教训，为中国共产党实现马克思主义基本原理和中国具体实际相结合的第二次历史性飞跃提供了基础和前提条件。

第二节　毛泽东对于中国特色社会主义经济建设道路的探索和贡献

这一时期的马克思主义经济学中国化的主题是探索适合中国特点的社会主义经济建设的规律和道路。作为"第二次结合"论的提出者和先行者，对于什么是社会主义以及如何搞好中国特色社会主义经济建设，毛泽东作了开拓性探索和创新性贡献，由此形成的中国化的马克思主义经济学，丰富和发展了马克思主义经济学。

毛泽东的经济思想主要集中于《论十大关系》（1956 年）、《读社会主义政治经济学批注和谈话》（1958 年、1959—1960 年）、《在扩大的中央工作会议上的讲话》（1962 年）等著述，以及散见于一系列讲话、文件和批注之中。

一　《论十大关系》中的经济思想

《论十大关系》中的经济关系涉及重工业和轻工业、农业的关系，沿海工业和内地工业的关系，经济建设和国防建设的关系，国家生产单位和生产者个人的关系，中央和地方的关系。后五个关系主要涉及政治方面的关系即汉族和少数民族的关系、党和非党的关系、革命和反革命的关系、是非关系、中国和外国的关系。该文是为党的八大定方向、定基调、定道路的划时代的重要著作。它涵盖五大经济关系在内的，正确处理经济建设和社会发展中的一系列重大关系，对适合中国情况的社会主义建设道路进行了初步的探索。

1. 正确处理重工业和轻工业、农业的关系。中国工业化道路的问题，主要是指重工业、轻工业和农业的发展关系问题。毛泽东认为苏联牺牲农业轻工业优先发展重工业的办法，与中国是大农业国的国情不相适合，力图探索一条符合中国国情的工业化道路，就是既要优先发展重工业、优先发展生产资料的生产，又要重视生活资料的生产，用多发展一些农业、轻工业的办法，比用少发展一些农业、轻工业的办法，会使重工业获得大量资金而发展得多些和快些，会更好地保障人民的生活需要。此外，毛泽东还在《关于正确处理人民内部矛盾的问题》等书中，阐述了关于两条腿走路、发展工业必须和发展农业同时并举的观点。中共八大会议进一步指出农业是工业发展以至整个国民经济发展必不可少的条件，必须努力发展农业，并在农业和工业相互配合发展的基础上，使国民经济各个部门、各个方面按比例地协调发展。

2. 沿海工业和内地工业的关系。既要充分利用沿海工业基地，又要大力发展内地工业。第二代中央领导集体关于改革开放的决策，以及在沿海14个城市实行特殊政策、开办经济特区的政策，是毛泽东这一经济思想在新的历史时期的继承和发展。

3. 经济建设和国防建设的关系。毛泽东精辟地阐述了两者的辩证关系：加强国防就得首先加强经济建设，要用增加经济建设费用和降低军政费用比例的办法，来增强国防力量。

4. 国家、生产单位和生产者个人的关系。三者必须统筹兼顾，正确处理一要吃饭、二要建设的关系。同时还提出给工厂企业"一点权力、一点机动的余地、一点利益"的设想，这是改革开放时期提出的扩大企业自主权的思想萌芽。

5. 中央和地方的关系。应该充分发挥中央和地方两个积极性，正确处理全国整体利益和地方本位利益的关系，扩大一点地方的权力，给地方更多的独立性，让地方办更多的事情。这里提出了改革过于集中的计划体制以及向地方分权的初步构思。

《论十大关系》及其关于五大经济关系的阐述，在毛泽东经济理论和马克思主义经济学中国化成果中占有一定的历史地位。因为，它是一个重要的分水岭："前八年照抄外国的经验。但从1956年提出"十大关系"起，开始找到自己的一条适合中国的路线"，"开始反映中国的客观经济规律"。毛泽东指出："哪里有完全不犯错误、一次就完成了真理的所谓圣人呢？真理不是一次完成的，而是逐步完成的。我们是辩证唯物论的认识论者，不是形而上学的认识论者。自由是必然的认识和世界的改造。由必然王国到自由王国的飞跃，是在一个长期认识过程中逐步地完成的。对于我国的社会主义革命和建设，我们已经有了十年的经验了，已经懂得了不少的东西了。但是我们对于社会主义时期的革命和建设，还有一个很大的盲目性，还有一个很大的未被认识的必然王国，我们还不深刻地认识它。我们要以第二个十年时间去调查它，去研究它，从其中找出它的固有的规律，以便利用这些规律为社会主义的革命和建设服务。"[①] 其次，这本书首次提出建设社会主义总路线的基本思想："我们一定要努力把党内党外、国内国外的一切积极的因素，直接的、间接的积极因素，全部调动起来，把我国建设成为一个强大的社会主义国家。"[②]

中共八大关于政治报告的决议、《关于正确处理人民内部矛盾的问题》又把对社会主义建设道路的探索以及对社会主义的认识大大向前推进了一步。其中包括社会主义社会基本矛盾和两类矛盾的学说，正确认识"社会主义社会经济发展的客观规律和我们主观认识之间的矛盾"，"人同人之间的矛盾，即比较正确地反映客观规律的一些人同比较不正确地反映客观规律的一些人之间的矛盾，因此也是人民内部的矛盾"的论断；关于中国主要矛盾的全新的界定，以及把对党和国家的工作重点转到技术革命和社会主义建设上来的论断；关于中国工业化道路的思想，即从中国实际出发，必须建筑在农业发展的基础之上，实现标志是建立独立完整的工业体系，"统筹兼顾，适当安排"以及发展工业必须同发展农业同时并举的工业化方针；企业民主管理方面关于"两参一改三结合"的设想，

---

① 《毛泽东文集》第8卷，人民出版社1999年版，第197页；转引自《关于建国以来党的若干历史问题的决议注释本》，人民出版社1983年版，第236页。
② 《毛泽东文集》第7卷，人民出版社1999年版，第45页。

等等。

二　《读社会主义政治经济学批注和谈话》中的经济思想

1958 年到 1960 年期间，毛泽东对于"大跃进"和人民公社化运动中的错误有所觉察，多次号召全党，要联系中国社会主义经济革命和经济建设去读斯大林的《苏联社会主义经济问题》和苏联《政治经济学》教科书。因为斯大林是写出社会主义政治经济学的第一人，许多主要观点是正确的，缺点是只讲经济关系，不谈政治挂帅，不讲群众运动。毛泽东论社会主义政治经济学的批注和谈话，是对社会主义革命和建设规律的又一次重要的探索。这些批注和谈话主要涉及：

1. 关于能否认识、如何认识客观存在的社会主义经济规律问题。毛泽东剖析了人们的主观世界同客观世界、第一性的存在与第二性的思维、人们的主观运动的规律和外界的客观运动的规律、客观辩证法和主观辩证法、自由与必然、现象和本质、特殊与一般、特殊规律与一般规律、绝对真理与相对真理、形而上学与辩证法、量变和质变、先进与落后、稳定与变革、平衡与不平衡之间的辩证关系，以及社会主义制度矛盾性质和理论创新，进而深入探讨了能否认识、如何认识客观存在的社会主义经济规律问题。

毛泽东认为，在实践中必须采取马克思主义的态度来进行研究，而且必须经过胜利和失败的比较。反复实践，反复学习，经过多次胜利和失败，并且认真进行研究，才能逐步使自己的认识合乎规律。只看见胜利，没有看见失败，要认识规律是不行的。他赞同斯大林把社会科学的这种客观真理和客观规律，同自然科学的客观真理和客观规律相提并论，你违反了它，就一定要受惩罚。毛泽东以中国为例，承认我们就是受了惩罚，最近三年受了大惩罚。

毛泽东批评苏联教科书的下述观点：随着生产资料社会主义公有化，"人们成为自己社会经济关系的主人"，"能够完全自觉地掌握和利用规律"。① 因为把事情说得太容易了。同时也否定了斯大林的关于消灭、创造规律的观点：因为这是把客观规律和法律混为一谈，把客观规律和计划

---

① 苏联科学院经济研究所主编：《政治经济学教科书》修订第三版下册，人民出版社 1959 年版，第 446 页。

混为一谈,有些计划合乎规律,或者基本上合乎规律,有些计划不合乎规律,或者基本上不合乎规律;作为意识形态的计划要反映实际反映客观经济规律,就必须认真研究客观经济规律,必须学会熟练地运用客观经济规律,力求制订出能够正确反映客观经济规律的计划。

他进而指出,社会主义经济本身还没有成熟,还在发展中。我们提出的社会主义建设总路线,是不是符合我国的社会主义经济规律?是否就是这些?是否还会栽跟头?都还需要继续在实践中得到检验。时间要几年,或要 10 年,甚至更长。

2. 关于如何认识社会主义商品生产和价值规律问题。毛泽东对这一问题的认识,既照搬斯大林的观点又发展了斯大林的经济思想,对于纠正当时"大跃进"和人民公社化运动中出现的"左"倾错误起了巨大作用。这一部分的谈话、建议和批注所占比例居多,最具理论价值。

第一,毛泽东捍卫和发展了列宁和斯大林的关于发展商品生产和全力发展商业的经济理论。他分析了我国商品生产存在的条件:两种所有制的存在是商品生产和商品交换的主要前提,在两种所有制存在的时间内,必须经过商品生产和商品交换,去引导农民大力发展社会生产;商品生产的命运最终与社会生产力的水平密切相关,即使是过渡到了单一的社会主义全民所有制,如果产品还不很丰富,某些范围内的商品生产和商品交换仍然有可能存在。

他否定了所谓商品生产必然会导致资本主义、把商品生产与资本主义混为一谈、进而主张取消商品生产而力图一步进入共产主义的错误观点。他重申了斯大林的论断:决不能把商品生产看作是某种不依赖周围经济条件而独立自在的东西。商品生产不是孤立的,要看它与什么经济相联系,商品生产和资本主义相联系,是资本主义商品生产;商品生产和社会主义相联系,是社会主义商品生产。

他把这一问题上升到无产阶级对五亿农民应该采取什么态度和立场的高度:有人就想立刻宣布人民公社为全民所有制,想废除商品生产和商品交换,实行物资调拨。这样做,就是剥夺农民。为了团结几亿农民,商品生产还要大大发展。在社会主义改造基本完成以后,有了人民公社以后,社会主义的商品生产、商品交换更要有计划地发展。

第二,关于有些生产资料也是属于商品的见解。这是对于斯大林在《苏联社会主义经济问题》一书中说商品生产只限于生活资料的观点的否定。例如农业产品是商品，工业产品例如农业机械不是商品，那如何与农民实行交换呢？毛泽东认为，生产资料还有一部分是商品，我们把农业机械卖给合作社。

第三，关于商品生产、商品交换和价值规律"服务"论、"工具"论和"限制"论。毛泽东肯定了斯大林关于利用商品生产为社会主义服务的观点的同时，提出在社会主义社会，商品的两重性仍然存在，要限制商品生产的消极作用，充分利用商品生产、商品交换和价值规律这个有用的工具。

毛泽东商品生产、商品交换和价值规律的探索是难能可贵的，但还是有其一定的时代局限性。一方面，他承认在我国还存在着商品生产，价值规律还起作用，强调调整价格就是调整经济关系和政治关系；另一方面，他坚持价值规律对生产不起调节作用，是说不起决定作用，起决定作用的是力图按照有计划按比例发展规律制定的国民经济计划，即计划第一、价格第二，价值规律可以作为计划工作的有用的工具，但是不能作为计划工作的主要依据。在计划经济体制下，这种认识上的局限性是不可避免的。

3. 关于经济学研究对象。毛泽东关于政治经济学研究的对象的观点，主要照搬斯大林关于生产关系的三段论模式，即所有制、劳动生产中人与人的关系与产品分配。但是，在许多方面超越了斯大林的经济思想。

第一，在生产关系中的人与人之间的相互关系中，必须破除存在着的资产阶级法权。例如等级森严，居高临下，脱离群众，不以平等待人，不是靠工作能力吃饭而是靠资格、靠权力，干部之间、上下级之间的猫鼠关系和父子关系，这些东西都必须破除，彻底破除。破了又会生，生了又要破。

所有制问题本身也有个变化、变革、不断调整和完善的过程，但是在所有制性质相对稳定的时期内，劳动生产中人与人的关系，却不能不是不断变革的。管理问题，即全民所有的企业如何管理的问题，集体所有的企业如何管理的问题，这也就是人与人的关系问题。这些方面都是属于劳动生产中人与人的关系。这种关系是改变还是不改变，对于推进还是阻碍生产力的发展，都有直接的影响。

第二，毛泽东批判了苏联教科书关于分配理论的错误观点，即不讲分配首先是生产条件的分配，生产资料的分配决定消费品的分配，只讲消费品的分配，并且把消费品的分配视为决定性动力。另外，在他看来，在生产关系中的分配形式中，尽管物质利益是一个重要原则，但总不是唯一的原则，应该先公后私、公私兼顾，既反对平均主义也反对过分悬殊，否则会走向"物质刺激绝对化"和"个人物质利益原则的片面化"。同时，物质利益也不能单讲个人利益、暂时利益、局部利益，还应当讲集体利益、长远利益、全局利益，应当讲个人利益服从集体利益，暂时利益服从长远利益，局部利益服从全局利益。

第三，要以生产力和生产关系的平衡和不平衡、生产关系和上层建筑的平衡和不平衡为纲，来研究社会主义社会的经济问题。生产关系的革命是生产力的一定发展所引起的，而生产力的大发展总是在生产关系改变以后，这是一条规律，毛泽东进而指出，政治经济学研究的对象主要是生产关系，但是要研究清楚生产关系，就必须一方面联系研究生产力，另一方面联系研究上层建筑对生产关系的积极作用和消极作用。

4. "同时并举"和"两条腿走路"。毛泽东鉴于苏联"一条腿走路"即过分强调发展重工业而不重视发展轻工业和农业的教训，推出关于一整套"同时并举"和"两条腿走路"的方针。在优先发展重工业的前提下，发展工业与发展农业同时并举；工业内部，以钢为纲；农业内部，以粮为纲；大中小同时并举，洋法土法生产同时并举，大力发展农村工业；大中小并举以大为纲，中央与地方并举以中央为纲，等等。这是一个创新，尽管以钢为纲、以粮为纲等提法值得商榷。

5. 建成社会主义的标准。什么是建成社会主义的标准，也是毛泽东探讨的一个重要问题。什么叫建成社会主义？斯大林提出三个先决条件或者标准。毛泽东以此画线，并且根据中国的国情而加以发展。

（1）必须确实保证"全部社会生产的不断增长，而生产资料生产的增长要占优先地位"。这是基本的条件。我们是在优先发展重工业的前提下，发展工业和发展农业同时并举，以及其他几个同进并举，高速度地发展社会生产力，极大地增加社会产品。

（2）"把集体农庄所有制提高到全民所有制的水平，并且也用逐渐过渡的办法使产品交换制代替商品流通，使中央政权或其他某个社会经济中心能够掌握社会生产的全部产品来为社会谋福利。"毛泽东指出，我们在现在只有一部分是全民所有制，农村大部分还是集体所有制，即使将来把集体过渡到全民所有制，搞成了单一的全民所有制，如国营工业那样，它的性质还是社会主义的，也还不能马上过渡到共产主义。

（3）"必须使社会达到这样高度的文化水平，以致能保证社会一切成员全面发展他们的体力和智力"。为此，需要减少劳动时间，实行综合技术教育，根本改善居住条件，提高职工的实际工资。不搞社会集体福利事业不是社会主义。

6. 关于如何撰写中国社会主义政治经济学教材的意见。

首先，现在就要写出一本成熟的社会主义共产主义政治经济学教科书，还受到社会实践的一定限制，有一定的难度。因此，《政治经济学教科书》还没有形成一个完整的经济学理论体系，也是有客观原因的，因为社会主义经济本身还没有成熟，还在发展过程中。

其次，社会主义政治经济学教科书，究竟怎样写才好？从什么地方开始写起？这个问题很值得研究。当作一门科学，应当从分析矛盾出发。毛泽东指出，如果我们写社会主义政治经济学，要以生产力和生产关系的平衡和不平衡、生产关系和上层建筑的平衡和不平衡为纲，来研究社会主义社会的经济问题；可以从所有制出发，先写生产资料私有制的变革和三大社会主义改造，然后，再写两种社会主义公有制的矛盾，以及这个矛盾发展的趋势和解决的办法，社会主义集体所有制如何过渡到社会主义全民所有制。

最后，斯大林正确地批评雅罗申柯的经济学，是没有经济问题的政治经济学，但是，他自己的《苏联社会主义经济问题》只讲经济关系，不谈政治挂帅，不讲群众运动，不讲上层建筑和经济基础的关系，不谈上层建筑如何适应经济基础，不谈上层建筑对经济基础的反作用。这是一个重大的缺点。

毛泽东读斯大林《苏联社会主义经济问题》和《政治经济学教科书》的批注和谈话记录，是总结苏联42年和新中国10年的社会主义革命和建设的经验教训，是对社会主义革命和建设规律的又一次重要的探索，集中体现了毛泽东在马克思主义经济学中国化方面的重要成果和巨大贡献。

第三章 马克思主义经济学与中国具体实践的第二次结合(下)

在我国改革开放和社会主义现代化建设的这一历史新时期,通过中国人民改革开放与经济发展的伟大实践和理论创新,较为系统地回答了在中国这样一个十几亿人口的发展中大国,建设什么样的社会主义、怎样建设社会主义,建设什么样的执政党、怎样建设执政党,实现什么样的发展、怎样发展,以及什么是马克思主义、怎样坚持和发展马克思主义等一系列重大问题,形成了蕴含着中国化马克思主义经济学的社会主义理论体系,大大推进了"第二次结合"的历史进程,实现了马克思主义中国化的"第二次飞跃"。

第一节 中国社会主义经济学中国化的理论和实践(1978—2008 年)

这一时期的马克思主义经济学中国化的进程,是紧紧围绕经济发展,以社会主义市场经济体制为主线,以探索适合中国特点的社会主义基本经济制度、市场体制与政府干预体系,多元化的分配体制、对外开放国策和科学的经济发展战略等为主题,大大丰富和发展了马克思主义政治经济学,初步形成了中国化的社会主义经济学体系。其历程大致可以划分为四个阶段。

一 经济发展与改革开放的起步阶段 (1979—1984 年)

以党的十一届三中全会为开端,中国启动了中国经济改革开放的步伐。这一时期的国民经济发展的主旋律是调整、改革、整顿和提高,要注意解决好国民经济重大比例严重失调的问题,力争在 20 世纪末期经济发展战略目标，即经济总量翻两番、人民生活达到小康水平。这一时期制定了关于加快农业发展的决定，改革的重点在农村，经济体制改革首先从农村领域展开，并以磅礴之势推向全国，农村改革、国有企业改革和非公有制经济发展不断取得重大进展。

这一时期我们在社会主义经济理论方面有了重大创新和突破。1978年 12 月召开的党的十一届三中全会是这一新时代启动的标志。它重新确立了"解放思想、实事求是"的思想路线，高度评价关于真理标准问题的理论大讨论这一场具有重要意义的思想解放运动，为改革开放创造了必要的思想条件；提出了"一个中心、两个基本点"即以经济建设为中心，坚持四项基本原则，坚持改革开放，从而纠正了"以阶级斗争为纲"的错误方针，把党和国家的工作重点转移到社会主义现代化建设上来，实行改革开放的战略决策。1982 年 9 月召开的党的十二大，首次提出了"把马克思主义的普遍真理同我国的具体实际结合起来，建设有中国特色的社会主义"的重要思想。1984 年 10 月召开的十二届三中全会是跨入下一阶段的标志，它通过了《中共中央关于经济体制改革的决定》，首次提出了"社会主义经济是有计划的商品经济"的重要思想。邓小平高度评价《中共中央关于经济体制改革的决定》，称之为马克思主义的基本原理和中国社会主义实践相结合的政治经济学。

二　经济发展与改革开放的全面开展阶段（1985—1992 年）

党的十二届三中全会全面绘制了经济体制改革的蓝图，提出了"加快以城市为重点的整个经济体制改革的步伐，推动经济体制改革进入全面展开的阶段"。这一期间改革的重点已由农村转到城市，以搞活国有企业为中心环节全面展开，其中包括承包制、租赁制和新工人合同制成为国有企业改革的主要形式，乡镇企业迅速崛起，个体企业和"三资"企业迅速发展，以放为主的价格改革全面展开。

这一时期我们在社会主义经济理论方面有了新的突破。邓小平在1987 年党的十三大推出了关于"分三步走"基本实现现代化的战略部署。1988 年 9 月 5 日 邓小平提出"科学技术是第一生产力"的重要论断。1992 年初邓小平南方谈话是跨入下一阶段的标志，是把改革开放和社会主义现代化建设推向新阶段的又一个解放思想、实事求是的宣言书。邓小平指出："社会主义的本质，是解放生产力，发展生产力，消灭剥削，消除两极分化，最终达到共同富裕"，① 这就摆脱了长期以来拘泥于具体模式而忽视社会主义本质的错误倾向，深化了党对社会主义本质的认识。对于什么是社会主义、怎样建设社会主义这一历史性课题作出了科学的回答，科学阐述了社会主义的本质以及三个有利于的评判标准，尤其关于社会主义也可以搞市场经济的思想，解决了关于市场经济并非资本主义专有属性这一重大认识问题，为党的十四大确立社会主义市场经济体制的目标模式最终扫清了理论上的障碍。在 1992 年 10 月召开的党的十四大报告，明确中国经济体制改革的目标是建立社会主义市场经济体制；强调这一新型体制是与社会主义基本制度结合在一起，并且是要使市场在社会主义国家宏观调控下对资源配置起基础性作用；从而确立了邓小平建设有中国特色社会主义理论在全党的指导地位。

三　经济发展与初步建立社会主义市场经济体制阶段（1993—2002 年）

中共十四届三中全会（1993 年 11 月）通过的《关于建立社会主义市场经济体制若干问题的决定》是对党的十四大提出的"建立社会主义市场经济体制"目标和任务的进一步具体化，勾画了社会主义市场经济体制的基本框架。中共十四届五中全会（1995 年 9 月）要求在 2000 年"初步建立社会主义市场经济体制"，通过《关于制定国民经济和社会发展"九五"计划和 2010 年远景目标的建议》，提出要实行经济体制从传统的计划经济体制向社会主义市场经济体制转变、经济增长方式从粗放型向集约型转变两个具有全局意义的根本性转变。并且强调要正确处理社会主义现代化建设中的十二个重大关系。由此而开启了建立社会主义市场经济体制的重要阶段。

1993—1997 年，由于很好地执行了中共中央、国务院发出《关于当前经济情况和加强宏观调控的意见》及其 16 条措施，国民经济成功地实现了"软着陆"。这是我国经济史上的第一次，在亚洲金融危机爆发的情况下，形成了高增长、低通胀的良好局面。并且在随后的反过冷、反通缩的过程中实现了经济的稳定和持续的发展。以公有制为主体、多种所有制共同发展的格局初步形成。部分国有大中型企业建立了现代企业制度，大

---

① 《邓小平文选》第 3 卷，人民出版社 1993 年版，第 373 页。

部分国有小企业也实行了改制。非国有经济继续得到迅速发展。资本和劳动力等要素市场达到巨大规模。社会主义市场体系初步形成。产品价格改革取得决定性胜利。沿边城市、沿江城市和内陆省会城市也陆续开放,从而形成了具有不同开放层次、具有不同开放功能的,经济特区——沿海开放城市——内地开放城市这样一个梯度开放格局。2001 年 12 月 11 日,中国正式成为世贸组织成员,标志着中国对外开放进入新的阶段。

这一时期我们在社会主义市场经济建设实践和理论创新方面成果颇丰。突出之处如下:

其一,关于社会主义市场经济条件下,适应生产力发展要求的所有制理论的探讨。

党的第十五大(1997 年 9 月)提出 21 世纪前 50 年"新三步走"的发展战略;并且首次提出公有制为主体、多种所有制经济共同发展,是中国社会主义初级阶段的基本经济制度,并提出非公有制经济是社会主义市场经济的重要组成部分,股份制是现代企业的一种资本组织形式,大大丰富了社会主义经济体制的内涵。

总结自中共十一届三中全会召开 20 年来建设中国特色社会主义事业取得的巨大成就和 11 条主要经验,这四个"必须",即必须把集中力量发展社会生产力摆在首要地位;必须坚定不移地推进改革开放;必须建立和完善适应生产力发展要求的经济制度和经济体制;必须把实现和维护最广大人民群众的利益作为改革和建设的根本出发点,是重中之重。中共十五届四中全会(1999 年 9 月)通过的《中共中央关于国有企业改革和发展若干重大问题的决定》,指出要从战略上调整国有经济布局,推进国有企业战略性改组,建立和完善现代企业制度,加强和改善企业管理,提高国有经济的控制力,使国有经济在关系国民经济命脉的重要行业和关键领域占支配地位。这是从公有制和国有企业改革以及国有经济地位和作用的角度,对于我国基本经济制度作了新的解读。而党的十六大(2002 年 11 月)提出了坚持和完善社会主义基本经济制度的两个基本原则,即"必须毫不动摇地巩固和发展公有制经济"和"必须毫不动摇地鼓励、支持和引导非公有制经济发展"。

其二,关于社会主义市场经济条件下,适应生产力发展要求的分配理论的探讨。

分配关系是生产关系的反面。随着建立社会主义市场经济体制目标的确立，关于分配问题的理论取得了突破性进展。一是由否定按要素分配，转变为按劳分配和按生产要素分配相结合。党的十三大提出"以按劳分配为主体，其他分配方式为补充"的分配原则。党的十四届三中全会确立了"以按劳分配为主体、多种分配方式并存"的分配制度，并提出允许属于个人的资本等生产要素参与收益分配。党的十五大进一步提出"把按劳分配和按生产要素分配结合起来"。党的十六大又提出"劳动、资本、技术和管理等生产要素按贡献参与分配"的原则；二是正确处理好效率与公平的关系，打破平均主义的"大锅饭"，鼓励一部分地区、一部分人先富起来。党的十四大提出了"兼顾效率与公平"的收入分配原则。党的十四届三中全会和十五大又提出"效率优先、兼顾公平"的收入分配原则。

此外，根据世情、国情、党情的新变化和实践的发展，这一时期先后提出了一系列具有深远意义的发展战略，其中包括可持续发展战略、科教兴国战略、西部大开发战略、加入 WTO，这就为进一步的大发展奠定了坚实的基础。

党的十六大是进入下一阶段的重要标志。党的十六大报告《全面建设小康社会，开创中国特色社会主义事业新局面》，对于 13 年的十条基本经验作了总结：（1）坚持以邓小平理论为指导，不断推进理论创新。（2）坚持以经济建设为中心，用发展的办法解决前进中的问题。（3）坚持改革开放，不断完善社会主义市场经济体制。（4）坚持四项基本原则，发展社会主义民主政治。（5）坚持物质文明和精神文明两手抓，实行依法治国和以德治国相结合。（6）坚持稳定压倒一切的方针，正确处理改革发展稳定的关系。（7）坚持党对军队的绝对领导，走中国特色的精兵之路。（8）坚持团结一切可以团结的力量，不断增强中华民族的凝聚力。（9）坚持独立自主的和平外交政策，维护世界和平与促进共同发展。（10）坚持加强和改善党的领导，全面推进党的建设新的伟大工程。

四 经济发展与完善社会主义市场经济体制阶段（2003—2008 年）

党的十六大（2002 年 11 月）提出在 21 世纪头 20 年要"完善社会主义市场经济体制"，党的十六届三中全会（2003 年 10 月）通过了《中共中央关于完善社会主义市场经济体制若干问题的决定》。这标志着进入以完善社会主义市场经济体制为基本任务、以进入全面建设小康社会为奋斗目标，以及进入全面对外开放的新阶段。

这一阶段，我国经济已经进入新一轮经济周期上升阶段的波峰年份，经济总量达到300670亿元，居世界第三位。社会主义市场经济体系正在趋于完善。以公有制为主体、多种所有制共同发展的格局得到进一步发展，现代企业制度以及现代市场体系和宏观调控体系的建设有了进一步完善，外向型经济和对外开放水平有了进一步的发展。同时，根据社会经济发展的新变化、新问题和实践的发展，这一时期先后提出了一系列具有深远意义的发展战略、方针、政策和举措，其中包括区域经济协调发展战略（包括振兴东北老工业基地、促进中部崛起和鼓励东部率先发展政策）、推进社会主义新农村建设方针、建设资源节约和环境友好型社会、重点大力发展服务业的方针、发展社会事业（加快发展就业、住房、医疗、教育和社会保障），这就为进一步地完善中国特色的社会主义经济建设、政治建设、文化建设、社会建设"四位一体"的现代化建设的总体布局奠定了坚实的基础。

处在新世纪和新的历史起点上，这一时期首先迫切需要回答的问题是，我们应该举什么旗、走什么路、以什么理论为基础，以及实现什么样的发展、怎样发展？此时的两大主要的理论创新，就是形成了中国特色社会主义理论体系，形成了以人为本、全面协调可持续的科学发展观这一重大战略思想，以及相关的社会主义和谐社会理论、经济发展方式转变理论以及城乡经济社会一体化理论等重要思想，党的经济思想不断得到丰富和完善，最终形成了一个比较完整的中国特色社会主义理论体系。由此而创造性地解决和回答了什么是马克思主义、怎样对待马克思主义，什么是社会主义、怎样建设社会主义，建设什么样的党、怎样建设党，尤其是实现什么样的发展、怎样发展等重大理论和实际问题。从而表明对共产党执政规律、社会主义建设规律和人类社会发展规律的认识进一步深化了。

其一，科学发展观的形成。2003年4月胡锦涛在广东考察工作，第一次明确提出要"坚持全面的发展观"，8月在江西考察工作时明确使用"科学发展观"概念，提出要牢固树立协调发展、全面发展、可持续发展的科学发展观，而在十六届三中全会被正式命名为"科学发展观"。中共十六届六中全会（2006年10月）通过的《关于构建社会主义和谐社会若干重大问题的决定》，把社会和谐提升为中国特色社会主义的本质属性。并且提出了"协力构建各种文明兼容并蓄的和谐世界"，从而把和谐发展与和平发展纳入科学发展体系。

党的十七大（2007年10月）把科学发展观作为中国特色社会主义理论体系的重要内容和最新成果，并且对科学发展观的内涵作了系统阐释：第一要义是发展，核心是以人为本，基本要求是全面协调可持续，根本方法是统筹兼顾；发展是我们党执政兴国的第一要务，而这里的发展是又好又快的发展，是科学发展、和谐发展、和平发展。另外，科学发展观的内容随着实践的发展，也在不断地深化和丰富。

其二，提出中国特色社会主义的一面旗帜、一条道路、一个理论体系，对于马克思列宁主义同中国实际相结合的"第二次历史性飞跃"亦即马克思主义中国化的理论成果，作了高度的理论概括和系统的整合，即把党的十一届三中全会以来整个历史新时期我们所高举的旗帜，统称为中国特色社会主义伟大旗帜；相应地，把改革开放以来我们在实践探索中所走过的道路，统称为中国特色社会主义道路；把邓小平理论、"三个代表"重要思想以及科学发展观等重大战略思想，统称为中国特色社会主义理论体系，坚定地回答了在改革发展的新阶段举什么旗、走什么路、以什么理论为基础的重大问题。这也是党的十七大在理论上的一项历史性重大贡献。

其三，党的十七大报告，以及胡锦涛在纪念中共十一届三中全会召开30周年大会的讲话，系统阐述改革开放"十个结合"的宝贵经验，从不同角度和不同层面上，对28年改革开放和转型期的实践经验作出了新的理论概括：把坚持马克思主义基本原理同推进马克思主义中国化结合起来，把坚持四项基本原则同坚持改革开放结合起来，把尊重人民首创精神同加强和改善党的领导结合起来，把坚持社会主义基本制度同发展市场经济结合起来，把推动经济基础变革同推动上层建筑改革结合起来，把发展社会生产力同提高全民族文明素质结合起来，把提高效率同促进社会公平结合起来，把坚持独立自主同参与经济全球化结合起来，把促进改革发展同保持社会稳定结合起来，把推进中国特色社会主义伟大事业同推进党的建设新的伟大工程结合起来。这是我们党和人民在马克思主义中国化探索过程中形成的极其宝贵的精神财富和创新成果。

应该强调指出，马克思主义经济学的中国化及其理论创新成果，也包含着全党理论工作者以及专业的或者职业的马克思主义理论工作者所作的创造性努力。在上述各个阶段作了宝贵的理论探索的第二代马克思主义经济学家，其代表人物主要有刘国光、吴敬琏，以及厉以宁、董辅礽、苏星、林子力等一大批著名经济学者。

综观改革开放30年的社会经济发展历程，我们进一步探索和解决了关于社会主义、执政党和社会经济发展三大基本问题，开辟了马克思主义中国化的新境界，基本上完成计划经济体制向社会主义市场经济体制的历史性大转变，以及正在大力推进经济发展方式的大转型。

第二节　中国特色社会主义经济理论体系的特征

一　中国经济学体系的发展历程

作为对中国社会主义经济建设特别是改革开放以来社会主义经济发展的实践和经验的概括和总结。它大致划分为三大发展阶段：

一是中国经济学体系的酝酿和探索阶段（20世纪50年代至1978年）。

二是中国经济学体系的初步形成阶段（1978—2002年）。

三是中国经济学体系的进一步完善阶段（2003年至今）。

党的十六大以来特别是十七大和十八大，提出了关于一面旗帜、一条道路、一个理论体系的总体性理论概括和科学总结，阐明了中国特色社会主义的总依据（社会主义初级阶段）、总布局（经济建设、政治建设、文化建设、社会建设和生态文明建设在内的"五位一体"，此外还有法治建设）和总任务（实现社会主义现代化、中华民族伟大复兴、全面建设小康社会，以及实现"中国梦"），系统地总结了中国特色社会主义建设的成功经验，丰富和完善了中国特色社会主义理论体系，在新的历史条件下进一步回答了发展中国特色社会主义的一系列重大问题，从而有利于从总体上把握和推进马克思主义经济学中国化的进程。因此，在社会主义经济的本质特征、分配原则、发展道路、发展模式、科学发展、和谐发展、发展战略、对外开放，以及不断提高驾驭社会主义市场经济能力的具体途径等方面提出了一系列新的思想和发展理念，深化了对中国特色社会主义本质和社会主义市场经济发展规律的认识。由此表明，在实现马克思主义中国化，把握中国特色社会主义发展基本规律和完善中国经济学体系上进入一个新的阶段。

二 中国经济学体系的结构

如上所述，中国特色的经济学理论体系有一个逐步完善的过程。这是因为这一理论体系并非是"舶来品"，发展社会主义市场经济的实践、探索、创新及其经验材料，是其赖以产生的实践性来源。"现在一切都在于实践，现在已经到了这样一个历史关头：理论在变为实践，理论由实践赋予活力，由实践来修正，由实践来检验。"①

这一体系是以中国社会主义初级阶段经济关系为研究对象，凸显了以"思想总体"反映"具体总体"的中国初级阶段的生产力与生产关系的辩证法运动。它在结构层次上也有自己的特点：第一，基础性逻辑层次，涵盖基本经济制度和经济体制。例如关于科学发展观（中国特色社会主义经济理论体系赖以构建的核心价值观），社会主义经济本质理论，关于基本经济制度和经济体制相互关系的理论。第二，经济学发展理论，涵盖了中国经济的生产、分配、交换和消费等主要环节。第一、二、三、四产业结构和产业发展理论，以及经济全球化与自主型开放经济的理论。第三，涵盖了微观、中观和宏观三大层次的企业主体理论，区域经济理论，政府干预、统筹兼顾与和谐经济理论。第四，基于动态角度的经济体制改革理论。第五，着重综合视角、兼具具体化、政策化和宽泛化的中国模式理论。

此外，中国特色社会主义经济学体系应该由凸显其本质特征或者"硬核"的主导理论，主要包括初级阶段的社会主义基本经济制度理论、社会主义经济体制改革理论、对外开放的基本国策和理论，以及中国特色的经济发展理论。

三 社会主义初级阶段理论是中国特色社会主义经济学体系的起点

社会主义初级阶段是马克思主义经济学中国化研究的出发点，也是中国特色社会主义经济学体系的起点。

马克思主义经济学的中国化就是要求马克思主义经济学同中国的基本国情——中国的社会主义所处的初级形态的特殊发展阶段——结合。这是马克思主义经济学中国化的出发点。中国特色社会主义经济学由此而形成

---

① 《列宁全集》第33卷，人民出版社1985年版，第208页。

了以社会主义初级阶段经济制度研究为起点，以对社会主义市场经济体制建立和完善为主体，以对社会主义市场经济体制运行为展开内容的理论体系。

社会主义初级阶段理论是对于马克思恩格斯理论的发展和超越，是马克思主义经济学中国化的重大成果。马克思主义经济学在社会主义的规定性上的中国化取得明显进展。

一是解决了什么是社会主义这一当代社会主义面临的一个最基本的问题和重大理论课题，创造性地提出了关于社会主义的本质，是解放生产力，发展生产力，消灭剥削，消除两极分化，最终达到共同富裕的科学论断，破解了这一世纪难题。

二是解决了我们的社会主义正处在什么阶段这一当代社会主义没有解决的一个重大理论问题。社会主义初级阶段是我国在生产力落后，商品经济不发达条件下建设社会主义必经的特定阶段，是中国共产党关于中国基本国情的科学判断，是现阶段党的基本路线、方针、政策和策略的出发点和依据，不能脱离实际、超越阶段。

三是中国初级阶段的社会主义已不是形诸笔墨的一种设想，而是活生生的现实。它既具有理论性，又具有现实性，因而它自身有严格的内在规定性。它是个综合概念，包含"社会主义"和"初级阶段"两层含义。首先，中国已经建立起社会主义的基本制度，我国的初级阶段既不是封建主义的初级阶段，也不是资本主义的初级阶段，而是社会主义的初级阶段。走社会主义道路，是我国的基本国情之一，我们必须坚持而不能背离社会主义。其次，中国的社会主义还处在初级阶段或不发达阶段。集中力量发展生产力，实现社会主义四个现代化，是这个历史阶段的根本任务。因此，社会主义初级阶段理论一方面要求我们必须坚持社会主义而不能背离社会主义；另一方面从初级阶段出发而不能超越该阶段。综而述之，我们必须把社会主义与初级阶段统一起来认识和把握，而不能把二者加以割裂。

毋庸置疑，初级阶段的社会主义是马克思主义经济学研究的前提，也是马克思主义经济学中国化的出发点。我们要牢牢记住和准确把握社会主义初级阶段这一基本国情："我国仍处于并将长期处于社会主义初级阶段的基本国情没有变，人民日益增长的物质文化需要同落后的社会生产之间的矛盾这一社会主要矛盾没有变，我国是世界上最大的发展中国家的国际地位没有变。发展仍然是解决我国所有问题的关键。"①

第三节　中国特色社会主义经济理论
体系的主导理论

这一理论体系的主导理论，主要包括初级阶段的社会主义基本经济制度理论、社会主义经济体制改革理论、对外开放的基本国策和理论，以及中国特色的经济发展理论，等等。

一　初级阶段的社会主义基本经济制度

中国特色的初级阶段的基本经济制度是中国特色社会主义制度体系的有机组成部分。后者则是由反映我们国家和社会的性质的基本层面的制度（基本政治制度和基本经济制度），由此派生出来的具体层面的制度（经济体制、政治体制、文化体制、社会体制及其具体的组织制度、管理权限、运转方式等），以及赋予制度权威性或稳定性、提供良好法制环境的法律规范或体系（以宪法为统帅，以法律为主干，以各种各类行政法规、地方性法规为重要组成部分）所组成。

基本经济制度是指公有制为主体、多种所有制经济共同发展的基本经济制度。十五大（1997 年）第一次对此予以明确界定和解读。我国社会主义初级阶段的生产力状况，客观上要求多种所有制经济共同发展。而社会主义国家的根本性质，又决定了我国必须始终坚持以公有制经济为主体。这一基本经济制度，揭示了社会主义初级阶段生产关系的本质特征，适应了中国社会主义初级阶段生产力发展的客观要求，极大地解放和发展了生产力；科学地解答了如何在中国社会主义初级阶段上，建立怎样的所有制结构，确立什么样的基本经济制度。这是马克思主义经济学中国化的重要成果。

1. 关于非公有制经济理论的探索和创新，是马克思主义经济学中国化的重大成果。这里讲的非公有制经济主要包括个体经济、私营经济和外资经济。

这一探索始于中共十一届三中全会（1979 年）一直到党的十三大

---

① 胡锦涛：《在庆祝中国共产党成立 90 周年大会上的讲话》，2011 年 7 月 1 日。

(1987 年) 取得了第一次突破，把非公有制经济定位于社会主义公有制经济必要的有益的补充。党的十五大（1979 年）明确提出一切符合"三个有利于"的所有制形式都可以而且应该用来为社会主义服务，非公有制经济是我国社会主义市场经济的重要组成部分，从而进一步提升了非公有制经济的地位，实现了对非公有制经济认识上的第二次飞跃。党的十六大（2002 年）提出两个"毫不动摇"，即毫不动摇地巩固和发展公有制经济，必须毫不动摇地鼓励、支持和引导非公有制经济的发展。党的十七大（2007 年）进一步提出"两个平等"的思想，鼓励非公有制经济同公有制经济平等竞争、相互促进。党的十八届三中全会，重申必须毫不动摇鼓励、支持、引导非公有制经济发展，激发非公有制经济活力和创造力，并提出，公有制经济财产权不可侵犯，非公有制经济财产权同样不可侵犯。国家保护各种所有制经济产权和合法利益，保证各种所有制经济依法平等使用生产要素、公开公平公正参与市场竞争、同等受到法律保护，依法监管各种所有制经济。指出要积极发展混合所有制经济。允许更多国有经济和其他所有制经济发展成为混合所有制经济，国有资本投资项目允许非国有资本参股。

2. 关于公有制经济主体地位及其实现形式的理论探索和创新，是对传统的马克思主义所有制理论的突破。

党的历次代表大会和作为国家的根本大法的宪法一直坚持社会主义公有制经济的主体地位。这是由中国社会主义制度的根本性质所决定的，对于发挥社会主义制度的优越性，实现共同富裕，增强我国的经济实力、国防实力和民族凝聚力，具有关键性作用。其主体地位主要体现在，公有资产在社会总资产中占优势，国有经济控制国民经济命脉，对经济发展起主导作用；公有资产占优势，既要有量的优势，更要注重质的提高。

为了加强公有制的主体地位和国有企业的主导作用，一是必须进行卓有成效的国有企业改革，其中包括深化国有企业公司制改革和建立健全适应市场经济要求的"产权清晰、权责明确、政企分开、管理科学"的现代企业制度等。二是优化国有经济的战略性布局和结构调整。要着眼于搞好整个国民经济、提高国有资产整体素质和质量、增强国有经济的活力和竞争力，致力于国有资产的保值、增值，注重整个国有资产的运营效率。健全国有资本有进有退、合理流动的机制，促进国有资本向关系国家安全和国民经济命脉的重要行业和关键领域集中。三是深化垄断性行业尤其是城市公用事业、能源、通信、电力、金融、民航、铁路、邮政等部门和企业的改革。四是深化国有资产管理体制改革，坚持政府公共管理职能和国有资产出资人职能分开，完善经营性国有资产管理和国有企业监管体制机制。

3. 农村集体经济的改革，这是对于公有制经济的理论探索的起点和改革的突破口。这就是逐步确立了以家庭联产承包经营为基础、统分结合的双层经营体制，把土地的所有权和经营权分离，把劳动者付出的劳动同个人的物质利益紧密结合起来，调动了农民的生产积极性，极大地解放了农村生产力。中共中央1983年"1号文件"从理论上阐明了联产承包责任制"是马克思主义农业合作化理论在我国实践中的新发展"，"是我国农民的伟大创造"。今后一个相当长的历史时期，要切实稳定和完善土地承包关系，及其相应的土地承包经营权流转制度，同时积极发展农民专业合作组织，建构农业社会化服务体系，提高农业产业化和集约化经营水平，加快建设社会主义新农村。

4. 国有企业改革与国有经济的战略性布局和结构调整，是建立和完善初级阶段基本经济制度的重要举措。在农村集体所有制经济改革取得重要进展的同时，城市中的改革也开始起步。城市中经济改革的重点内容，是国有企业的改革。自农村家庭联产承包责任制推行后，我国先后在国有企业推进了扩大企业经营自主权、利润递增包干和承包责任制的试点。十二届三中全会明确提出要实行政企分开，所有权同经营分开的改革。十四届三中全会则明确提出，国有企业要建立"产权清晰、权责明确、政企分开、管理科学"的现代企业制度。1999年的十五届四中全会提出国有企业要着力进行规范的公司制和股份制改革，健全法人治理结构，推动国有企业上市。十六大则提出要积极推行股份制，发展混合所有制经济，实施投资主体多元化，重要的企业由国家控股。同时，如前文所述，自十五大开始，我国一系列优化国有经济布局和结构的举措，也极大地增强了国有经济的活力，促进了国有经济主导作用的发挥。同时，也为非公有制经济的发展留足了空间，促进了初级阶段基本经济制度的不断完善。十八届三中全会又明确提出要准确界定不同国有企业功能。国有资本要加大对公益性企业的投入，在提供公共服务方面作出更大的贡献。对国有资本继续控股经营的自然垄断行业，实行以政企分开、政资分开、特许经营、政府监管为主要内容的改革。

总之，公有制为主、多种所有制经济共同发展的基本经济制度，适应了中国社会主义初级阶段生产力发展的客观要求，极大地解放和发展了生产力。它是对马克思主义的所有制理论的丰富和发展，为中国特色社会主义的建设奠定了制度基础。

二　社会主义初级阶段的分配制度

这里主要是讲区别于国民收入分配的个人收入分配。社会主义初级阶段的基本经济制度和生产力发展水平，决定了收入分配领域必然实行以按劳分配为主体、多种分配方式并存的分配制度。这一中国特色的分配制度，是对于马克思主义分配思想的发展、深化和理论突破，也是在改革开放的实践过程中理论探索的产物。

党的十一届三中全会纠正了当时普遍存在的追求平均主义和吃"大锅饭"的错误认识。十二届三中全会（1984年）提出要建立包括承包制在内的多种形式的经营责任制，认真贯彻按劳分配原则，允许一部分地区、一部分企业和一部分人依靠勤奋劳动和合法经营先富起来；按劳分配的主体地位确保了中国特色社会主义经济的性质，不仅体现在按劳分配是全社会分配领域中主体的分配原则，而且是公有制经济内部主体的分配原则，并且在以按劳分配为主体的前提下实行多种分配方式，从而把社会主义分配制度的探索推进到一个新的阶段。

中共十三大首次提出以其他分配方式作为按劳分配原则的补充，即以按劳分配为主体，其他分配方式为补充的原则。十三届七中全会（1990年）进一步上升到制度层面，即个人收入分配要"实行以按劳分配为主体、其他分配方式为补充的分配制度"。而十四届三中全会（1993年）提升了其他分配方式的地位："坚持以按劳分配为主体、多种分配方式并存的制度。"以按劳分配为主体、多种分配方式并存的分配制度，作为社会主义初级阶段的分配制度自此得以最终确定。以后的分配制度的改革取向是致力于完善按劳分配方式、多种分配方式的具体实现形式。中共十五大第一次明确提出"按生产要素分配"这一论断。中共十六大进一步"确立劳动、资本、技术和管理等生产要素按贡献参与分配的原则，完善按劳分配为主体、多种分配方式并存的分配制度"。中共十七大明确"健全劳动、资本、技术、管理等生产要素按贡献参与分配的制度"，并且还首次提出要"创造条件让更多群众拥有财产性收入"。十八大强调"使发展成果更多更公平惠及全体人民"。由此可见,多种分配方式经历了由按土地和其他自然资源分配到强调资本要素,由增加知识、技术和信息要素,到增加劳动和管理要素等内容;多种分配方式的地位从"资本主义经济成分"到"拾遗补阙"、"补充"再到"并存"。这体现出从方针到原则最后上升到制度这一理论探索的轨迹和路径。

另外,如何处理关于分配领域的效率与公平关系这一核心问题,至关重要。因为搞得不好,就会走向贫富悬殊或两极分化从而偏离了全国人民共同富裕这一社会主义的目的和根本原则,就会产生新的资产阶级。这也有一个认识逐步深化的过程。

中共十四大以来,从为了否定根深蒂固的平均主义思想而大力强调效率,到相继提出"兼顾效率与公平"、"效率优先、兼顾公平"等原则。中共十六大报告提出初次分配注重效率,发挥市场的作用,再次分配注重公平,加强政府对收入分配的调节职能。科学发展观与和谐社会理念为认识和处理效率与公平关系提供了新的指导。十六届四中全会(2004年)强调要注重社会公平,逐步实现全体人民共同富裕。十六届六中全会(2006年)提出,在经济发展的基础上,更加注重社会公平。十七大把公平问题提到了更加突出的位置:初次分配和再分配都要处理好效率和公平的关系,再分配更加注重公平。十八大强调必须坚持走共同富裕道路,把保障社会公平正义摆到更突出的位置。共同富裕是中国特色社会主义的根本原则。要坚持社会主义基本经济制度和分配制度,调整国民收入分配格局,加大再分配调节力度,着力解决收入分配差距较大问题,使发展成果更多更公平惠及全体人民,朝着共同富裕方向稳步前进。提高居民收入在国民收入分配中的比重,提高劳动报酬在初次分配中的比重。初次分配和再分配都要兼顾效率和公平,再分配更加注重公平。上述这些思想的演进,勾勒出社会主义初级阶段分配制度不断深入和完善的历史性进程。

社会主义初级阶段的分配制度的形成和完善,也与理论界的理论探索是分不开的。因与劳动价值理论和民生问题紧密相关,中国理论界围绕按劳分配和多元化分配方式问题进行了多次广泛的讨论,成为经久不衰的理论热点之一,其中包括什么是劳动之争论,劳动价值论与非劳动价值论之争论,按劳分配和按资分配之争论,公平与效率之争论,多产权分配说、全要素财富说与活劳动价值说之争论,做大"蛋糕"与分好"蛋糕"之争论。由此而形成的共识之一是承认社会主义劳动形式、性质和劳动者结构的新变化，承认科技劳动、管理劳动与物质性生产劳动、服务劳动一样，已成为推动生产力发展的重要的劳动形式；承认传统的单一的按劳分配思想和平均主义分配形式的弊端，承认正确处理公平与效率关系的重要性等等，从而有力地推动了社会主义初级阶段的分配制度的改革。但是，现实生活中收入分配的差距过大，也是值得进一步深入研究的问题。

三　社会主义经济体制改革理论

传统计划经济体制向社会主义市场经济体制转型，是一个从"创造性毁灭"到"创造性再生"的发展过程，也是理论—实践—理论的循环反复的渐进式发展过程。中国作为最大的社会主义发展中国家，在国际共运史上第一次执着地从理论和实践上，探索公有制与市场经济的对接、结合、磨合、兼容、融合和亲和这一世纪性和世界级的难题，并构筑和首创世界上新型的社会主义市场经济体制及其理论体系。这是马克思主义经济学中国化的巨大成果，是对传统社会主义经济的三大基本特征（计划经济、生产资料公有制、按劳分配）认识的重大理论突破。

1. 社会主义市场经济体制的基本特征和框架结构

社会主义市场经济体制改革，说到底，其本质就是公有制与市场经济相结合，要使市场在社会主义国家宏观调控下对资源配置起基础性作用，既体现了社会主义的制度特征，又具有现代市场经济的一般特征；既可以充分发挥社会主义制度的优越性，又可以充分利用市场机制的灵活性，从而更好地促进生产力与生产关系的发展。

我国社会主义市场经济体制具有不同于资本主义市场经济体制的特点：社会主义市场经济体制是同社会主义基本制度结合在一起的。在所有制结构上，以公有制包括全民所有制和集体所有制经济为主体，个体经济、私营经济、外资经济为补充，多种经济成分长期共同发展，不同经济成分还可以自愿实行多种形式的联合经营。在分配制度上，以按劳分配为主体，其他分配方式为补充，兼顾效率与公平。运用包括市场在内的各种调节手段，既鼓励先进，促进效率，合理拉开收入差距，又防止两极分化，逐步实现共同富裕。在宏观调控上，我们社会主义国家能够把人民的当前利益与长远利益、局部利益与整体利益结合起来，更好地发挥计划和市场两种手段的长处。国家计划是宏观调控的重要手段之一。要更新计划观念，改进计划方法，重点是合理确定国民经济和社会发展的战略目标，搞好经济发展预测、总量调控、重大结构与生产力布局规划，集中必要的财力物力进行重要建设，综合运用经济杠杆，促进经济更好更快地发展。①

这一新型体制的基本框架是树立四个制度，即基本经济制度、现代企业制度、收入分配制度和社会保障制度；构建四个体系，即全国统一开放的市场体系、宏观调控体系、法律体系和社会管理体系。总的来看，社会主义市场经济体制框架的设计、改革和完善是一项长期而艰巨的系统工程，不仅涵盖社会经济生活的方方面面，并且涉及政治建设、文化建设、社会建设诸多领域。而这一架构已基本定型趋于稳定，并且在实践中自我完善、自我深化、自我修正，不断再生产出与生产力相适应的社会主义市场经济关系和生产关系，而不是退化、异化和蜕化为资本主义市场经济制度。

2. 关于市场与计划关系的理论突破

建立什么样的经济体制，如何正确认识和处理计划与市场的关系，是建设社会主义不可回避的一个重要理论和实践问题，也是马克思主义经济学中国化的理论制高点。社会主义市场经济理论所要解决的核心问题，就是要正确认识和处理计划与市场的关系与有机结合问题。30 多年来，党和政府对计划与市场的关系的认识，具有"摸着石头过河"的渐进的曲折的探索性的特征，随着改革实践的发展经历了一个逐步深化的过程。

（1）"计划经济为主，市场调节为辅"（1982 年），是在党的十二大（1982 年）提出的概念。十一届六中全会《关于建国以来若干历史问题的决议》（1981 年）中首先冲击了所谓把商品和市场与资本主义画等号的传统观念，肯定了社会主义存在商品生产和商品交换，这是一个历史性进步。

（2）"公有制基础上有计划的商品经济"（1984 年）是十二届三中全会（1984 年）通过的《中共中央关于经济体制改革的决定》中提出的话语，首次将商品经济作为社会主义经济运行的基础框架，为全面展开经济体制改革提供了新的理论支撑点。这是我们党在社会主义经济理论方面的

---

① 详见中共十四大报告：《加快改革开放和现代化建设步伐，夺取有中国特色社会主义事业的更大胜利》（1992 年 10 月 12 日）。

重大突破,也是改革理论的重大突破。

(3)"国家调节市场,市场引导企业"是中共十三大(1987年)的提法,即"社会主义有计划商品经济的体制应该是计划与市场内在统一的体制","新的经济运行机制,总体上来说应当是国家调节市场,市场引导企业的机制"。但是,这个提法还是没有解决计划与市场何者为主导的争论。

(4)"计划经济与市场调节相结合"(1989年)的认识见之于党的十三届五中全会(1989年11月)报告。全会通过了《中共中央关于进一步治理整顿和深化改革的决定》,提出了"计划经济与市场调节相结合"的原则,这一提法又把主导的地位摆向计划经济。

(5)党的十四大最后确定了"社会主义市场经济体制"(1992年10月)。邓小平南方谈话(1992年1—2月)对1976年以来改革开放进程作了科学总结,尤其对社会主义可不可以搞市场经济这个长期争论不休的问题,作了明确、透彻、精辟的回答,为党的十四大(1992年10月)确立社会主义市场经济体制的目标模式最终扫清了理论上的障碍。这是邓小平理论的重要内容,它从根本上解除了把计划经济和市场经济体制视为"社会基本制度"范畴的认识误区和思想羁绊,区分了基本"制度"与具体"体制",这一理论创新是对科学社会主义理论和马克思主义经济学中国化的新发展和新贡献。①

---

① 诸如发展是硬道理、猫论、不争论、石论、市场经济"中性论"、计划与市场手段论或结合论等可详见《邓小平文选》。邓小平在1979年11月26日会见美国不列颠百科全书出版社副总裁弗兰克·吉布尼时指出:"说市场经济只存在于资本主义社会,只有资本主义的市场经济,这肯定是不正确的。社会主义为什么不可搞市场经济,这个不能说是资本主义。我们是计划经济为主,也结合市场经济,但这是社会主义的市场经济。虽然方法上基本上和资本主义社会的相似,但也有不同,是全民所有制之间的关系,当然也有同集体所有制之间的关系,也有同外国资本主义的关系,但是归根到底是社会主义的,是社会主义社会。市场经济,在封建社会时期就有了萌芽,社会主义也可以搞市场经济。同样地,学习资本主义国家的某些好东西,包括经营管理方法,也不等于资本主义。这是社会主义利用这种方法来发展社会生产力。把这当作方法,不会影响整个社会主义,不会重新回到资本主义"(《邓小平文选》第2卷,人民出版社1994年版,第236页)。在他看来,"计划多一点还是市场多一点,不是社会主义与资本主义的本质区别。计划经济不等于社会主义,资本主义也有计划;市场经济不等于资本主义,社会主义也有市场。计划和市场都是经济手段"(《邓小平文选》第3卷,人民出版社1993年版,第373页)。邓小平同志还指出:计划经济和市场经济"都是手段","都是方法",不是区别姓"社"姓"资"的标志;单纯搞计划经济,不能解决发展生产力的问题,只有把计划经济与市场经济结合起来,才能加快社会主义生产力的发展。

近年来，党中央不断制定各项政策措施改革和完善社会主义市场经济体制。十八大提出，经济体制改革的核心问题是处理好政府和市场的关系，必须更加尊重市场规律，更好发挥政府作用。十八届三中全会更进一步提出紧紧围绕使市场在资源配置中起决定性作用深化经济体制改革，坚持和完善基本经济制度，加快完善现代市场体系、宏观调控体系、开放型经济体系。加快形成企业自主经营、公平竞争，消费者自由选择、自主消费，商品和要素自由流动、平等交换的现代市场体系，着力清除市场壁垒，提高资源配置效率和公平性。并提出构建开放型经济新体制，在推进现有试点基础上，选择若干具备条件地方发展自由贸易园（港）区。这些都进一步丰富和发展社会主义经济体制改革理论。

应该指出的是，思想理论界的学术成果和政策建议对于成功地进行中国经济体制的革命和理论突破是有重大贡献的。从某种意义上讲，他们的成果是与党和政府的思想路线、方针、政策上下互动的，后者是从群众中来到群众中去的产物，凝聚着广大人民群众的实践经验和思想理论界的研究成果。

3. 社会主义市场经济体制改革的基本经验

社会主义市场经济体制改革是一场深刻的广泛的成功的革命。许多经验值得总结、提炼和升华，尤其是十七大（2007 年）推出的新的"十条基本经验"亦即著名的"十个结合"，科学地概括了改革开放和转型期的实践经验。归结起来就是：开辟了中国特色社会主义道路，形成了中国特色社会主义理论体系。而高举中国特色社会主义伟大旗帜，最根本的就是要坚持这条道路和这个理论体系。后者就是包括邓小平理论、"三个代表"重要思想以及科学发展观等重大战略思想在内的科学理论体系。择其相关要点而言：

（1）坚持社会主义基本制度同发展市场经济相结合

这一结合使市场经济的一般规律同中国社会经济的具体情况相结合。两者的结合机理、原因和条件或者历史必然性和现实可行性，归根结底根源于社会主义生产方式的本质要求和生产关系与生产力的矛盾运动。

首先，一方面，无论是所有制形式还是资源配置形式，他们都是社会发展到一定历史阶段的产物，这是两者结合的大前提和基础。另一方面，社会主义生产方式自身运动的动力在于，具有能动性质的生产关系力图不断地适应和推动生产力的发展。而位于本质层次上的生产方式的辩证运动，既制约表象层次上的具体矛盾，同时又通过它们予以体现。而处于经济运行层面上的公有制形式和市场经济的矛盾就是这样的一对具体矛盾，它们是对处于本质层次的生产方式辩证运动的解读和具体化。公有制是这一具体矛盾的主要方面，是社会主义生产关系的核心和基础，决定社会制度的性质；而自身具有二重性的市场经济在生产关系力图不断适应生产力发展的过程中，扮演协调和中介的角色，它因其资源配置的优化性及高效率与生产力相联系，同时又因体现各个微观主体和商品生产者的利益关系和产权关系又与生产关系相联系，并在各不相同的所有制、生产方式和社会制度的制约下，呈现出丰富的"色层"、个性和特殊逻辑，因而赋予公有制、市场经济及其结合体即社会主义市场经济形态新的品质，有力地促进了社会主义生产力、生产方式和社会形态的发展。

其次，也应从马克思的理论社会主义与现实的社会主义的差异中寻找社会主义市场经济产生的原因。马克思原来设想，全社会直接地共同占有生产资料的一元化公有制即"自由人联合体"和产品经济形态，其产生的条件较之资本主义私有制和商品经济，需要更为先进和发达的社会生产力水平，并以私人劳动已转化为社会劳动为前提，从而无须著名的价值插手其间，商品货币关系或市场经济结束其历史使命。但是，现实的公有制不是生产力内在的纯自然发展过程的产物，而更大程度上是来自于在落后生产力和不甚发达的商品经济的基础上（但又以一定的生产力发展水平为必要的历史前提）的生产关系的革命。尽管决定社会制度性质的生产关系和所有制形式可以跨越，允许出现历史的"错位"，但是属于生产力和交往范畴的商品经济及其发达形式即市场经济是不能逾越的。由此产生了社会主义公有制与市场经济相结合的现实可能性和历史必然性。

最后，现实的中国初级阶段的社会主义在实际上已具备两者初步对接的基本条件：一定程度的社会化大生产水平和市场经济关系；公有制为主体，多种所有制成分、多种公有制成分并存；按劳分配为主体，并与按要素分配形式并存，以及与经济全球化接轨的开放型经济格局等。这是对接和兼容的必要条件和基本条件。学术界还从理论上把它归结为独立的商品生产者，劳动力自由流动和交换，多元的利益主体，以及等量劳动互换与商品等价交换的对立统一等，但这还不是实行有效结合和真正兼容的充分条件。难点在于：如何拓宽必要条件，创造充分条件，寻找、培育和规范能与社会主义公有制相对接和兼容的新型市场经济体系，寻找和构筑与之相对接和兼容的新型公有制形式；这也是切实解决在社会主义初级阶段和转轨时期出现的、市场经济与公有制不相适应互不兼容这一现实矛盾，如何使这二者真正结合的对策和思路。详而言之，一方面是改造传统的公有制关系，寻找和构筑体现公有制的本质和要求（能够极大地促进生产力发展，劳动者同生产资料直接结合和共同富裕等），又同市场经济相适应的公有制有效的具体实现形式，充分发挥出这种社会主义新型公有制形态的优越性。另一方面是培育能与公有制相适应的新型现代市场经济，它不仅有其适用于多个社会经济形态的共性（一定的生产力水平和交往关系，以及各自独立的商品或财产或产权或利益的所有者、法人实体或竞争主体是其存在和发展的前提；依靠市场和价格高效率配置资源、产品和服务等），而且在不同社会形态中又各有其特殊性。应因势利导，塑造出中国初级阶段公有制和市场经济新的品性。

作为公有制和市场经济的结合体的中国社会主义市场经济形态，已由理论家关于历史必然性和现实可能性的论证和政治家的方案和政策设计转化成活生生的现实。我们已经完成了实践探索——理论论证——实践检验的两次大飞跃。

（2）关于以"结合"为显著标志的经济体制转型方法论

世界各国自 20 世纪五六十年代以降，凸现出全球化、和平、合作、发展、变革、调整、转型，以及两种社会制度的并存性即多元化与"一球两制"的时代特征。我们正处在改革开放和社会经济转型期，而且进入深水区和攻坚带。十七大推出的著名的"十个结合"，体现了转轨期社会经济形态的方法论的精髓，遵循了从诸事物的对立和运动中把握统一面或同一面的原则，符合关于从属型发展与创造型发展相结合、否定与肯定相结合的新发展观的要求，吸取了中国先秦哲学"和实生物"的精华从而达到"致中和，天地位焉，万物育焉"的境地。我们在很长一段时间，盛行斗争哲学而否定普遍联系哲学与和谐哲学，只讲一分为二而否定合二为一。辩证法往往标签化而形而上学多了。应该从诸种事物的对立和运动中把握统一面及其内在联系，用以探讨中国转轨期社

会经济体制这个"特殊对象的特殊逻辑",及其以"结合"为显著标志
的方法论。

其一,中国转轨期社会经济体制是一种特殊的社会经济形态。其特点
是:并非非此即彼,而是亦此亦彼,并且是两者的辩证统一。因此,不能
扬此抑彼而是取其"中"致其"和"。这是中国古代朴素的辩证法的真
谛,即所谓"同则不继"、"和实生物"、"兼相爱,交相利",以及"中
也者,天下之大本也;和也者,天下之达道也",而"致中和,天地位
焉,万物育焉"。①

其二,转型期方法论的一个重要特点,就是把握"两个矛盾方面的
共存、斗争以及融合成一个新范畴,就是辩证运动的实质",亦即从诸事
物的对立和运动中把握统一面或同一面的原则。②

辩证法告诉我们,它是关于发展或者事物一切运动的最普遍的规律
的科学亦即"关于自然、人类社会和思维的运动和发展的普遍规律的科
学":发展就是过程,"要在世界的一切过程的'自己运动'、自生发展
和蓬勃生活中认识这些过程,就是把它们当作对立面的统一来认识";
发展是对立面的"斗争",既要"在对立面的统一中把握对立面",又
要从诸事物的对立和运动中把握统一面;辩证法"研究对立面怎样才能
够同一,是怎样(怎样成为)同一的——在什么条件下它们是同一的、
是相互转化的,——为什么人们的头脑不应该把这些对立面当作僵死
的、凝固的东西,而应该当作活生生的、有条件的、活动的、互相转化
的东西"。③

其三,确定事物的转化点、转折点、关节点、临界点、"关节线"、
中介或者中间环节以及历史拐点,十分重要。"一切都是通过中介联成一
体,通过转化而联系的。"④"一切差异都在中间阶段融合,一切对立都经
过中间环节而互相过渡,对自然观的这种发展阶段来说,旧的形而上学的
思维方法就不再够了。辩证法不知道什么绝对分明的和固定不变的界限,

① 《中庸》,第一章。
② 《马克思恩格斯全集》第4卷,人民出版社1958年版,第146页。
③ 转引自《马克思恩格斯选集》第3卷,人民出版社1995年版,第484页;《马克思 恩格斯 列宁 斯大林论思想方法和工作方法》,人民出版社1984年版,第164、164、165、164页。
④ 转引自《马克思 恩格斯 列宁 斯大林论思想方法和工作方法》,人民出版社1984年版,第144页。

不知道什么无条件的普遍有效的'非此即彼',它使固定的形而上学的差异互相过渡,除了'非此即彼',又在适当的地方承认'亦此亦彼',并且使对立互为中介;辩证法是唯一的、最高度地适合于自然观的这一发展阶段的思维方法。"①

所以,如何确定特定的转折点与特定的转型期至关重要,迁一点牵一线必撼动全局。中国社会经济体制的转型不能毕其功于一役,作为一种有预设目标的非平衡运动的长期过程,体现为一种连续性和渐进性运动态势,并且在其运行轨迹中必然存在着具有转折点意义的若干标志。这种特定的转折点也称为"拐点"、"临界点"、"过渡点"、"关节点",也是"由渐变积累到发生部分质变的关键点";应该尽全力寻找转型全过程中的"质变点",就必须下功夫"研究这些转折点应该具有的特征,既有利于把握转轨过程中经济运行状态的阶段性变化,同时也有利于适时调整相关政策,有针对性地处理不同阶段遇到的不同性质的问题"②。

(3) 渐进式稳步改革模式

中国在由计划经济体制向社会主义市场经济体制转型时期,所采取的是不同于苏联激进式"休克疗法"的相对温和的渐进式的方式或循序渐进的、从"易"到"难",先试点后铺开,从传统体制外到传统体制内,先增量后存量,从单一突破到配套改革,有步骤、分阶段的改革战略。实践证明,这是一条符合中国国情的社会成本最少、接受阻力较小和承载受力最低的改革之路。渐进式稳步改革的本质特征,是注重中国特色社会主

---

① 《马克思恩格斯选集》第3卷,人民出版社1960年版,第535—536页。

② 吕炜提出,有两个"关键点"对于转轨总过程具有转折点的意义:一个转折点是代表着告别旧体制意义的转折点,另一个是代表着建立新体制的任务接近完成意义的转折点(仅有理论前瞻性意义)。前者应以短缺现象的普遍消失、市场化取向不可逆转的两个特征性条件来衡量中国转轨进程是否达告别旧体制的转折点。前一特征或条件是在1998年上半年全国商品信息中心宣布其监测的601种主要商品全部处于供大于求和供求平衡为标志大体确定。因此,应该说中国经济体制转轨在20世纪90年代中后期已经越过"短缺时期",进入了"后短缺时期"。后一特征或条件在1992年中共十四大确定以建立社会主义市场经济体制为转轨的最终目标时就已经达到。因此,由于第一个转折点的复杂性,实际上已经不是一个时点意义的概念,而是演化为大致从1992—1998年的一个过渡期,形成转轨前期与中后期的一个交叉过程,未来战略机遇期基本上是与转轨中后期重合的。详见《转轨的实践模式与理论范式》,经济科学出版社2006年版,第133—138页。

义事业"五位一体"的顶层设计、总体布局和总体规划、统筹安排以及落实具体的方案和稳健的政策，将宏观目标分解成可以承受的具体目标，同时不断地让人民大众享受到改革开放的成果。

这一模式的路径选择是：

一是先农村改革，后城市改革，再到城乡综合配套改革；二是从致力于推动非国有经济的市场化改革和多种经济成分发展入手，然后对规模庞大的国有经济存量进行体制调整和改革；三是国有企业改革方面，先采取扩大企业自主权和实行所有权与经营权分离、放开经营权的改革方式，即简政放权让利的"政策调整型"改革，然后转到以企业制度创新、建立现代企业制度、逐步对国有大中型企业实行规范的公司制改革，以及整个国有经济战略性调整为重点的"制度创新型"改革，把原来建立在计划经济基础上的国有企业逐步改革为适应社会主义市场经济体制要求的微观主体；四是先改革一般竞争性领域，再向传统的垄断性领域推进；五是在价格改革方面，经历了一个由计划内价格和计划外价格并行的"双轨"到实行单一的市场价格制度"单轨"，以及先着力发展商品市场，再逐渐向要素市场推进的渐进式过程；六是先实行单纯的"按劳分配"，再向"按劳分配与按要素分配相结合"推进；七是先沿海、后内地，先一般加工工业、后服务业和资本技术密集型产业，先"引进来"、再"走出去"。

就全方位改革而言，明确提出中国特色社会主义事业"五位一体"的总体布局和相应的全方位改革架构，先着重推进经济体制改革，再及时推进政治体制、文化体制、社会体制和生态文明体制的改革，先以微观经济基础重塑作为改革的中心，再推进到以政府行政管理体制改革为重要环节、建设公共服务型政府为关键的改革新阶段，从而促进生产关系与生产力、上层建筑与经济基础的总体协调。这一总体布局内在关系是：经济建设是根本，政治建设是保障，文化建设是灵魂，社会建设是条件，生态文明建设是基础。

必须强调指出，一是社会建设应该着眼于维护最广大人民的根本利益，不断提高社会治理科学化、现代化水平，探索中国特色社会主义建设规律，变"社会管理"为"社会治理"，在社会治理理念、社会治理体系、社会治理制度、社会治理机制、社会治理方式下功夫，旨在构建充满活力而又和谐有序的社会环境。二是建设生态文明，是关系人民福祉、关乎民族未来的长远大计。面对资源约束趋紧、环境污染严重、生态系统退化的严峻形势，必须树立尊重自然、顺应自然、保护自然的生态文明理念，把生态文明建设放在突出地位，融入经济建设、政治建设、文化建设、社会建设各方面和全过程，努力建设美丽中国，实现中华民族永续发展。

此外，正确处理改革、开放、发展和稳定之间的相互关系，以及发展转型同体制转轨，以及理论创新和大胆实践的辩证关系，正确处理纵向的经济体制改革与横向的政治体制改革、文化体制改革和社会体制改革的协同与配套，同时注意发挥自下而上推动改革与自上而下推动改革这两股力量的上下互动的合力作用，即坚持共产党的领导与尊重群众的首创精神相结合等，这也是可以予以总结的鲜活经验。

四 对外开放的基本国策和理论

中国特色社会主义新时期的最鲜明特点是改革开放。它是党在社会主义初级阶段的"基本路线"即"一个中心，两个基本点"的重要组成部分，是建设生气勃勃的中国特色社会主义的行动纲领，也是强国富民、发展社会生产力和实现社会主义现代化的必由之路。深化改革是一国经济和社会发展的动力，是解决社会主义基本矛盾和解放生产力的正确途径，其思想对唯物史观有重大突破；社会主义对外开放则是一项长期的基本国策，是把握时代主题、顺应世界历史潮流和尊重市场经济发展规律的科学选择，是经济全球化和市场经济体制条件下的必然选择，其思想具有"世界历史眼光"。两者相互促进、相辅相成。

1. 对外开放的历史进程

对外开放基本国策的形成阶段。邓小平同志站在时代发展的前列，洞察世界发展新变化，把中国的发展同世界的发展趋势（经济全球化和世界多极化）、时代主题的变换（和平与发展是当今时代的主题）紧密相连，并以建立经济特区和积极引进外资为突破口，作出了实行对外开放的重大决策，并作为一项长期的基本国策载入《中华人民共和国宪法》。这一基本国策始于1978年的十一届三中全会。1984年6月，邓小平首次提出两个对外开放即对外全方位的开放和对内全方位的开放，指出要超越意识形态和社会经济制度的差异和矛盾,吸收一切国家、一切民族的一切文明成果为我所用,才能真正有利于社会主义经济建设。中共十二届三中全会通过的《中共中央关于经济体制改革的决定》"把对外开放作为长期的基本国策","一定要充分利用国内和国外两种资源,开拓国内和国外两个市场,学会组织国内建设和发展对外经济关系的两套本领"①。并且凸显了要在对外开放中坚持独立自主与经济全球化相结合的思想。

对外开放基本国策的发展阶段。2001 年,中国正式加入世界贸易组织,标志着对外开放进入了一个崭新的阶段。这表明中国为适应经济全球化的新形势,以更加积极的姿态走向世界,实行面向 21 世纪的对外开放战略,全面提高对外开放水平。中共十四届三中全会(1993 年)明确提出,开放型经济是构成社会主义市场经济体制的基本框架之一,必须深化对外经济体制改革,发展开放型经济,使国内经济与国际经济实现互接互补,进一步扩大对外开放。中国由原来有限范围和领域内的开放,转变为全方位的开放;由以试点为特征的政策性开放,转变为在法律框架下可预见的开放;由单方面为主的自我开放,转变为我国与世界贸易组织成员之间的相互开放。党的十六大(2002 年)提出要坚持"引进来"和"走出去"相结合的战略,在更大范围、更广阔领域和更高层次上参与国际经济技术合作和竞争,充分利用国际国内两个市场、两种资源,吸收和借鉴人类文明的有益成果,以开放促改革促发展。并且"在扩大对外开放中,要十分注意维护国家经济安全"②。

对外开放基本国策的进一步发展阶段。胡锦涛总书记和新的领导集体从树立和落实科学发展观的战略高度,丰富和发展了对外开放理论。一是坚持用全球战略眼光观察和谋划国内发展和对外开放,在十六届三中全会上,明确提出了"五个统筹"的要求,其中包括"统筹国内发展和对外开放";在 2003 年 11 月召开的中央经济工作会议上,坚持利用国际有利条件和充分发挥我国优势相结合,坚持扩大引进技术和全面增强自主创新能力相结合,坚持利用外资和大力促进国内产业结构优化升级相结合,坚持实施"走出去"战略和缓解国内短缺资源约束相结

---

① 《中共中央关于经济体制改革的决定》,人民出版社 1984 年版,第 34 页。
② 《江泽民文选》第 3 卷,人民出版社 2006 年版,第 552 页。

合，增强我国经济的整体竞争力，开创对外开放的新局面。二是十六届五中全会（2005 年）正式提出"实施互利共赢的开放战略"，强调着力转变对外贸易增长方式，全面提高对外开放水平，扬长避短，趋利避害，在更大范围、更广领域、更高层次上参与国际经济技术合作和竞争，使对外开放更好地促进国内改革发展；中国的对外经贸活动既要符合中国的利益，又要符合合作对象的利益，为促进世界经济共同发展、共同繁荣作出贡献。

对外开放思想是与马克思主义世界历史理论是一脉相传的，其思想来源包括马克思的世界历史体系及其世界市场理论、世界交往理论、社会机体发展规律，东方国家特殊发展道路等。马克思尽管没有使用"全球化"这一术语，但是在同等含义上使用了"世界性的生产和消费"和"世界市场"一类话语。马克思在《共产党宣言》中以大量篇幅详尽描述近代资本主义全球化发展的全过程，证明世界历史和世界市场（近代经济全球化）是资本主义生产方式发展的必然产物。马克思还对继之而起的全球性共产主义作了科学预测："共产主义……是以生产力的普遍发展和与此相联系的世界交往为前提的"，只有这样才能"消灭地域性的共产主义"①。中国共产党人站在世界历史发展和时代要求的高度，顺应世界多极化和经济全球化的趋势审时度势，高瞻远瞩，不搞地域性共产主义，并且把对外开放作为中国的一项长期的基本国策，制定出一整套行之有效的方针、政策和策略，解决了在社会主义初级阶段，一个发展中大国如何应对经济全球化、实行两个开放的问题。这是对马克思世界历史理论的重大发展。

五 中国特色的经济发展理论

人类发展是时代永恒的主题，21 世纪将成为发展的世纪。中国以及新兴国家如"金砖五国"、"VISTA 五国"、"灵猫六国"、"新钻十一国"表现出强劲的发展势头。发展理论其中包括西方有识之士以及联合国和世界银行等国际组织推出的新发展论，以及发展哲学和发展经济学

---

① 《马克思恩格斯选集》第 1 卷，人民出版社 1995 年版，第 86 页。

也成为一门显学。① 这也是现今中国经济发展实践和理论的主题。从邓小平"发展才是硬道理"、"必须把发展作为党执政兴国的第一要务"以及关于"发展是第一要义"的科学发展观,都是紧紧围绕"实现什么样的发展,怎样发展",从而创造性地阐明了经济发展的理念、目的、动力、道路、战略和发展方式等一系列基本问题。十八大把科学发展观进一步具体化,提出要以提高经济增长质量和效益为中心,稳中求进;稳增长、转方式、调结构,关键在于全面深化经济体制改革;并且明确提出:经济持续健康发展的特征是有质量、有效益、可持续的增长,是实实在在和没有水分的增长,是在不断转变发展方式、不断优化结构中实现增长。

中国特色的经济发展理论丰富和发展了中国社会主义政治经济学,赋予其新的中国风格和时代特征。这是马克思主义经济学中国化的重要

---

① 西方新发展论经历了两大发展阶段。第一阶段产生的背景是 20 世纪 70 年代的石油危机,它涉及两大标志。一是《斯德哥尔摩宣言》即《人类环境宣言》(1972 年),首次系统地提出可持续发展(Sustainable Development)六项原则:公平性、可持续性、和谐性、需求性、高效性和阶跃性,强调"可持续发展是既满足当代人的要求,又不对后代人满足其需求的能力构成危害的发展"。二是法国异端经济学家佩鲁的《新发展论》(1983 年),强调发展的"整体性"、"综合性"和"内生性",提出"一切人的发展和人的全面发展"。第二阶段是始于 20 世纪 90 年代的新发展论深化阶段,其标志是巴西《里约热内卢宣言》(1992 年)和《哥本哈根社会发展宣言》(1995 年),把以人为中心的原则更加具体化。联合国和世界银行等国际组织为力求推动世界范围内的人类发展,对 20 世纪 90 年代各国发展状况进行反思和总结,提出应区分"发展"和"增长"、"社会发展"和"经济发展",强调"以人为中心的可持续发展"的新发展论,即政府在发展中要优先考虑社会发展、人类福利、人类公平和人类尊严,把人的选择、能力和发展置于发展的核心地位。并强调在经济发展中既不损害人类当前的福利,也不损害后代的利益。后一个宣言详细制定了关于"以人为本"思想的 12 个要点,要求政府在发展政策制定中予以高度重视。众多学者开始反思发展主义旧"发展观",并在反思基础上鲜明地提出"发展是一个全面范畴"的主张。"以人为中心"是发展观转变中的另一方面,是"发展目标"或"发展重心"的转移。迈尔斯在《人类发展的社会指标》一书中指出:"以人为中心的社会发展是有利于社会各成员的人的发展。"这种发展强调:第一,社会平等;区域间的平等和国际平等;关心未来的生存,即不应该损害后代人的发展;注重现在,即后代人的发展不应意味着对现在这代人的剥夺。第二,推出了新公共服务理论和新公共服务型政府角色理论。第三,对 GDP 理论即西方国民收入核算及其决定理论的反思。西方发达国家已经设计出了许多新的衡量社会进步和可持续发展的标准,其中包括"绿色 GDP"核算体系、进步指数(GPI)、MDP 综合发展指标等。第四,社会保障成为经济学家和国际组织重点关注的问题。国际社会发展的基本经验和新发展论构成了中国特色科学发展观的一个重要的补充性思想来源;其本土性来源是区别于西方神本文化、分割竞争以及个人价值取向的文化的中国传统文化,即人本文化和道文化;而马克思关于人的全面发展和社会发展三形态理论是科学发展观的基础性来源。

成果。

1. 正确区分发展与增长、经济发展与社会发展、科学发展与非科学发展

社会经济发展涉及诸如什么叫发展（what），怎样发展（how），为谁发展（for）、依靠谁发展（by）、由谁来享受发展成果（of）等重大问题。这就要做到正确区分发展与增长、经济发展与社会发展、科学发展与非科学发展，正确处理市场与政府，东中西区域，一、二、三产业，各种经济关系以及人与自然之间相互关系，尽快完成从"经济增长方式"到"经济发展方式"的转变，从"又快又好发展"到"又好又快发展"的转变，以及从"效率优先、兼顾公平"到"更加注重公平"的转变。

一是正确区分经济发展与经济增长。要重视积极发展。经济学意义上的发展与增长，是有明确界定的两个不同概念。经济增长指社会财富的增长，经济发展指随着经济的增长而促成的社会经济各领域多方面的变化，例如社会发展、文化发展以及生态文明。

二是区分社会发展和经济发展。要重视"社会发展"，而"经济发展"是比较狭隘和单一的概念；而在"社会发展"中，既重视世界社会发展，因为世界社会发展状况是衡量经济增长质量和社会福利增量的基本方面，同时又要重视人类福利、人类公平、人类尊严和人的发展。我们不能"一条腿长，一条腿短"。

三是正确区分科学发展与非科学发展。非科学发展观被称之为"增长中的贫困"、"增长中的烦恼"、"不带来好运的增长"、"发展陷阱"或者GDP至上主义，至少有七种"增长困境"，即无就业的增长、无情的增长、无声的增长、无根的增长、无望的增长、低头的增长、失控的增长。此外，还有中等收入"拉美陷阱"，以权力支撑财富的"西班牙幻影"，创新乏力的"日韩困境"等。我们要重视科学发展。科学发展着力实现创新型发展，构建创新型国家；促进协调型发展，构建经济结构合理，供求均衡，投资、消费和出口协调拉动，并且统筹经济增长、社会进步和环境安全的经济发展方式，完成从粗放式发展方式（"量"的过度扩张）向集约式发展方式（"质"的战略提升）的转型；促进绿色型发展，构建资源节约型社会、环境友好型社会和生态文明型社会；促进公平与和谐型发展，构建和谐的民富国强的小康社会；促进开放型自主发展，谨防依附型发展，构建开放型自主经济。

2. 科学发展观的内涵

科学发展观,是对几代党中央领导集体关于发展的重要思想的继承和发展,是我国经济社会发展的重要指导方针、重大战略思想、公民的个人信仰、社会公众意识以及主流学术思想。发展是我们党执政兴国的第一要务,以经济建设为中心是兴国之要,发展仍是解决我国所有问题的关键。简而言之,科学发展观,第一要义是发展,核心是以人为本,基本要求是全面协调可持续,根本方法是统筹兼顾。经济领域中的科学发展观的主题是着力把握发展规律、创新发展理念、破解发展难题,不断实现科学发展、和谐发展、和平发展。从发展是硬道理(邓小平)、科学发展观(胡锦涛),一直到"有效益、有质量、可持续的增长"(习近平),关于中国特色的发展的理论是一脉相承的。因此:

(1)必须坚持把发展作为党执政兴国的第一要务。要牢牢扭住经济建设这个中心,坚持聚精会神搞建设、一心一意谋发展,更好实施科教兴国战略、人才强国战略、可持续发展战略,着力把握发展规律、创新发展理念、转变发展方式、破解发展难题,提高发展质量和效益,实现又好又快发展,为发展中国特色社会主义打下坚实基础。努力实现和谐发展与和平发展。

(2)必须坚持以人为本。要始终把实现好、维护好、发展好最广大人民的根本利益作为党和国家一切工作的出发点和落脚点,尊重人民主体地位,发挥人民首创精神,保障人民各项权益,走共同富裕道路,促进人的全面发展,做到发展为了人民、发展依靠人民、发展成果由人民共享。

(3)必须坚持全面协调可持续发展。要按照中国特色社会主义事业总体布局,全面推进经济建设、政治建设、文化建设、社会建设,促进现代化建设各个环节、各个方面相协调,促进生产关系与生产力、上层建筑与经济基础相协调。坚持生产发展、生活富裕、生态良好的文明发展道路,建设资源节约型、环境友好型社会,实现速度和结构质量效益相统一、经济发展与人口资源环境相协调,坚持节约资源和保护环境的基本国策,着力推进绿色发展、循环发展、低碳发展,为人民创造良好生产生活环境。

(4)必须坚持统筹兼顾。统筹城乡发展、区域发展、经济社会发展、人与自然和谐发展、国内发展和对外开放,国内国际两个大局,统筹中央和地方关系,统筹个人利益和集体利益、局部利益和整体利益、当前利益和长远利益,充分调动各方面积极性。

（5）以科学发展为主题、以加快转变经济发展方式为主线，是关系到我国发展全局的战略抉择。加快转变经济发展方式，经济结构战略性调整是主攻方向，科技进步和创新是重要支撑，保障和改善民生是根本出发点和落脚点，建设资源节约型和环境友好型社会是重要着力点，改革开放是强大动力。

详而言之，就是一是做到"四个着力"：着力激发各类市场主体发展新活力，着力增强创新驱动发展新动力，着力构建现代产业发展新体系，着力培育开放型经济发展新优势；二是做到"五个更多"：使经济发展更多依靠内需特别是消费需求拉动，更多依靠现代服务业和战略性新兴产业带动，更多依靠科技进步、劳动者素质提高、管理创新驱动，更多依靠节约资源和循环经济推动，更多依靠城乡区域发展协调互动，不断增强长期发展后劲。三是全面深化经济体制改革，这是加快转变经济发展方式的关键。四是实施创新驱动发展战略。五是推进经济结构战略性调整。这是加快转变经济发展方式的主攻方向。六是推动城乡发展一体化。七是全面提高开放型经济水平。八是正确处理人与自然的关系，必须树立尊重自然、顺应自然、保护自然的生态文明理念，坚持节约资源和保护环境的基本国策，把生态文明建设放在突出地位，融入经济建设、政治建设、文化建设、社会建设各方面和全过程。

显然，转变经济发展方式这一新的话语，打上了马克思主义经济学中国化的烙印。并且较之西方经济学的集约型增长方式概念，内容和范围更为广泛，要求更高。有助于从根本上克服 GDP 崇拜和图腾化趋势，停止长期实施的投资和出口拉动的 GDP 赶超战略。

深入贯彻落实科学发展观是一个宏大的系统工程。必须把全社会的发展积极性引导到科学发展上来，把科学发展观贯彻落实到经济社会发展各个方面。

3. 中国特色的经济发展道路

经济发展道路是根据国情、世情和党情制定的实现经济发展战略及其目标任务的具体途径和方式。尤其走中国特色的新型工业化道路、农业现代化道路和城镇化道路，正是马克思主义经济学中国化的真实的具体反映。

（1）经济发展战略。这一战略，是在一段时期内，国家指导国民经济发展的基本思路、目标和政策。只有制定了正确的经济发展战略，才能形成正确的经济发展道路和发展模式。

　　中国特色的经济发展战略经历了关于分两步把中国建设成为"四个现代化"的社会主义现代化国家的战略构想(20 世纪 50 年代中期),"两步走"和"翻两番"的战略部署(1980 年),以及第三代中共中央领导集体提出的新"三步走"战略。① 党的十六大和十七大提出到 2020 年全面建设小康社会奋斗目标,进一步深化了中国经济发展战略思想,对实现现代化第三步战略目标具有承上启下的重要作用。② 我们将成为工业化基本实现、综合国力显著增强、国内市场总体规模位居世界前列的国家,成为人民富裕程度普遍提高、生活质量明显改善、生态环境良好的国家,成为人民享有更加充分民主权利、具有更高文明素质和精神追求的国家,成为各方面制度更加完善、社会更加充满活力而又安定团结的国家,成为对外更加开放、更加具有亲和力、为人类文明作出更大贡献的国家。党的十八大根据我国经济社会发展实际,在十六大、十七大确立的全面建设小康社会目标的基础上提出了经济持续健康发展、人民民主不断扩大、文化软实力显著增强、人民生活水平全面提高、资源节约型环境友好型社会建设取得重大进展等新的更高要求。并将"全面建设小康社会"改为"全面建成小康社会",明确提出到 2020 年实现国内生产总值和城乡居民人均收入比 2010 年翻一番,切实尊重和保障人权,总体实现基本公共服务均等化、全民受教育程度和创新人才培养水平明显提高、就业更加充分、收入分配差距缩小、社会保障全民覆盖的战略构想。

　　经济发展战略是国家发展战略的组成部分。提高自主创新能力,建设创新型国家。党的十八大更明确提出实施创新驱动发展战略,加快建设国

---

　　① 新"三步走"战略就是,在 21 世纪的第一个十年实现国民生产总值比 2000 年翻一番,使人民的小康生活更加宽裕,形成比较完善的社会主义市场经济体制;再经过十年的努力,到建党一百年时,使国民经济更加发展,各项制度更加完善;到世纪中叶新中国成立一百年时,基本实现现代化,建成富强民主文明的社会主义国家。

　　② 党的两次代表大会制定了新的更高要求的经济发展目标:增强发展协调性,努力实现经济又好又快发展。转变发展方式取得重大进展,在优化结构、提高效益、降低消耗、保护环境的基础上,实现人均国内生产总值到 2020 年比 2000 年翻两番;社会主义市场经济体制更加完善;自主创新能力显著提高,科技进步对经济增长的贡献率大幅上升,进入创新型国家行列;居民消费率稳步提高,形成消费、投资、出口协调拉动的增长格局;城乡、区域协调互动发展机制和主体功能区布局基本形成;社会主义新农村建设取得重大进展;城镇人口比重明显增加;建设生态文明,基本形成节约能源资源和保护生态环境的产业结构、增长方式、消费模式等。此外,必须加快发展社会事业,全面改善人民生活,社会就业更加充分;扩大社会主义民主,更好保障人民权益和社会公平正义;加强文化建设,明显提高全民族文明素质;建设生态文明,基本形成节约能源资源和保护生态环境的产业结构、增长方式、消费模式,等等。

家创新体系等重大举措。这是国家发展战略也是经济发展战略的核心或者基本战略，是提高综合国力的关键。

（2）中国特色新型工业化道路。农业国向工业国的转型即工业化，在不同国家不同发展阶段不同时代不同历史条件下具有不同的特征、内容和实现形式。中国工业化道路的新特色，是应该充分发挥比较优势和后发优势，以信息化带动工业化又要以工业化带动信息化，走出一条科技含量高、经济效益好、资源消耗低、环境污染少、又能充分发挥人力资源优势，以及坚持内外协调、统筹利用两种资源、两种市场和两种分工的跨越式发展与可持续发展的新型工业化道路。

要坚持走中国特色自主创新道路，把增强自主创新能力贯彻到现代化建设各个方面。坚持自主创新的产业发展战略，实施以培育知识产权优势为目标的知识产权发展战略，大力发展拥有自主知识产权的核心技术，打造拥有自主知识产权的国际品牌，建构以自主知识产权为核心的主导产业结构，培育拥有核心自主知识产权的航空母舰型的能够"走出去"的大中型企业。同时还要大力实施更为长远的科教兴国战略、人才强国战略和可继续发展战略。

要大力推动产业结构优化升级。坚持扩大国内需求特别是消费需求的方针，促进经济增长由主要依靠投资、出口拉动向依靠消费、投资、出口协调拉动转变，由主要依靠第二产业带动向依靠第一、二、三产业协同带动转变，由主要依靠增加物质资源消耗向主要依靠科技进步、劳动者素质提高、管理创新转变。发展现代产业体系，大力推进信息化与工业化融合，促进工业由大变强，振兴装备制造业，淘汰落后生产能力；提升高新技术产业，发展信息、生物、新材料、航空航天、海洋等产业；发展现代服务业，提高服务业比重和水平；加强基础产业基础设施建设，加快发展现代能源产业和综合运输体系。确保产品质量和安全。鼓励发展具有国际竞争力的大企业集团。

党的十八提出，坚持走中国特色新型工业化、信息化、城镇化、农业现代化道路，推动信息化和工业化深度融合、工业化和城镇化良性互动、城镇化和农业现代化相互协调，促进工业化、信息化、城镇化、农业现代化同步发展，为中国特色新型工业化道路指明了方向。

（3）中国特色的农业现代化道路。选择好适合以"三农"为突出特征的国情，同时遵循农业现代化建设的一般规律，借鉴国外经验的中国特色的农业现代化道路，事关中国改革开放和发展的全局。中国农业是具有二元经济结构的弱质产业，人多地少。应该坚持农村集体所有制基本制度，根据实践不断完善农村集体所有制的实现形式和发展非公有制经济，推进农业发展方式转变，大力强化农业基础地位，以确保国家粮食安全、立足国内实现粮食基本自给、增加农民收入、促进可持续发展为目标，促进发展农田主业，发展壮大纯农户，大幅度提高农业综合生产能力、降低农业生产经营成本、增强农业可持续发展能力，全面提高农业现代化水平，搞好社会主义新农村建设。在国际共运史上还没有这方面成功的经验，遵循邓小平关于"社会主义农业改革和发展的两个飞跃"① 思想和科学发展观的精神，把发展中国农业这篇大文章做好了，这将是马克思主义经济学中国化的重大成果。

改革开放以来，农村经济获得了一定程度的发展，但与城市发展的差距也日益拉大。农业发展滞后，农民收入增长缓慢，不仅影响着城市经济的发展，而且成为制约整个经济发展的重要问题。现在已进入以工促农补农、以城带乡、强农惠农和多予少取放活，加快改造传统农业和建设社会主义新农村的关键性阶段。因此：

第一，始终把改革创新作为农村方针的根本动力，尊重广大农民群众的首创精神和自主创业的潜能，坚持不懈推进农村巩固和制度创新，从所有制、产权制度和经营组织形式上促进"三农问题"的解决，不断解放和发展农村生产力。坚持以家庭联产承包经营为基础的双层经营体制，现有土地承包关系要保持稳定并长久不变，切实发展统分结合而不是统分失衡的集体层经营，积极壮大以"整体所有、自主决策、联合劳动、按劳分配"为本质特征的集体所有制经济，适度推动农业的"集体化和集约化"进程；同时提倡和发展集体经济联合体，强化多种模式各种类型的专业合作经济，其中包括横向一体化即农户之间的合作，以及纵向一体化即农村合作组织＋公司模式，切实做到农村各类集体企业和合作企业与市场经济的充分衔接和融合。

第二，经济统筹协调发展的思想，为解决城乡经济发展问题提供了新的思路。尤其十六届三中全会首次系统地提出了"五个统筹"的思想，即统筹城乡发展、统筹区域发展、统筹经济社会发展、统筹人与自然和谐

---

① 《邓小平文选》第 3 卷，人民出版社 1993 年版，第 355 页。

发展、统筹国内发展和对外开放。统筹城乡发展要跳出了传统的就农业论农业、就农村论农村、就农民论农民的狭窄思路，把城市和农村问题及相互关系综合起来研究，力图在以工促农、城乡互动的协调发展中，促进城乡二元经济结构的转变；要把加大国家对农业支持保护力度和增强农业农村发展活力结合起来；把提高农业物质技术装备水平和提高农村劳动者整体素质结合起来；把转变农业发展方式和保护农业资源环境结合潜力；把扩大农业对外开放和确保农业安全结合起来，两者不能偏废，既体现了发展的全面性，又具有发展的协调性，从而实现农业和农村经济的可持续发展。

党的十八大对农业现代化作出了最新定位，明确了农业现代化与其他"三化"即中国特色新型工业化、信息化、城镇化同等重要、相互依存、互相促进，以及不可替代的战略地位。并且还明确提出，城乡发展一体化是解决"三农"问题的根本途径。并提出要加快完善城乡发展一体化体制机制，着力在城乡规划、基础设施、公共服务等方面推进一体化，促进城乡要素平等交换和公共资源均衡配置，形成以工促农、以城带乡、工农互惠、城乡一体的新型工农、城乡关系等一系列具体战略措施。

（4）中国特色的城镇化道路。中国城镇化与新型工业化、农业现代化是互相依存的三个进程。新型工业化、农业现代化之所以统一于城镇化，是因为新型工业化需要一个载体，农村人口转化为城市人口更需要一个载体。城镇化正是统筹城乡经济社会发展、改变城乡二元结构、优化城乡经济结构、变农村人口为工业人口的关键环节和重要途径。尤其小城镇是城乡结合的中间环节和过渡带，农村工业化聚集网点，也是社会主义"新农村"的主体。

世界经济史证明，基于不同的国情、历史环境和时代背景，不同的国家或地区实现城镇化的道路有所不同。发达国家的城镇化与工业化、农业现代化是同步发展的，而发展中国家的城镇化与工业化往往是不同步而染上了城乡二元结构的顽症。中国特色的城镇化道路，就是以科学发展观统领全局，从中国实际出发，吸收西方城市化合理成分，使城镇化和工业化、农业现代化三轮互相驱动，促进大中小城市和小城镇协调发展，培育新的城市群和经济增长极。这就要求我们，遵循城镇发展的规律，加强国土规划和区域协调，逐步稳妥地提升城镇化水平，因地制宜地发展城市群，坚持大中小城市与小城镇协调发展；坚持和深化改革，为城镇化发展提供制度保障；城镇化不能只是单纯地扩大外延和单轮驱动，要着重提升城市产业经济竞争力，使就业结构与产业结构协调，使城乡经济发展水平由异质化状态向同质化状态演进；城镇化进程不能脱离服务业，它们的发展与工业的发展互为动力，这正是城市繁荣的根基，也为就业开辟了更大的空间；要加强城镇基础设施，提高综合承载能力，同时要做到布局合理，节约和集约土地、水和能源，加快建设资源节约型和环境友好型城镇。

党的十八大提出走中国特色新型城镇化道路，推动工业化和城镇化良性互动、城镇化和农业现代化相互协调，实现"四化"同步发展。并强调要在提高城镇化质量上下功夫，提出"科学规划城市群规模和布局，增强中小城市和小城镇产业发展、公共服务、吸纳就业、人口集聚功能。加快改革户籍制度，有序推进农业转移人口市民化，努力实现城镇基本公共服务常住人口全覆盖"等具体的发展战略。

总之，必须促进工业化、信息化、城镇化、农业现代化同步发展。现阶段，我国"四化"之间进展不一、互动不够、带动不足。尤其我国工业化进展很快，但数量扩张特征明显、产能过剩，信息化带动工业化、工业化促进信息化的融合放大作用没有充分发挥。我国城镇化水平持续提高，但城镇化质量不高，我国农业现代化取得长足进展，但仍明显滞后于工业化和城镇化，工业化和城镇化对农业现代化的带动作用没有充分发挥。要坚持走中国特色新型工业化、信息化、城镇化、农业现代化道路，推动信息化和工业化深度融合、工业化和城镇化良性互动、城镇化和农业现代化相互协调。

第四章　张闻天的经济思想

张闻天（又名洛甫，1900—1976 年）是中国近代杰出的无产阶级革命家和理论家，中国共产党早期重要领导人。同时，他又是近代中国一位重要的马克思主义思想家、作家和教育家，现存世著述达 2000 万字，涉及马克思主义哲学、经济学、政治学和史学等诸多个领域。张闻天的经济思想是其理论体系中的重要组成部分，涵盖了社会主义政治经济学的基本理论问题、新民主主义经济、市场经济以及各种现实经济政策、国情分析等诸多方面，博大宏阔，蔚为大观，填补了社会主义探索时期的若干理论空白。

第一节　对社会主义政治经济学的主要贡献

社会主义政治经济学理论是张闻天晚年经济思想的主要关注点，也是其经济思想的亮点，具有极高的学术理论水平，与其青年时代社会主义救国的思想恰好形成呼应。虽然在很多具体表述问题上存在一定的时代局限性，但其中很多重要观点为十一届三中全会以后的中国特色社会主义建设所验证，应该说这一部分理论是此后我党邓小平理论形成的思想源泉之一。张闻天社会主义政治经济学的最基本理论特色是强调生产力的重要作用，并由此出发对社会主义经济理论进行了整体探索。

一　生产力与生产关系基本问题的理论思辨

生产力与生产关系是政治经济学的基本问题。张闻天对此有深入的研究。他遵循马克思的生产力"三要素"说：主体方面的劳动者、生产工具和客体方面的劳动对象。他在《关于斯大林论"生产关系一定要适合生产力规律"》一文中写道，"劳动者的人是生产力的主要因素，是生产的主体。生产工具是决定生产力水平高低的主要标志，是主体和客体之间的媒介。经过这种媒介，劳动者加工于劳动对象，使主体的东西客体化；劳动对象经过加工成为可以满足人们生活和生产需要的产品，使客体的东西主体化。主体和客体之间的这种循环不息的物质变换是人类生存的运动形态"。而且他进一步论述"生产力包含三要素，并不等于说生产力就是三要素。生产力必须在人们使用生产工具作用于劳动对象的劳动生产的活动中，才能成为生产力"①。关于生产关系，张闻天认为包括生产、分配、交换、消费四个方面。其中生产是主要的、决定的方面。而所有关系是生产、分配、交换、消费关系的总和，使四种关系具有特殊的表现形式，成为一个社会形态的特征，形成不同的阶级关系。

对于生产力与生产关系的关系，张闻天认为二者并不能绝对分开。在他看来，离开生产力的物质因素，生产关系也就不可能存在，它一定要通过物的关系（生产力）表现出来。而生产力也只有在一定的生产关系内才能成为生产力。生产力是生产关系的内容，生产关系是生产力的形式。生产力和生产关系本身就是一个矛盾的统一体。对于两者的运动关系，他坚持生产力第一的唯物主义原则，这在其早期思想中就已经确立。但他并不是机械的"生产力决定论"者，也不赞同"社会主义社会的生产关系与生产力是完全适合无矛盾"的理论。反而他认为二者是对立统一的辩证关系。他将这种辩证关系表述为"生产力和生产关系之间既有适合，也有不适合，而且正是这种适合与不适合之间的矛盾关系，才是社会发展的内在动力，更由于生产力总是不断发展着的，而生产关系总是比较稳定的，所以生产关系对生产力的适合，总是相对的，而不适合却是绝对的"②。

这种对生产力、生产关系辩证关系的理论阐述，包含了二者运动发展的因素，清晰解释了生产力如何运动并与生产关系相互作用并推动社会发展的过程。这一"互动"的观点超越了传统上"适合"或"不适合"的二元论。它并不仅仅解决了一个经济学理论问题，而且对唯物主义历史观，对唯物主义史学研究有高度的理论意义。如果不了解这种辩证关系，

---

① 张闻天：《关于斯大林论"生产关系一定要适合生产力规律"》，张闻天未发表文稿，转引自马文奇等的《张闻天经济思想研究》，青海人民出版社1992年版，第211页。

② 同上书，第214页。

就很难理解在人类历史上生产力为什么总是最活跃的因素，不同的生产关系在历史过程中是如何促进或阻碍生产力，又是如何与生产力之间互动发展、调整的历史过程。正因为缺乏对这种辩证关系的深刻理解，所以一些理论认为生产关系只有斗争、革命，才能建立新的所谓的"适合"生产力的生产关系，因此才产生了"阶级斗争决定论"，认为只有不断斗争才能推进社会进步。而根据张闻天的"互动"观点，我们可以将剧烈的革命和斗争仅仅看作生产力生产关系互相作用的极端形式，而大量的渐进的调整、改革也构成了社会进步的主要内容。这就为我们30多年的改革开放实践所获得的巨大的生产力释放、社会进步提供了政治经济学的解释。

同时，正是由于二者这种辩证关系的存在，离开生产力谈生产关系的发展，必然陷于主观唯心主义。判断生产关系是否合适的标准就是是否促进了生产力的发展，增加了物质生产。生产关系要不断进行调整，以促进生产力的发展。在新中国成立后的很长一段时间，经济建设一直追求以拔高所有制为代表的生产关系第一原则，追求"一大二公"，追求"全民所有制"，追求共产主义过渡，任何以生产力为基础地位的观点都会被扣上"唯生产力论"、"经济挂帅"的帽子。而张闻天尊重生产力的观点，在"左"倾氛围中具有不可多得的正确路线意义。在他看来，如果离开生产关系谈生产力，将技术进步理解为超越生产关系的唯一的社会进步的标准，就会造成技术崇拜或技术神话、GDP主义、用经济增长来代替社会发展，从而滑向庸俗的机械唯物主义。

二 "生产关系二重性"理论

在对生产力、生产关系进行理论思辨的基础上，张闻天更进一步创造性提出了"生产关系二重性"理论。他认为，既然生产力与生产关系互相依存、互相渗透，两者的矛盾就不存在于生产关系外部，而是在生产关系的内部矛盾中表现出来。[1] 因此生产关系有其两重性，本身分为两方面，一方面是"生产关系特殊"，即表现所有制关系、分配关系、阶级关系的方面，这是经济关系较稳定的基础部分，但又是具有历史性、暂时性的特点；而另一方面是"生产关系一般"。如市场关系、企业关系、劳动关系、管理制度等，这一部分生产关系与生产力直接相关，可以随着生产

---

[1] 张闻天：《关于生产关系的两重性问题》，《经济研究》1979年第10期。

力（技术条件）的具体情况进行调整，但是却具有连续性、继承性。这两方面对立统一，它们的矛盾就是生产力与生产关系的矛盾。

"生产关系二重性"是张闻天在政治经济学领域的最重大成果之一，极具理论价值。它解决了长期以来生产关系不姓"资"就姓"社"绝对二元化的错误认识，纠正了生产关系与生产力之间"要么适合，要么矛盾"的二元化认识。在这个框架下，那些表现生产力生产关系（如市场制度、企业制度、国民经济管理方法、生产管理制度等）并不仅仅属于资本主义，不仅可以也必须在社会主义社会中得到应用，以促进生产力的发展。该理论的真理价值为后来30多年的中国特色社会主义建设成果所验证。根据该理论，"社会主义市场经济"这一概念本身就反映了生产关系的二重性，其中"社会主义"是生产关系特殊的表现，决定了社会主义的基本性质，而"市场经济"是生产关系一般的表现，是生产力发展的需要。二者共同构成在当前生产力条件下的生产关系，而我们通过不断调整市场制度来推动生产力的发展，进而推进社会主义社会的整体进步。张闻天本身并没有提出或预见到社会主义市场经济的发展，但却从政治经济学的高度为其阐述理论基础，不能不让人敬佩其理论的科学意义。

三　关于社会主义政治经济学的研究对象

"研究对象"是社会主义政治经济学的基本问题之一，一般认为社会主义政治经济学仅是对生产关系的研究。但张闻天依据生产关系的内涵特性，特别是生产力与生产关系对立统一、运动发展的规律，对政治经济学的研究对象提出了新的见解，他认为："社会主义政治经济学，固然是以研究生产关系为主要对象，但这一研究必须和生产力的研究密切结合起来，因为我们要研究的生产关系不是静止的、孤立的，而是在运动中发展着的生产关系，他们必须研究生产力的发展如何促进生产力的改变和生产关系的改变如何促进生产力的进一步发展，总之，社会主义政治经济学必须以研究生产关系为重点研究生产力和生产关系的对立统一的关系。"[①]根据生产关系二重性的理论，生产力和生产关系的对立统一就表现在生产关系二重性的对立统一当中，因此政治经济学的研究对象就是生产关系的

---

① 张闻天：《略论社会主义建设时期的工农关系》，张闻天未发表文稿，转引自马文奇等《张闻天经济思想研究》，青海人民出版社1992年版，第215页。

内在矛盾规律。

在重视生产力研究的同时,张闻天提出社会主义政治经济学还必须联系上层建筑。他认为经济基础(生产关系)与上层建筑也是矛盾的统一体。他写道:"因为经济基础不是别的,就是人们的生产关系,上层建筑也不是别的,就是这些人们的思想关系。人们的生产活动是同他们的思想活动有机结合在一起的。人们的经验,不外是物质资料的经验和阶级斗争的经验。既然人们直接生产着、积累着生产经验,他们怎能不在思想上直接反映生产和生产活动,反映生产力变化的水平?"① 对于如何联系上层建筑,他认为重点就是研究生产关系内部的对立统一关系是如何在上层建筑中表现出来,如何决定上层建筑。同时又要研究上层建筑是如何反作用于各阶级在物质生产上的关系,还要研究经济基础与上层建筑之间的对立统一关系是如何推动整个社会的变化和根本变革。

张闻天有关政治经济学的论述扩展开来说,即是提出了政治经济学研究的范围,既应该包括所有制、阶级等问题,也应该研究国民经济的发展增长、市场制度、区域经济、产业经济、资源开发、企业管理等与生产力密切相关的问题,更应该研究这两个层面的相互关系规律。同时,政治经济学还应该对国家经济政策、法与产权、社会学等与经济相关的方面进行深入联系研究。这一见解既与当前政治经济学、经济学的发展情况相符合,更为当前理论工作者、经济学者提出了更多的研究课题。

四 社会主义经济范畴与价值规律

张闻天在政治经济学理论上的一大贡献是深入探讨了社会主义经济范畴。在将"社会主义"和"资本主义"进行严格对立的年代,经济范畴被认为仅仅是生产关系的理论表现,而社会主义生产关系与资本主义生产关系是对立的,因此社会主义与资本主义不存在经济范畴的共性,所以社会主义社会中不存在资本、地租、商品、价值、剩余价值、积累、再生产等直接与生产力相关的资本主义式经济范畴。而张闻天根据生产关系二重性理论以及与生产力的辩证关系理论认为,资本主义与社会主义存在一切社会化生产的"共同性"——即高度发达的生产力。因此在生产力这一

---

① 张闻天:《关于斯大林论经济基础和上层建筑的关系》,张闻天未发表文稿,转引自马文奇等《张闻天经济思想研究》,青海人民出版社1992年版,第218页。

基石之上，任何社会形态之间都不是孤立的，社会主义具有与资本主义相同的经济范畴。

将"价值"引入经济范畴并将其引入社会主义经济理论，是张闻天政治经济学理论的主要创建之一。他认为价值由劳动创造，价值规律可以调节生产，"不重视价值规律，就是不重视生产，不重视劳动"[①]。张闻天根据孙冶方的《论价值》一文的观点，进一步提出了"在社会主义下，劳动力基本上虽非商品，但仍需要有价值形态，有工资形态"，并且在社会主义下"价值不仅在流通领域发生作用，而且直接在生产领域内发生作用"的观点。他根据广义价值规律的理论，进而指出，"在共产主义社会计算劳动的消耗和劳动效果问题，不但存在，而且更为重要"[②]。这一系列有关经济范畴、价值、价值规律的论述，为此后社会主义市场经济、改革开放极大开拓了社会主义政治经济学的理论空间。

五　有关社会主义经济建设的理论体系

张闻天社会主义经济理论的基本出发点是建立了较为科学的社会主义"初级阶段"思想。他于 1961 年就提出，社会主义既不是独立于共产主义之外的经济形态，也不是一个没有独立经济形态的过渡时期，而是共产主义的初级阶段。其创新之处在于：一方面指出了中国社会主义道路的最终目标，与其他"民主社会主义"、"福利社会主义"等进行了本质区别；另一方面建立了必须长期建设社会主义，发展社会生产力，不能急于向共产主义过渡的思想认识。

在为社会主义"正名"的基础上，张闻天进一步论述了社会主义社会的主要矛盾已不再是阶级矛盾，而是"生产和需要"之间的矛盾，社会主义革命的目的是为了发展社会主义经济，满足人民群众日益增长的物质文化生活的需要。而社会主义经济的基本问题，是"物质资料的生产和再生产。物质资料的生产是一切社会的基础，也是社会主义社会的基础。其他一切，如精神生产，都是建立在物质基础之上"[③]。因此，大幅

---

① 张闻天：《应重视价值规律在社会主义经济中的作用》，《张闻天社会主义论稿》，中共党史出版社 1995 年版，第 227 页。

② 张闻天 1961 年 8 月 10 日读书笔记（未发表），转引自马文奇等《张闻天经济思想研究》，青海人民出版社 1992 年版，第 173—177 页。

③ 《张闻天选集》，人民出版社 1985 年版，第 542 页。

度地提高社会生产力是社会主义社会的主要任务之一。发展生产力的目的有四个：第一，为向共产主义过渡建立物质基础；第二，为提高所有制水平创造物质条件；第三，消灭工农、城乡、脑体三大差别；第四，切实提高人民群众的生活水平，让人民群众获得物质上的解放。这种思想在今天看来可能已经广为接受，但在 20 世纪 60 年代初即提出这种思想，是具有相当的前瞻意义的。

对于如何建设社会主义经济，张闻天特别提出要尊重"社会主义经济规律"，不能过分夸大人的主观能动性。与自然规律等客观规律一样，社会主义建设也有其内在不以人意志为转移的规律性，主要包括与社会主义经济形态相关的各种经济规律，既包括所有制规律、价值规律等政治经济学规律，还包括具体的经济管理的规律，比如国民经济按计划发展、社会主义再生产、农轻重综合平衡、三个产业发展的先后顺序、城乡经济的互补关系、中央与地方发展关系、工厂管理核算等。对这些具体的规律，张闻天更有具体的论述。比如关于社会主义再生产问题，他认为社会主义再生产也是扩大再生产，应该按生产和消费的比例进行适当积累，才能保证再生产的完成。关于农、轻、重问题，张闻天批驳了认为工业化可以解决一切问题的观点，认为只有遵循"以工业为主导，以农业为基础"、"工农业同时并举"的规律，才能全面发展社会生产力。

对社会主义经济规律的认识总结，是一个发展马克思主义也是马克思主义中国化的过程，具有非常重要的理论和实践意义。如果违背这其中的规律，必然导致经济失衡。20 世纪 50 年代末期直至改革开放初期，中国很多经济政策的失误，实际上都是没有深刻意识到社会主义经济规律的结果。在强调经济规律的同时，张闻天又特别纠正了斯大林经济规律理论中将"有计划"与"按比例"混为一谈的错误，认为社会主义计划经济并不是机械的按比例，而是主动按经济规律计划，这对今天反思计划经济都是有重要意义的。

虽然，张闻天的很多思想仍旧受时代的局限，比如没有深入涉及市场制度、现代企业制度、非公有制经济在社会主义制度内的地位等。但他对社会主义理论的基本问题均作了深入思考，观点科学鲜明，互相支撑，形成体系。并且，这一系列与当时政治气氛不合拍的经济观点，在此后的中国社会主义建设中被最终认可，证明了张闻天社会主义经济思想的理论张力和现实价值。

第二节　新民主主义经济及市场经济思想

新民主主义经济是张闻天经济思想的另外一个重要组成部分。或许与其早年受列宁的"新经济"政策影响有很大关系，他是党内最早提出系统的新民主主义经济框架的理论家之一。他的有关思想充分利用了东北解放区的经济工作经验，为建国前后经济的平稳过渡、恢复和发展提供了有力的理论支持，很多被吸收到毛泽东思想当中，是马克思主义经济学中国化的优秀成果。同时，张闻天也较早提出了建立全国市场、利用贸易发展生产的建议，这其中包含了很多社会主义市场经济的思想。

一　如何向新民主主义经济过渡

1948 年年初，解放战争形势日渐明朗，东北解放区率先完成农村土地改革，一些大中城市陆续解放建立人民政权。此时农村经济如何建设、城市经济如何接管发展、中国经济应往何处去等成为迫切需要研究解决的重大课题。在很多党内同志还沉浸在政治斗争、军事斗争的胜利喜悦中，甚至陷入"阶级清算"的"左"倾思想当中的时候，张闻天作为合江省负责人，① 却有清醒而前瞻的眼光。他利用东北解放区的有利条件，进行了深入的社会调查和思考，提出了系列向新民主主义经济过渡的正确的经济政策。这一系列大胆决策在新中国即将成立的前夕，具有标本意义和路标导向价值。

第一，及时转向生产恢复。张闻天针对合江省农村形势，作出了在完成土地分配后农村工作的重心必须及时转向生产斗争，从平分土地运动转入生产运动，发展生产的决定。制止了有损农村生产力的各种行为。他认为发展生产是土地改革的目的，符合农民的要求，也是巩固新生产关系的基础。

第二，保护城市工商业。张闻天清晰界定了民族工商业和日伪资本、封建剥削的区别，对地主兼营的工商业、纯工商业等实施保护政策。这一点被中央批示推广到整个东北地区。

---

① 合江省（1945—1949 年）所在城市佳木斯被称为"东北的小延安"，后并入黑龙江省。

第三，工作重心向城市转移。1948 年 8 月张闻天根据战争发展的需要、工农合作、城市在社会生产中的先进地位等考虑，率先提出"城市领导乡村"、"工人领导农民"的战略思想，支持发展城市经济，促进社会经济的全面发展。这一观点应该说是"以工人阶级为领导，工农联盟为基础的人民民主专政"理论的具体化。

二　新民主主义的经济结构及经济建设方针

1948 年 9 月张闻天为东北局起草《关于东北经济构成及经济建设基本方针的提纲》（以下简称《提纲》）重要文件。该《提纲》提出，东北经济在新中国成立后由国营经济、合作社经济、国家资本主义经济、私人资本主义经济、小商品经济五种经济成分构成。并系统分析了五种成分的性质、地位、发展方向及其相互关系。

他认为，国营经济居于领导地位，具有社会主义的性质，是新民主主义的基础，决定了经济发展的方向；合作社经济把小生产者与国营经济结合起来，为农业集体化提供有利条件；国家资本主义经济是国家主导控制下的资本主义经济部分，通过出租制、加工制、订货制、代卖制把私人资本置于国家的管理监督之下，使之成为国民经济建设计划的一部分；私人资本主义经济要引导到有利于国计民生的方面，限制投机与操纵市场；小商品经济主要是农民的小商品经济，要组织在供销的与生产的合作社内，使之与国营经济结成巩固的联盟，以利于走向社会主义。这是党的文件首次提出新民主主义经济五种经济成分，为党制定全国的新民主主义经济建设方针提供了依据。

张闻天在对五种经济成分进行科学分析，正确认识新民主主义社会性质的基础上，提出了"以发展国营经济为主体，普遍发展并紧紧地依靠群众的合作社经济，扶住与改造小商品经济，容许与孤立有利于国计民生的私人资本主义经济，尤其是国家资本主义的经济，防止与反对商品的资本主义经济所固有的投机性与破坏性，禁止与打击一切有害于国计民生的投机操纵的经营"[①] 的新民主主义经济建设的基本方针。这个方针明确了在无产阶级的领导下，国民经济协调繁荣发展，最终向社会主义过渡的发

[①] 《关于东北经济的构成及经济建设基本方针的提纲（经中央修改的稿本）》，《张闻天社会主义论稿》，中共党史出版社 1995 年版，第 254 页。

展方向。

张闻天在东北提出的新民主主义经济结构和建设方针受到了党中央的高度重视，被于1948年11月转发全党，作为各个解放区经济建设的方针。其中一些思想为毛泽东在七届二中全会的报告中所吸取，成为毛泽东思想新民主主义经济理论的重要组成部分。《提纲》是我党最早全面论述新民民主主义社会经济结构的文件，对新中国经济发展有重要的理论意义。

三　新民主主义经济的经济政策

张闻天新民主主义经济理论并没有仅仅停留在理论观点层面，而是进行了大量的政策细化并付诸实践，涉及农村经济恢复发展、城市工商业政策、国营经济等等方面。

首先是保护并恢复农村经济的政策。在土地改革过程中，张闻天就思考了农民分配土地后是集体化还是巩固小土地私有财产的问题。他认为集体化应该建立在生产力发展特别是机械化生产的基础之上，是一个自然而然的过程，不能够强行过渡。因此应该先发展农村的生产力。为了发展农村生产力，他还制定了保护富农、富裕中农因劳动积累的财产的政策。在土地改革完成之后，张闻天特别支持了农村供销合作化的建设。他认为供销合作化是提高农民小生产的生产力水平，规避剥削，并过渡到集体化大生产的必由之路。并且他提出供销合作化也应该循序渐进，遵循引导自愿的原则，先从流通领域入手，逐渐到生产领域的过程。这系列政策为东北解放区的农村经济发展起到了重要作用。

其次是城市经济工作政策。张闻天对城市中的阶级状况进行了深入分析，并提出了依靠被压迫被剥削的无产阶级和半无产阶级，团结独立的劳动者和知识分子，联合中小资本家，反对和打倒封建地主、官僚资产阶级及其代理人的方针。在此基础上，他提出城市工作的中心任务就是生产建设。为了加快经济发展，在新民主主义时期，必须坚定地执行保护工商业的政策，在国家经济建设中给私人资本一定的活动地盘，在原料与市场方面给予一定的照顾，在税收等方面也给予有利条件。

最后是发展国营经济的政策。张闻天非常重视国营经济的领导地位，特别关注国营工厂的发展。在苏区时期，他就曾经撰写过有关国营工厂管理、工人管理的文章。1943年他又写出《关于公营工厂的几个问题》，详细论述了国营企业发展的思想。提出了国营企业与国家之间应该是"平等的买卖"关系，国营企业应该执行领导一元化、供销统一、经济核算、工资制等管理制度，国营企业也应该有生产标准、成本标准、资本积累和利润率等基本原理。虽然仍旧有时代局限性，但在当时的历史环境下对于如何建立社会主义国营企业仍旧有指导意义。

此外，市场虽然不是张闻天经济思想的重点，但也是他较为关注的领域之一。20 世纪 60 年代初他就曾提出开放全国商品交流的城乡市场，利用价值规律调节经济的政策建议。① 主要是建议在集市贸易中允许直接生产者和直接消费者的买卖活动、扩大集贸市场的辐射范围、扩大集贸市场的商品品种、加强集贸市场管理、价格根据市场关系决定等。其中最有价值的是"全国性市场"以及"利用市场价值规律调节产、供、销"的思想。虽然张闻天的市场思想并不成熟，但在机械的计划经济时代，能够具有这种市场的思维，应该说也是难能可贵的。

第三节　对"左"倾经济思想的反思和批判

深刻反思批判"左"倾错误是张闻天经济思想的一个重要方面，也是其经济思想的重要价值之一。虽然他整个经济思想体系凸显其正向建构价值，但在特殊时代，反思批判的价值甚至要大于正向建构。甚至说张闻天的很多经济思想恰是因为"反左"色彩才广为人所知。而且在对"左"倾思想的批判中，张闻天逐渐获得了很多正确的观点，并为人们在 20 世纪 80 年代后的"反思"提供了理论支持。对张闻天这样一个曾经背负"左"倾错误和"教条主义"标签的马克思主义思想家，能够有如此的转变更显得弥足珍贵。

一　东北时期对"左"倾思想的纠正

张闻天在解放战争期间，长期担任东北地方领导，先后担任牡丹江地区中共中央北满分局代表、合江省委书记、东北局常委兼组织部长、东北财经委员会副主任、辽东省委书记等职务，这使得他能够利用政治地位及

---

① 这种思想集中反映在《关于集市贸易等问题的一些意见》，《张闻天社会主义论稿》，中共党史出版社 1995 年版，第 201 页。

时纠正各种错误思想。

东北土地改革初期，曾盛行"人分几等，地分几等，然后一等人分一等地"的思想。张闻天经过研究认为，富农、富裕中农、中农是农业生产力的中坚力量，剥夺他们的土地，会加剧农民内部矛盾，缩小农民阵线，损害农业生产，于是制止了这种依据绝对贫富分配土地的"左"倾政策；在对地主的"清算"过程中，又曾出现清算范围扩大化，"越穷越光荣"，"循环清算"等倾向，导致基层工作忽视生产，陷入无休无止的土地斗争当中，张闻天及时提出转向生产斗争的导向；在对工商业政策上，普遍出现了农村对地主兼营工商业、城市民族工商业"挖家底"、"清算"的倾向，农民纷纷进城没收地主的工商产业，对城市经济产生不利影响。张闻天又及时起草保护城市工商业的指示，及时转向新民主主义经济建设。

张闻天在经济领域对"左"倾思想第一次较为系统的纠正，表明他对阶级斗争与经济建设的关系、政治与经济关系、生产力与生产关系的关系，已经有了基本的科学认识。而且，具有较高理论修养的张闻天能够结合实际，灵活运用马克思主义基本原理去思考城乡关系、农工商关系等具体问题，同时他在思考问题的时候既能深入实际调查研究，又具有相当的前瞻性，这使得他的思想与"左"倾思想具有明显的区别，在此后与其他"左"倾思想的冲突当中，具有一脉相承的特点。应该说在东北时期，由于政治形势的关系，张闻天比较顺利地实践了自己的经济思想，并对全国纠正"左"倾错误产生了正面影响。

二　"庐山发言"及与"左"倾急躁冒进思想的冲突

1957 年新中国第一个"五年计划"胜利完成之后，社会主义制度基本确立，1958 年中央决策出现"左"倾冒进的倾向，开始了以瞎指挥、浮夸风、共产风为特征的"大跃进"和人民公社化运动，在所有制和工农业生产当中均急躁冒进，对国民经济造成严重损害。1959 年城乡人民生活进入困难时期。在这个背景下，1959 年 7 月中央在庐山召开政治局扩大会议讨论有关经济问题。张闻天在会议上，不顾多方面政治压力，做了长达三个小时的著名的《在庐山会议上的发言》。庐山会议后，张闻天因为这个发言被打入"彭黄张周"反党集团。

"庐山发言"是张闻天反思批判"左"倾错误路线的一个标志性文

献。在这个发言中，张闻天用丰富确凿的材料对"左"倾冒进经济路线的缺点、严重后果进行了评估，并详细分析了产生缺点的原因。并从理论高度提出了要尊重经济建设的客观规律性，不能片面强调夸大人的主观能动性。他围绕政治与经济关系问题，提出经济建设应该从经济规律上进行探讨，不能单纯从政治任务的角度考虑。这个发言集中反映了张闻天与"左"倾思想在经济哲学、经济目标、建设方针上的冲突。在经济哲学上，张闻天是遵循辩证唯物主义的经济发展思想，强调规律的客观性，强调客观条件的约束，而"左"倾思想则强调人的主观性，不顾条件约束急于冒进；在经济目标上，张闻天重视生产力的发展和人民生活水平的提高，而"左"倾思想则强行拔高生产关系，突出政治目标，忽视群众生活，乃至于提出"穷过渡"；在建设方针上，张闻天更加重视"平衡、协调、稳步"的长期目标，而"左"倾思想则更倾向于急躁冒进、不顾比例的"大跃进"。

"庐山发言"体现了张闻天经济思想与"左"倾经济思想的本质区别，标志着张闻天经济思想体系的成形和深化，得以使其成为在那段特殊历史时期具有"填补空白"意义的理论家，奠定了其经济思想在马克思主义经济学中国化中的特殊地位。

三 关于政治与经济、物质利益等问题的辩证思考

极端突出政治忽视经济建设、极端突出集体利益否定个人利益是"文化大革命"时期"四人帮""左"倾经济思想的重要特征，给曾经那个时代的人留下了深刻的记忆。针对这两种当时统治社会的"左"倾思想，张闻天于 1973 年、1974 年先后写下《无产阶级专政下的政治和经济》、《关于社会主义社会内的公私关系》两篇文章对其进行了辩证思考，对"左"倾错误进行了反思批判，后者是张闻天一生中最后的遗作。

关于政治与经济的关系，张闻天在《无产阶级专政下的政治和经济》中首先进行了辩证分析。他认为，经济决定政治，政治又反作用于经济是马克思主义关于经济和政治的关系问题的辩证法，是反映社会发展的客观真理的唯一科学的观点。政治虽然反作用于经济，但归根结底由经济决定，这是历史唯物主义的一元论，同经济决定政治、政治也决定经济的折中主义的二元论毫无共同之处。对于那种"无限突出政治"的观点，他犀利地写道："在无产阶级专政下，无产阶级的政治既然有

如此重要的作用，因而说政治最后不为经济所决定，而政治却可以最后决定经济，甚至认为政治可以超脱于经济或独立于经济之上，那就大错特错了。这种政治决定论，是一种唯心史观的古老形式，同唯物史观是根本对立的。"① 在对政治经济进行辩证分析的基础上，他更提出了"经济不仅是政治的出发点也是它的归宿点"、"政治是经济的集中表现"的观点。他认为政治领导必须建立在对经济状况、经济规律的科学认识之上，才能真正反作用经济、为经济服务，才能制定出正确的经济方针政策和计划措施，社会主义才能建成。政治和经济的关系是社会主义建设的大问题。历史经验告诉我们，在社会主义建设中既不能"无限突出政治"，也不能陷入"只抓经济不讲政治"的迷途，任何偏执一端的观点都是错误的。张闻天这种辩证的观点包含着对新中国成立后政治经济道路的深刻总结，不仅对"左"倾错误进行了反思，即便是对今天的政治经济路线，对我们当前的"政治文明"建设也有指导意义。

针对社会主义社会中如何处理物质利益问题，张闻天也有精彩的论述。《关于社会主义社会内的公私关系》仍旧是从辩证统一律出发，认为公和私（集体与个人、国家与个人）也是矛盾统一的范畴。没有私，也就无所谓公，反之亦然。两者是互为条件存在的。而在社会主义社会，公私之间的基本利益是一致的，矛盾是非对抗性的。因此在社会主义社会，由于生产资料的公有制这个大前提，私必须服从于公，但是公中有私，集体利益内个人合理的利益是应该得到保护的。不但公中有私，在一定范围内，还允许公外有私，保护公有经济之外的个体经济利益。并且一切的公和私最终还是要满足私，要满足人民群众的各种物质利益需要，用社会化的办法解决人民群众衣食住行的生活问题。② 因此，张闻天非常赞同"按劳分配"、"多劳多得"、"物质鼓励"、"工资制"、"奖金"等维护个人利益的制度。他对劳动所得的物质享受也非常赞同，认为："劳动之后得到一定的物质享受，这有什么卑鄙！"③ 甚至于他认为多劳多得而获得物质享受，正是社会主义优越性的体现和社会主义经济建设的目的，这在当时

---

① 张闻天：《无产阶级专政下的政治和经济》，《张闻天社会主义论稿》，中共党史出版社1995年版，第254页。

② 张闻天：《关于社会主义社会内的公私关系》，《张闻天社会主义论稿》，中共党史出版社1995年版，第274—278页。

③ 《张闻天选集》，人民出版社1985年版，第512页。

的历史条件下是难能可贵的认识。

第四节　经济思想评价

自"五四"运动以来 60 年，张闻天一直以马克思主义为指导思考中国经济问题，取得了大量极具理论价值和实际指导意义的研究成果。在张闻天去世后，其经济思想的长远影响及对其经济思想的发掘整理又持续了35 年。直至今天，各种研究张闻天经济思想的论文著作仍旧不断问世。这一系列的研究成果，恰与马克思主义中国化的历史进程契合，构建了具有鲜明张闻天特色的经济思想体系。这个思想体系构成了马克思主义经济学中国化的重要组成部分。其主要意义表现在：

一　极具学理性和实践性的经济理论

在党的高级领导人当中，张闻天历来以理论高度而著称。而其理论高度的来源即是他的哲学基础——马克思主义的辩证唯物主义。这同时也是张闻天经济思想的哲学基础。早在"五四"运动发轫之初的 1919 年，张闻天即以题为《社会问题》的文章介绍了共产党宣言的 10 条纲领和马克思主义的基本原理。这是中国最早的传播马克思主义的文章之一，标志着青年张闻天的思想已忝身于时代的前列。此后张闻天游学日本、美国 3年，考察游历了繁荣上升期的资本主义社会；又留学苏联 6 年，先后在莫斯科中山大学和著名的红色教授学院接受了系统的马克思主义学习和训练。这种早熟而远见的思想基础、开阔的世界阅历、完备系统的马克思主义学习经历，在我党高级领导人当中是少有的。这种经历也将张闻天锻炼成为具有高度理论自觉性的马克思主义者。

张闻天坚持马克思主义的指导地位，并不仅仅是应用马克思主义的旗帜、简单套用马克思的理论或者使用马克思的术语名词那么简单。作为具有高度理论修养的学者，张闻天深入研究、掌握并灵活应用马克思主义的基本理论武器——唯物主义和辩证法来思考研究中国的经济问题。在对任何经济问题的思考中，他从唯物主义出发，从客观条件和客观规律出发，进行大量的调查研究，将经济问题最基本的物质条件——生产力的发展放在重要位置，并在生产力基础上探索正确的经济政策，建立各种经济理论。在坚持唯物主义的同时，张闻天以丰富的辩证法思想，对经济问题中碰到的各种矛盾、关系、运动进行思辨并上升抽象为经济理论，揭示了各种更为深刻的经济规律。这种哲学思辨的理论成果，并不仅仅对中国革命和经济建设具有实际的指导意义，对马克思主义经济学理论、哲学理论、唯物主义史学理论、社会学理论等的发展均具有高度的学理意义。

张闻天同时也是《资本论》等马克思主义经典文献研究的专家，对《资本论》所阐释的生产关系、劳动价值、价值规律、社会大生产、资本主义生产方式等重要问题进行了深入思考，不为教条主义所惑，得出大量既符合马克思主义基本原理又符合中国实际的经济思想，构建了站在同时代前沿的社会主义经济思想。可以说，张闻天的任何经济研究都无处不体现出马克思主义的印记。他的很多经济理论成果、经济哲学和研究方法，均视野开阔，哲学思想深刻，不仅属于中国和中国革命，即便是对世界范围内的马克思主义理论发展也具有标本意义。

二 与中国经济实践密切结合并为后者所验证的经济理论

中国革命建设是马克思主义经济学中国化的土壤。张闻天的经济思想深深根植于中国革命和建设的历史和现实之中。他在20世纪30年代初即对中国半封建半殖民地的社会性质进行了深刻剖析，为中国社会革命奠定了理论基础；在中央苏区时期，提出了发展资本主义建设苏维埃的思想；在新民主主义革命时期，提出了农村阶级分化、农村土地政策、富农经济等保护农村新民主主义经济的理论，在新中国成立前夕率先提出了新民主主义经济形态及经济建设方针；新中国成立后，对各种"左"倾错误进行了深刻反思，并提出了全面的社会主义经济建设理论。这些理论主题不同，原理相通，涵盖了中国革命建设的各种经济问题，大量的理论和政策细节大都被实践所证实和验证。他在20世纪六七十年代提出的诸多经济思想，在改革开放后的中国特色社会主义建设实践中被大量吸收和验证，仍旧具有现实指导意义。

为了深入了解革命现实，张闻天特别重视社会实践和调查研究，特别是直接调查工作。比如延安时期著名的《出发归来记》、《米脂县杨家沟的调查》以及在东北解放区的社会调查等，不但是党史上高层领导人少见的深度调研报告，即便是在今天作为经济学、社会学、历史学的田野资料、史料也是具有重要价值的。再如其《在庐山会议上的发言》，为了获取第一手资料，他在 1958 年"大跃进"时亲赴上海、杭州、绍兴、河北徐水、天津、长春等地调查。《发言》资料严谨翔实，具有高度的针对性和说服力。即便是在此后的政治逆境中，他仍旧不放弃任何调查研究的机会，1974 年以老年病体仍旧在肇庆调查了 17 家工厂，形成《肇庆文稿》等一批有价值的文章、报告。深入实际，注重调研成为张闻天经济研究的主要方法和特色之一。

应该说，在革命建设的每一个历史阶段，张闻天都以一种极其认真的态度不断去主动研究对事业发展有利的重大命题，而且每次研究都获得了丰硕而有意义的成果。张闻天经济思想发展的脉络与党的革命建设事业密切结合，是他经济思想的另一重要特色。这种特色使得他的理论天然具有一种全局视野和政治高度，成为马克思主义在中国革命中具体运用的范例。张闻天经济思想已经突破了个人思想的范围，还应该看作是中国近代革命中共产党人的集体智慧，其中既包含了无数次革命建设中的经验、失败、牺牲甚至是血的教训，也包含了无数基层革命者、工作者的实践调研，还包含了很多其他革命家和理论家的思想理念，是中国革命建设中经济实践的抽象和浓缩。

三　具有承前启后的特殊历史地位

马克思主义经济学中国化是一个历史的过程，也经历了诸多曲折和阶段，而张闻天的经济思想在其中扮演了重要角色。他是中国最早的马克思主义者之一，最早利用马克思主义分析中国经济。青年时期，张闻天受苏联经验及列宁新经济思想影响很大。回国后及在中央苏区期间，对于介绍苏联革命经验，利用新经济思想建设苏维埃发挥了很大的作用。应该说，张闻天是苏联社会主义经济思想在中国的主要传播者之一。张闻天又同时是毛泽东思想形成过程中的重要人物，他对中国社会性质的分析、对农村的社会调查、对新民主主义经济的建树等，很多都被吸收到毛泽东思想当中成为我党的指导思想。而他在 20 世纪六七十年代对"左"倾错误的反思，对社会主义建设的系统研究，可以说代表了党内当时对社会主义建设规律认识的最高水平，填补了我党在这段历史时期对正确道路探索、对马克思主义经济学发展的空白。同时，他的很多经济思想对改革开放后的经济政策影响巨大，应该说，张闻天经济思想是马克思主义中国化历程中的重要一环，具有承前启后的特殊历史地位。

　　张闻天一生的经济思想，昭示着他是一个"大写"的社会主义理论专家，一个真正的"红色教授"；或许他曾经是一个教条主义者，一生也或多或少带有知识分子式的"偏执"，但他确实是一个执着、独立、真诚，能够不断进步的共产党人；或许他也曾经犯过"左"倾主义路线错误，但他是一个真正能反思自我，真正热爱中国人民前途命运的爱国者和革命者。他丰富的经济思想及其被历史证明的科学价值已经向我们展示出，张闻天的经济思想必然是马克思主义经济学中国化过程中一座不可或缺的丰碑。

第五章　陈云的经济思想

陈云（1905—1995 年）是我国社会主义经济建设的开创者和奠基人之一。1942 年 8 月，为加强经济工作，经毛泽东在中央政治局会议上提名，时任组织部长的陈云将其工作转入生产方面。此后直到新中国成立前夕，陈云先后领导了陕甘宁边区及东北的财经工作。新中国成立后，陈云长期领导经济工作，为探索中国特色社会主义道路作出了不懈的努力。难能可贵的是，繁重的工作并没有影响陈云对经济理论的兴趣。他通过对马克思主义理论的系统学习，并将马克思主义的理论与方法应用到中国经济问题的分析中，逐步形成了自己的经济理论。

第一节　农业发展理论

农业问题是陈云一直非常重视的问题。新中国成立后，他对农业问题进行了全面、系统、具体的论述，明确指出国民经济的基础是农业，农业好转了，工业和其他方面才会好转。这是陈云关于中国农业发展的重要思想，也是研究陈云农业思想的立足点和出发点。

一　农业基础地位理论

首先，陈云认为，对于中国的现代化而言，农业具有基础性的地位。首先，几亿人口的吃饭穿衣问题，仰赖于农业的健康发展。早在20 世纪 50 年代，陈云就指出：农业问题就是全国人民的吃饭穿衣问题，经济建设如不摆在有吃有穿的基础上，就不能巩固。而农业问题，首先又是粮食问题。陈云从我国人口众多，粮食必须立足自给的基本国情出发，强调粮食生产的重要性，提出要妥善处理好粮食生产与发展多种经营的矛盾。在两者的关系上，陈云指出，粮食是根本，多种经营的发展只有建立在粮食发展的基础上才有出路。这一思想在 20 世纪 60 年代经济恢复时期以及在农村改革之后的文献中有多次体现。农村改革开放后，我国粮食供给情况发生了变化，温饱问题基本得以解决。在这种情况下，陈云提醒还要重视粮食的生产，反复强调"无农不稳、无粮则乱"以及粮食是其他各业之基础。①

其次，农业还将为工业化提供支持。陈云指出："中国是个农业国，工业化的投资不能不从农业上打主意。搞工业要投资，必须拿出一批资金来，不从农业上打主意，这批资金转不过来。但是，也决不能不照顾农业，把占国民经济百分之九十以上的农业放下来不管，专门去搞工业。"②1962 年，面对国民经济的严重困难，经济理论界和经济决策领导层总结了 1958 年以来我国经济建设的经验与教训。当时，有人认为这种形势的出现，其原因在于农业扯了后腿，是工业吃了农业的亏，而工业发展方针和规模本身，乃至整个国民经济建设的方针是没有问题的。③针对这种认识，陈云指出："我看不是这样，而是基本建设规模过大，农业负担不了，工业也负担不了。"④"最近几年工业建设的大发展，是建立在一九五八年生产七亿斤粮食、七千万担棉花的错误估计上的。"⑤陈云进一步指出，农业是关系国民经济全局的经济因素，"农村情况好了，整个国家的经济情况也在好转"⑥。

二　农业生产经营理论

如何在社会主义所有制下进行农业生产，也是陈云重点关注的一个问题，并提出了一套社会主义农业生产经营理论。这一理论包括两个大的方面：第一，集中生产、集中经营与分散生产、分散经营相结合，即"统分结合"的经营思想。1956 年 9 月，陈云在党的八大上总结并分析了农业、手工业与资本主义工商业社会主义改造后出现的新问题。谈到农业问题时，陈云指出："农业在合作化过程中，对于应该由社员家庭经营的副

---

① 刘新：《陈云农业思想研究述评》，见中共中央文献研究陈云研究组主编《陈云研究述评》下册，中央文献出版社 2004 年版，第 537 页。
② 《陈云文选》第 2 卷，人民出版社 1984 年版，第 97 页。
③ 刘凤岐：《陈云经济思想研究》，青海人民出版社 1993 年版，第 88 页。
④ 《陈云文选》第 3 卷，人民出版社 1986 年版，第 185 页。
⑤ 同上书，第 186 页。
⑥ 同上书，第 151 页。

业注意不够，再加上其他方面的影响，一部分农副产品的生产有所下降。"① 陈云提出"统分结合"的思想。他说，农业生产合作社的粮食、经济作物和一部分副业是必须由合作社集体经营的。但是，许多副业生产必须由社员分散经营。不加区分地一律由合作社经营的状况必须改变。许多副业只有放开让社员经营，才能增产各种各样的产品，适应市场的需要，增加社员的收入。在每个社员平均占地比较多的地方，只要无害于合作社的主要农产品的生产，应该考虑让社员多留一些自留地，以便他们种植饲料和其他作物来养猪和增加副业产品。②

第二，"统购统销"与自由收购、自由贩运相结合的购销政策。国家工业化的目标既已确定，农业必须为工业化提供其剩余，但是，用什么办法才能从高度分散的农户中提取其剩余资金，是一个非常困难的问题。鉴于此，陈云提出粮食的统购统销。"在农村中采取征购粮食的办法，在城镇中采取配售粮食的办法，名称可以叫做'计划收购'、'计划供应'，简称'统购统销'"。这样一来，"农民的粮食不能自由支配了，虽然我们出钱，但他们不能待价而沽，很可能影响生产情绪"。"但是，回头一想，如果不这样做又怎么办？只有把外汇都用于进口粮食。那么办，就没有钱买机器设备，我们就不要建设了，工业也不要搞了。"③ 为了调动农民的生产经营积极性，活跃市场，陈云又提出，对于一部分农副产品，可以实行自由收购、自由贩运政策。例如小土产，应该允许国营商店、合作商店、供销合作社自由收购、自由贩运，禁止相互封锁。这样，既可货畅其流，又可提高农民收入。④

三　农业改革理论

陈云农业改革思想的核心是其经济效益观念。在陈云看来，一旦现行农业生产体制效益低下，就应该努力地进行改革。他甚至甘冒政治风险，主张在农业现代化发轫之际，允许少数人先富起来。

---

① 《陈云同志文稿选编》，人民出版社 1981 年内部发行版，第 5 页。
② 张梅娟：《陈云农业经济思想及其对解决"三农"问题的启示》，《党史文苑》2008 年第 2 期。
③ 《陈云文选》第 2 卷，人民出版社 1984 年版，第 207—210 页。
④ 张梅娟：《陈云农业经济思想及其对解决"三农"问题的启示》，《党史文苑》2008 年第 2 期。

　　1958 年我国开始"大跃进"运动以及人民公社化运动，在极"左"错误倾向的引导下，高估产，高征购，严重挫伤了农民的生产积极性。加上连续的自然灾害，农产品产量急剧下降。针对农业中存在的问题，1961年陈云在上海青浦进行了全面调查，为党中央提出了具体的对策，对扭转农业形势起到重要作用。通过对上海、安徽等地农村实际情况的调查研究，陈云向毛泽东和其他几位中央常委建议：可以采取让农民重新分田（即分田到户或大包干）的办法，来刺激农民的种粮积极性，以便提高农业产量，确保国家的粮食收入。由于当时"一大二公"和高度集中管理的观点在农业和农村中占据主导地位，陈云的主张遭到了毛泽东的批评，陈云本人也被调离财经工作的领导岗位。①

　　中共十一届三中全会以后，在恢复实事求是思想路线的同时，陈云关于农业发展的思想越来越被更多的人接受，农村经济体制改革成为中国经济体制改革的突破口。安徽省率先实行包产到户的联产承包责任制，克服生产上的"大呼隆"和分配上吃"大锅饭"的弊端，使不少贫困的地方出现了"一年翻身"的生产队和农民。农村改革中涌现的包产到户的做法，自一开始就受到了陈云的支持。② 陈云在 1979 年中共中央政治局会议上的一次讲话中谈道："用 20 年的时间，使人民的生活水平多数达到中等，少数可以先富起来。"③ 据当时担任安徽省委书记的万里回忆：安徽搞了包产到户之后，"我首先跟陈云同志商量的，我说我那儿已经搞起来了，他当时在人民大会堂开全国代表大会，他在主席团，休息时我到他那里，我说怎么办？他说我举双手赞成"④。陈云在 1980 年 12 月的一次讲话中谈道："农村政策放宽以后，一些适宜搞包产到户的地方搞了包产到户，效果很好，变化很快。"⑤

---

　　① 刘新：《陈云农业思想研究述评》，见中共中央文献研究陈云研究组主编《陈云研究述评》下册，中央文献出版社 2004 年版，第 539—540 页。

　　② 曹应旺：《开国财头陈云》，上海人民出版社 2005 年版，第 162—163 页。

　　③ 刘新：《陈云农业思想研究述评》，见中共中央文献研究陈云研究组主编《陈云研究述评》下册，中央文献出版社 2004 年版，第 539 页。

　　④ 曹应旺：《开国财头陈云》，上海人民出版社 2005 年版，第 163 页。

　　⑤ 同上。

第二节　工业化理论

新中国成立以后，陈云一直致力于中国工业的发展，他对中国工业化战略的制定和实施所起的作用是举足轻重的。在长期的领导工业发展的实践中，陈云形成了特色鲜明的工业化理论。

一　坚持工业化的社会主义方向

中国工业化的社会主义方向包括两方面的内容：一方面，是首先运用国家政权的力量，优先发展全面所有制社会主义工业，提高国营工业在整个工业中的比重；另一方面，便是对资本主义工商业进行社会主义改造。[①] 新中国成立后，通过没收官僚资本，形成国营经济，掌握了国民经济命脉，成为整个国民经济中的主要经济成分。与此同时，还存在着相当规模的私营经济，需要进行社会主义改造。

1953 年，我们党提出了过渡时期的总路线。总路线的基本内容就是"一化三改"，工业化是中心，三大改造是"两翼"，是社会主义物质技术基础建设与经济基础建立的统一。陈云指出："在国营经济的领导下，在保证社会主义成份不断稳步增长的条件下，对国营、合作社营、公私合营、私营工业实行统筹兼顾、各得其所的方针，进行合理的安排。要把上述四种工业都纳入国家计划轨道。"[②] "要对各行各业的生产进行全国范围的统筹安排。统筹安排就是全面计划。如果只是国营这一部分有计划，私营部分没有计划，那就不能说是有了全面的计划。而且国营这一部分的计划，最后也要被生产无政府、无计划的私营那一部分冲破。"[③]

陈云认为，社会主义经济的计划必须是全面的计划，而不是部分的计划，社会主义经济的计划必须是大的计划，而不是事无巨细的计划。他说："统筹安排的范围是很广的。国营与私营之间，私营与私营之间，工业与手工业之间，地区之间，行业之间，今天与明天之间，都需要统筹安

---

① 董志凯：《陈云工业化思想研究述评》，见中共中央文献研究陈云研究组主编《陈云研究述评》下册，中央文献出版社 2004 年版，第 548—549 页。

② 《陈云文选》第 2 卷，人民出版社 1984 年版，第 266 页。

③ 同上书，第 282 页。

排。"① 而作为计划，有直接的指令性计划，也有间接的指导性计划。他在《关于第一个五年计划的几点说明》一文写道："这个计划，有比较准确的部分，即国营经济部分。也有很不准确的部分，如农业、手工业和资本主义工商业，都只能做间接计划。"②

陈云特别强调，私营工商业的社会主义改造，不仅要将其纳入国家计划安排的轨道，同时还要与国民经济结构的调整相结合。必须对旧的不合理的经济结构进行调整，"有的行业要发展，不合社会需要的行业要倒台，要转业"③。如何将私营工商业的社会主义改造与国民经济结构的调整结合起来？陈云指出："现在既然按整个行业来安排生产、实行改组，那末，整个行业的公私合营也就是不可避免的。如果不实行全行业的合营，就无法安排生产，也无法进行改组。"④ 怎么进行改组？"改组大体采取两种办法：一种是并，小的并到大的里面，大的带小的，几个小的合起来变成为一个大的；一种是淘汰，有的工厂设备很落后就不要了，把工人、实职人员安插到先进的工厂里面去。"⑤

但是，坚持工业的社会主义发展方向并非不允许个体或私营经济的存在。如夫妻店、馄饨摊子、剃头挑子、小摊贩、小货郎、修理自行车铺，对群众很方便，而且服务周到。如果"把他们组织起来，每个人要在一个小组，统一进货，统一经营，统一核算，那就有一种危险，即馄饨皮子就不是那么薄，而是厚的了；肉不是鲜的，而是臭的了"。"把他们搞掉了，对人民对国家都是不利的。"⑥ "这样的铺子居民很需要，所以能够存在下去。如果他们也跟我们一样，干不干二斤半，做不做二尺五，一律三十块、三十五块发工资，我相信品种就不会那么齐了，半夜十二点钟门也敲不开了。全部改变以后，他们的经营积极性就会大为降低，对消费者造成很大的不便。"⑦ 陈云指出："夫妻店担心进不了社会主义，我看到了社会主义社会，长时期内还需要夫妻店。因为老百姓还要买小杂货、油盐酱

① 《陈云文选》第 2 卷，人民出版社 1984 年版，第 283—284 页。
② 同上书，第 234 页。
③ 同上书，第 176 页。
④ 同上书，第 285 页。
⑤ 同上书，第 284 页。
⑥ 同上书，第 294 页。
⑦ 同上。

醋，还要吃大饼、油条、馄饨、汤团。"①

二　工业化必须保持适宜的规模和速度

我国工业化的规模和速度，是陈云特别关注的一个问题。陈云认为，建设规模必须同国力相适应。他把处理人民生活与基本建设关系的方针概括为"一要吃饭，二要建设"八个字。

1957 年 9 月 24 日，陈云在党的八届三次会议上发言："我们必须使人民有吃有穿，制定第二个五年计划要从有吃有穿出发。但在第二个五年计划期间，还只能紧吃紧穿。如果我们不能解决人民的吃饭穿衣问题，我们的社会主义建设事业便站不稳，必然还要回头补课。在座的很多同志是搞工业的，工业搞多了，农业搞少了，我们有没有责任？有责任。工业搞得多，但肚子都吃不饱，还不是回头来搞农业。……如果只注意搞工业，不注意解决吃饭穿衣问题，搞了工业以后，老百姓没有饭吃，没有衣穿，再回头来搞农业那就晚了。究竟回头搞好，还是先搞好？当然是先搞好。所以，应该对搞工业的同志讲清楚，工业占重要的地位，但老百姓要吃饭穿衣，是生活所必需的，经济不摆在有吃有穿的基础上，我看建设是不稳固的。"②

1981 年 12 月 22 日，陈云在省、市、自治区党委第一书记座谈会上说，只顾吃饭，吃光用光，国家没有希望。必须保证有饭吃后，国家有余力建设。因此，饭不能吃得太差，但也不能吃得太好。吃得太好就没有力量进行建设了。这里就包含着一个提高人民生活水平的原则界限：只有这么多钱，不能提高太多，必须一能吃饭、二能建设。③ 1982 年 1 月 25 日，陈云在关于加强和改进经济计划的讲话中指出："人民的生活需要改善，可以改善，但改善的幅度要很好研究。还是那句话：从全局看，第一是吃饭，第二要建设。吃光用光，国家没有希望。吃了之后，还有余力搞生产建设，国家才有希望。只要把住这一条就好。"④

在运用于经济建设的财力和物力的供应上，则要循着"先生产、后基建"的顺序。基本建设不能占用生产消费资料所需的资金、设备、

① 《陈云文选》第 2 卷，人民出版社 1984 年版，第 305 页。
② 《陈云文选》第 3 卷，人民出版社 1986 年版，第 76—77 页。
③ 陈光林：《陈云经济思想研究》，山东人民出版社 1990 年版，第 163 页。
④ 《陈云文选》第 3 卷，人民出版社 1986 年版，第 278 页。

能源和原材料，不能以降低人民群众的生活水平为代价；否则，就会影响人民群众的生产积极性，最终将影响到工业化的发展。陈云指出，要"正确处理建设中'骨头'和'肉'的关系。过去我们对于处理这个关系没有经验，重视了'骨头'，忽视了'肉'。对于新建一个工业城市或工业基地的困难程度和投资数量，也估计不足。这些问题，应该及早注意，妥善解决"①。

在工业化的速度问题上，陈云提出了"争取快，准备慢"的著名原则。在国民经济恢复时期，陈云就明确指出："要工业化，现在只能打基础，不能过于着急。"②

陈云认为，在任何情况下，工业化要注重实效，要扎扎实实。比例、结构失调，经济效益低下的"高速度"，只能是劳民伤财。"搞急了是要出毛病的。毛毛草草而发生错误和稳稳当当而慢一点相比较，我们宁可采取后者。尤其是处理全国经济问题，更须注意这点。"③ 所以，他坚决反对不切实际的蛮干行为。他说："不要再折腾，在不再折腾的条件下有较快的发展速度。我们应该探索在这种条件下的发展速度。"④ "要有计划按比例地稳步前进，这样做，才是最快的速度。否则，造成种种紧张和失控，难免出现反复，结果反而会慢，'欲速则不达'。"⑤

总之，陈云认为，工业化的规模与速度，要与国民经济增长保持适宜的比例关系，不能急躁冒进。在编制"一五"、"二五"计划时，陈云提出了按比例平衡发展的原则：样样宽裕的平衡是不会有的，齐头并进是进不快的。紧张决不能搞到平衡破裂的程度。⑥

陈云说："按比例发展的法则是必须要遵守的，但各生产部门之间的具体比例，在各个国家，甚至一个国家的各个时期，都不会是相同的。一个国家，应根据自己当时的经济状况，来规定计划中应有的比例。究竟几比几才是对的，很难说。唯一的办法只有看是否平衡。合比例就是平衡

---

① 《陈云文选》第 3 卷，人民出版社 1986 年版，第 49 页。
② 董志凯：《陈云工业化思想研究述评》，见中共中央文献研究陈云研究组主编《陈云研究述评》（下册），中央文献出版社 2004 年版，第 553 页。
③ 《陈云文选》第 2 卷，人民出版社 1984 年版，第 152 页。
④ 《陈云文选》第 3 卷，人民出版社 1986 年版，第 240 页。
⑤ 同上书，第 305 页。
⑥ 董志凯：《陈云工业化思想研究述评》，见中共中央文献研究陈云研究组主编《陈云研究述评》（下册），中央文献出版社 2004 年版，第 553 页。

的；平衡了，大体上也会是合比例的。"①

此后，陈云更进一步提出综合平衡的思想。1962 年，陈云明确指出："所谓综合平衡，就是按比例；按比例，就平衡了"。② 陈云的按比例综合平衡论，是全局的综合平衡，即在合理的生产结构条件下，组织社会再生产过程中的生产、分配、流通、消费四个环节的综合平衡。这种全局的综合平衡，要求年度的平衡，还要求今后几年的持续平衡，要求实行滚动式的计划，组织五年或十年的持续平衡。陈云的综合平衡思想是建立在各种具体比例比较恰当基础之上的，包括农业与工业的比例、轻工业与重工业的比例、重工业各部门之间的比例、工业发展与铁路运输之间的比例、技术力量供需之间的比例、财政收支之间的平衡以及购买力与商品供应量之间的平衡等。③

三 重视工商企业的经济绩效

陈云认为，社会主义经济必须追求经济效益。1956 年，陈云在《要使用资方人员》一文中指出："有的同志说，资本主义生产处于无政府状态，大范围不合理，但小范围合理；我们现在是大范围合理，小范围不合理。这句话，我觉得有点道理。"④ 陈云这里所说的"小范围不合理"，具体指的是公私合营以后，"产品质量普遍下降"，"工业品的品种规格减少。有许多东西减少得很多，只剩下几种大路货"。"现在大胖子买不到袜子，小孩子买不到皮鞋"，"货不对路"，"市场卡得太死，没有活动的余地"，等等。⑤ 究其原因，陈云认为主要是公私合营以后，原有的管理制度和管理办法已不适应新的情况。陈云指出："情况既然改变了，我们的商业政策就要根据新的情况加以改变。"⑥ 因为"我们的商业也是要赚钱的"，尽管"赚钱也是为了人民的利益"。⑦

陈云一个基本观点是搞经济工作不仅要算大账，也要算小账，宏观、

---

① 《陈云文选》第 2 卷，人民出版社 1984 年版，第 241 页。

② 《陈云文选》第 3 卷，人民出版社 1986 年版，第 202 页。

③ 颜华东、王杰：《陈云综合平衡思想研究述评》，见中共中央文献研究陈云研究组主编《陈云研究述评》下册，中央文献出版社 2004 年版，第 553 页。

④ 《陈云文选》第 2 卷，人民出版社 1984 年版，第 331 页。

⑤ 同上书，第 331 页。

⑥ 同上书，第 332 页。

⑦ 同上书，第 330 页。

微观的经济效益都要讲。① 在分析工业布局问题时，陈云指出："企业的布点，应该接近原料、燃料产地和消费地区，以便能够用尽可能少的投资获得最大限度的经济效果。"② "企业的布点既要考虑建设快慢和投资多少，也要考虑到企业投入生产以后的经济效果。"③ "如果企业过分集中在大中城市，就会脱离原料、燃料产地和消费地区，增加供应和运输的困难，并且会提高产品的成本，在经济上造成长期的不合理。"④ 讲到企业设计时，"企业在建设的时候能不能加快速度、保证质量和节约投资，在建成以后能不能获得最大的经济效果，设计工作起着决定的作用。"⑤ 在基本建设方面，认为"使我们能够加快建设的进度，同时使一切建设起来的工程都能够有良好的质量，最大限度地发挥投资效果"⑥。要保证投资项目有较满意的经济效果，"基本建设必须保证重点"，"全面安排，保证重点，照顾一般，使基本建设同国民经济发展的要求相适应"。⑦

在引起先进技术时必须充分考虑国内的配套能力和还本付息能力；要认真谨慎地进行可行性研究，定案时应有专家参加，宁稳勿急；要在消化、改造、创新方面多下功夫，引进方式上以引进"软件"为主。在组织扩大再生产时要按照先依靠挖潜革新改造，后新建的次序进行。企业必须加强管理制度建设，建立严格的责任制，要培养技术人员、管理干部，充分发挥他们的作用。在企业管理活动中，要根据市场变化确定产品数量、品种、结构、价格等策略问题，完善企业工资制度，扩大企业自主权。⑧

陈云认为，要保证经济效益，质量是关键。陈云说："多快好省是党的社会主义建设的总方针。这个方针既要求争取速度，又要保证质量。速度和质量，这两方面是统一而不可分割的。在基本建设工作中，无论工业

① 董志凯：《陈云工业化思想研究述评》，见中共中央文献研究陈云研究组主编《陈云研究述评》下册，中央文献出版社2004年版，第558页。
② 《陈云同志文稿选编》，人民出版社1981年版，第74页。
③ 同上书，第75页。
④ 同上。
⑤ 同上书，第81页。
⑥ 同上书，第87页。
⑦ 同上书，第78页。
⑧ 董志凯：《陈云工业化思想研究述评》，见中共中央文献研究陈云研究组主编《陈云研究述评》下册，中央文献出版社2004年版，第558页。

布局、建设项目排队、企业设计和施工管理，都必须全面地执行这个方针，使我们能够加快建设的速度，同时使一切建设起来的工程都能够有良好的质量，最大限度地发挥投资效果。"① 工业生产要强调改进质量，"钢铁要强调改进质量，设备制造、日用工业品生产、基本建设等，都要强调提高质量。有不少出口的东西，过去质量比较好，现在也降低了，在国外名誉很不好。数量虽然多，但是如果质量很坏，生产出来的东西不能真正顶用，不仅不能满足生产、建设和市场的需要，而且要造成极大的浪费"②。

第三节　社会主义经济体制理论

陈云是中国社会主义经济体制理论的创立者之一。他创造性地将市场的功能嵌入社会主义计划经济体制之中，认为计划与市场在一定的条件下都是配置资源的有效机制。而为建立起一个充满活力的社会主义经济体制，他力倡改革开放。

一　陈云关于计划与市场关系的思想

对于资本主义经济来说，社会主义经济，从本质上说是一种计划经济。陈云认为，社会主义经济要实现国营经济、计划经济在国民经济中的领导作用，在以国营经济为领导的国家，生产和建设必须有计划的安排。

早在1951年，陈云就谈到，加强领导就是加强国营经济和国家计划的领导。而且他特别提醒大家注意，过去只说国营经济的领导，现在第一次说到国家计划的领导。今后国家很可能是公私斗争中我们手里的一个重要武器。③ 1957年11月，陈云在主持起草的一个国务院文件即《关于改进工业管理体制的决定》中指出，我们是社会主义国家，我们的建设是有计划的建设，全国各地区各企业的生产和建设工作都必须服从国家的统一计划，决不可以违反国家的统一计划。④ 1979年3月，他又说，整个社会主义时期经济分为计划经济部分和市场调节部分。计划经济部分是基本

---

① 《陈云同志文稿选编》，人民出版社1981年版，第87页。
② 《陈云文选》第2卷，人民出版社1984年版，第128页。
③ 陈光林：《陈云经济思想研究》，山东人民出版社1990年版，第127页。
④ 同上书，第126页。

的主要的，市场调节部分是从属的次要的，但又是必须的。他说："既掌握了政权，又有了第一部分经济，就能够建设社会主义。"①

在我国农村经济实施改革以后，有一股思潮，似乎农业生产责任制条件下的农业中的计划就成为多余的了。也有的同志在反思传统计划体制中的种种不合理的、甚至严重浪费的经济现象时，他们不是从体制中找原因，而是把账全部算在了计划经济的实施上。② 面对这种思潮，陈云反复强调社会主义经济的计划性："农业经济是国民经济重要的一部分。农业经济也必须以计划经济为主，市场调节为辅。"③ "国家建设必须全国一盘棋，按计划办事。"④ "全国建设的进度，必须有先有后，有重有轻，按全国计划办事。"⑤ "人民的生活要提高，但国家只有那么多钱，这里摆多少，那里摆多少，都要有一个计划。"⑥

1989 年 9 月，在全国党代会上，陈云指出：社会主义经济还是要有计划按比例。从全国工作来看，计划经济为主，市场调节为辅，这话现在没有过时。计划是宏观控制的主要依据。⑦

综括起来，陈云之所以坚持社会主义经济的计划性，主要是基于以下几个方面的认识：第一，社会主义经济的有计划按比例发展的原理，是马克思采用科学方法，在分析研究了资本主义经济运动规律的基础上得出来的，是社会化生产和公有制的必然要求；第二，社会主义经济建设的目的是满足广大人民日益增长的物质文化生活需要，共产党搞革命的宗旨是为人民谋福利。要解决这个广泛而艰巨的社会经济问题，必须全国一盘棋，按计划办事；第三，经济建设的任务大，但国家财力物力等资源有限；加之人口众多的压力，要把有限的资源合理运用到经济建设最关键、最重要的地方上，就要有先有后、有重有轻、统筹兼顾、合理安排，这就需要计划；第四，我们已经建立起了公有制的主体地位，公有制经济控制国民经济的命脉和绝大部分经济，这就为实现计划经济提供了经济制度方面的

① 《陈云文选》第 3 卷，人民出版社 1986 年版，第 275、221 页。
② 刘凤岐：《陈云经济思想研究》，青海人民出版社 1993 年版，第 186—187 页。
③ 《陈云文选》第 3 卷，人民出版社 1986 年版，第 275 页。
④ 同上书，第 277 页。
⑤ 同上。
⑥ 《陈云文选》第 3 卷，人民出版社 1986 年版，第 278 页。
⑦ 陈光林：《陈云经济思想研究》，山东人民出版社 1990 年版，第 126 页。

保障。①

　　由于传统的计划体制中只有有计划按比例，没有市场调节，而实际经济运行又存在着商品货币交换，计划又不能做到无所不包，"只能对大路货、主要品种做出计划数字，因此生产不能丰富多彩，人民所需日用品十分单调。"②

　　1956 年 9 月在《社会主义改造基本完成以后的新问题》的发言中，陈云指出："至于生产计划方面，全国工农业产品的主要部分是按照计划生产的，但是同时有一部分产品是按照市场变化而在国家计划许可范围内自由生产的。计划生产是工农业生产的主体，按照市场变化而在国家计划许可范围内的自由生产是计划生产补充。"③ 即无所不包的计划与实际经济运行经常脱节。所以，陈云认为整个社会主义时期的经济应该存在着计划经济和市场调节，两种经济的关系是，计划经济是主要的，又是保证社会主义经济建设的必要条件之一；市场调节部分是次要的，它从属于计划，是社会主义经济的有益的补充。④

　　陈云在中共第八次全国代表大会上所作《关于资本主义工商业改造高潮以后的新问题》的报告中，提出了著名的"三个主体、三个补充"的经济思想。即"我们的社会主义经济的情况将是这样：在工商业经营方面，国家经营和集体经营是工商业的主体，但是附有一定数量的个体经营。这种个体经营是国家经营和集体经营的补充。至于生产计划方面，全国工农业产品的主要部分是按照计划生产的，但是同时有一部分产品是按照市场变化而在国家计划许可范围内自由生产的。计划生产是工农业生产的主体，按照市场变化而在国家计划许可范围内的自由生产是计划生产的补充。因此，我国的市场，绝不会是资本主义的自由市场，而是社会主义的统一市场。在社会主义的统一市场里，国家市场是它的主体，但是附有一定范围内国家领导的自由市场。这种自由市场，是在国家领导之下，作为国家市场的补充，因此它是社会主义统一市场的组成部分"⑤。

　　① 刘凤岐：《陈云经济思想研究》，青海人民出版社 1993 年版，第 187—188 页。
　　② 《陈云文选》第 3 卷，人民出版社 1986 年版，第 221 页。
　　③ 同上书，第 13 页。
　　④ 刘凤岐：《陈云经济思想研究》，青海人民出版社 1993 年版，第 199—200 页。
　　⑤ 转引自叶明勇《陈云"三个主体、三个补充"经济思想探析》，《北京电子科技学院学报》2009 年第 1 期。

　　陈云在 1979 年指出：“整个社会主义时期必须有两种经济：（1）计划经济部分（有计划按比例的部分）；（2）市场调节部分（即不作计划，只根据市场供求的变化进行生产，即带有盲目性调节的部分）。第一部分是基本的主要的；第二部分是从属的次要的，但又是必需的。”①

　　1982 年陈云又进一步指出：“今后要继续实行搞活经济的政策，继续发挥市场调节的作用。但是，我们也要防止在搞活经济中，出现摆脱国家计划的倾向。搞活经济是在计划指导性搞活，不是离开计划指导的搞活。这就像鸟和笼子的关系一样，鸟不能捏在手里，捏在手里会死，要让它飞，但只能让它在笼子里飞。没有笼子，它就飞跑了。如果说鸟是搞活经济的话，那么笼子就是国家计划。”②

　　陈云对市场与计划的关系所作的阐述简明而深刻。首先，计划经济并不排斥市场作用，他打破了把计划和社会主义联系在一起以及把市场与资本主义联系起来的观念。“三个主体、三个补充”经济思想表明，计划经济和市场相排斥的观念是一种根本的误解。正如邓小平后来所讲的那样，社会主义有市场，资本主义有计划，连美国也不例外。陈云认为，忽视市场调节部分的后果是对价值规律的忽视，即思想上没有“利润”这个观念。那是大少爷办经济，不是企业家办经济。③

　　其次，市场的作用不同于资本主义的作用，市场只是一种资源配置方式。市场是工业制度的产物，与资本主义没有必然的联系。资本主义不能脱离市场，但市场完全可以脱离资本主义。“无论是资本主义、社会主义、还是混合型，只要是工业制度就必然会运用这种市场或那种市场。”所以，陈云认为：“我国的市场，决不会是资本主义的自由市场，而是社会主义的统一市场”，“这种自由市场，是在国家领导之下，作为国家市场的补充，因此它是社会主义统一市场的组成部分”。很明显，陈云在这里将市场只是作为一种中性的工具，它只是被利用更好地为建设新中国服务的。以往人们把市场与资本主义相提并论，这种论点混淆了手段与目的。市场是一种交换机制，它们是进行某些经济活动的手段，它们自身并

　　①　《陈云文选》第 3 卷，人民出版社 1986 年版，第 221 页。
　　②　同上书，第 287 页。
　　③　叶明勇：《陈云“三个主体、三个补充”经济思想探析》，《北京电子科技学院学报》2009 年第 1 期。

不是目的。①

有人将陈云关于计划与市场的关系概括为"主辅论",即社会主义经济是计划经济,中国是社会主义国家,必须实行计划经济。实行计划经济还必须有市场调节作为补充,一定范围内国家领导的自由市场是社会主义统一市场的必要组成部分。在计划经济与市场调节相结合中,应坚持计划经济为主、市场调节为辅的原则。②

二 陈云的改革开放思想

陈云是我党最早主张进行经济体制改革,并提出要发挥市场作用的领导人之一。陈云提出改革思想的动因,可以归结以下两个方面:首先,初步建立的社会主义经济体制暴露出弊端,陈云作为财经工作领导人,需要寻找解决办法。这些弊端主要指为限制资本主义工商业而采取的一些措施带来的消极因素;在社会主义改造高潮中,由于形势发展太快,具体组织指导工作不容易完全跟上,产生了一些暂时的、局部的错误;中央集权过多,影响地方因地制宜发展经济。其次,苏共二十大后,中国共产党对适合中国情况的社会主义建设道路的探索,促进了陈云对社会主义经济体制的思考。③

陈云认为,我国传统的计划经济体制主要有以下几个方面的弊端:第一,计划太死,包括的东西太多,造成该严的地方严不起来,该宽的地方宽不下去。因为传统的计划体制,要求计划既全又细,什么都要纳入计划,而在计划中又过于强调指令性计划,因此统得过多过死。在这种计划体制下,企业在经营管理上没有任何独立性和利益。然而无所不包、既全又细的计划又是不现实的,结果,应该控制住的由于体制原因则总是控制不住,不该卡的却被卡得死死的,职工、企业、地方的生产经营积极性无法调动起来,劳动生产率、经济效益都难以提高。

第二,计划与市场脱节。在旧计划体制下,企业、地方的生产经营活

---

① 叶明勇:《陈云"三个主体、三个补充"经济思想探析》,《北京电子科技学院学报》2009 年第 1 期。

② 智效和:《陈云计划与市场关系思想研究述评》,载中共中央文献研究陈云研究组主编《陈云研究述评》下册,中央文献出版社 2004 年版,第 607 页。

③ 李纲:《陈云改革开放思想研究述评》,载中共中央文献研究陈云研究组主编《陈云研究述评》下册,中央文献出版社 2004 年版,第 593 页。

动由统一集中的国家计划调度，作为处在生产第一线上的企业没有生产什么、生产多少的权利，一切按上级计划部门下达的指标办事，也无权按市场需求的变化调整计划。而社会需求是各种各样、千变万化的，计划机关不可能准确了解需求动态。于是造成了工业报喜、商业报忧、商品积压、财政虚收的反常现象，产、供、销之间的脱节正好反映了计划与实际的不一致。

第三，计划机关忙于日常调度。由于计划权力太集中，计划的审批权限便高度集中在上面。结果是一方面计划机关忙得要死，另一方面又整天陷于日常事务和日常调度，很少有时间对那些战略性的问题和重大的比例关系进行调查研究。于是，既助长了命令主义、官僚主义，又造成了更多的不合理。

第四，习惯于行政手段，忽视经济手段，不按经济规律办事。结果，只能在一统就死、一死就放、一放就乱、一乱就收、一收又死的"怪圈"中打转转。[1]

针对上述弊端，陈云早在20世纪50年代就尝试系统地进行改革。一是突破公有制模式，长期保留个体经营，作为国家经营和集体经营的补充；二是突破高度集中的计划管理模式，使社会主义经济体制发挥市场作用；三是与保留个体经营和发挥市场作用相适应，突破流通领域的国家垄断模式，保留自由市场。为此，陈云提出了五个方面的改革措施：（1）改变工商业者之间的购销关系；（2）纠正盲目的集中生产和集中经营的偏向；（3）取消市场管理办法中那些原来为限制资本主义工商业投机活动而规定的办法；（4）改革价格体系，允许商品价格上下浮动；（5）改变某些产品由国家计划管理的办法。[2]

党的十一届三中全会以后，率先从农村开始进行经济改革。在新形势下，陈云基本坚持自己在20世纪50年代的思想基点，并根据社会主义经济建设正反两方面的经验教训，补充、完善、发展了原有的理论观点，为社会主义经济体制改革提供了新的认识和启发。从总的方面来看，陈云前后的认识没有质的变化，表明了一个主要的思路，即社会主义经济的运行

　　①　刘凤岐：《陈云经济思想研究》，青海人民出版社1993年版，第201—202页。
　　②　李纲：《陈云改革开放思想研究述评》，载中共中央文献研究陈云研究组主编《陈云研究述评》下册，中央文献出版社2004年版，第593页。

既应该有统一性、计划性，又应该有灵活性、多样性和市场调节，应该是计划经济与市场调节相结合的经济运行机制，这一运行机制的特点是计划经济为主，市场调节为辅，是计划指导下的灵活、多样、自由的运行格局。①

陈云也是较早强调对外开放的国家领导人之一。早在1961年，陈云就提出了支持出口商品加工基地政策，强调了经济特区在发展战略中的重要作用，并意识到将经济特区发展成可靠的对外交流"机器"需要时间。1973年到1974年，陈云协助周恩来总理针对我国外贸领域存在的一些问题进行了大量的调查研究，提出了许多富有远见的见解和对策。

十一届三中全会后，陈云在各种场合，多次阐发了对外开放的必要性。他说："外资还要不要，外国技术还要不要？一定要，而且还要充分利用，只不过把期限延长一点就是了。"②"利用外资和先进新技术，这是我们当前的一项重要政策措施。"③ 1987年的新春，《国际金融研究》杂志首次全文公开发表陈云同志1973年6月7日在听取银行工作汇报时的谈话，明确指出："不研究资本主义，我们就要吃亏。不研究资本主义，就不要想在世界市场中占领我们应占的地位。"

有人将陈云对外开放的思想概述为八个方面：第一，冲破封锁，利用矛盾，打开通路，尽量与外国做生意；第二，扩大品种，提高质量，建立信誉，搞好出口商品基地；第三，引进技术，填平补齐，成龙配套，以扩大我们的生产能力；第四，一切引进必须有专家参加，择优选用，集体商量，不能一个人说了算；第五，在自力更生为主的前提下，可借些不吃亏的外债，但必须充分考虑还本付息的能力；第六，要节省外汇，合理使用，外汇贷款只能用在最关键的项目上；第七，对外国资本家欢迎之中要警惕，"肥水不落外人田"；第八，搞特区和利用外资建设，我们经验少，要认真研究。④

陈云在对外开放问题上，为了做到立足本国实际、维护民族利益、坚持自力更生、防止和平演变，还提出了许多政策原则，包括：适应性原

---

①　刘凤岐：《陈云经济思想研究》，青海人民出版社1993年版，第241—243页。
②　《陈云文选》第3卷，人民出版社1986年版，第230页。
③　同上书，第249页。
④　李纲：《陈云改革开放思想研究述评》，载中共中央文献研究陈云研究组主编《陈云研究述评》下册，中央文献出版社2004年版，第598—599页。

则，即对外开放中资金、项目、技术设备的引进要与国内的财力物力相适应；警惕性原则，既要对外开放、积极引进，又要警惕对外开放的消极影响；自主性原则，对外开放要立足于独立自主，更要立足于扩大自力更生能力；方向性原则，即在对外开放中坚持两个文明一起抓，保证社会主义的正确方向，等等。①

第四节　经济思想评价

陈云经济思想，是中国共产党把马克思主义与中国实际相结合所产生的两大理论成果——毛泽东思想与邓小平理论的重要组成部分，对马克思主义经济理论的发展作出了独特的贡献。

一　主要特点

陈云经济思想是一个完整的体系，是运用马克思主义世界观和方法论研究中国经济问题的典范。陈云在方法论上坚持实事求是的基本原则，以服务于广大人民群众的利益为核心价值观，以中国的现实国情作为其研究经济问题的出发点，从而构成陈云经济思想的鲜明特点。

第一，以实事求是为基本原则。

马克思主义的辩证唯物主义和历史唯物主义，是中国共产党人认识世界的世界观，也是中国共产党人指导工作的方法论，毛泽东将其高度概括为"实事求是"。陈云用"不唯书、不唯上、要唯实"来概括他对实事求是这一命题的精辟理解。②

陈云指出，一切错误的根源总是理论脱离或违反了客观实际。他说："错误就是把客观看错了，结果也错了。例如敌人很强，我们侦察错了，以为很弱，便打了败仗，败仗就是其结果。"③ 所谓实事求是应该怎样理解呢？陈云解释道："实事，就是要弄清楚实际情况；求是，就是要求根据研究所得的结果，拿出正确的政策。譬如打仗，敌情判断错了，作战就要失败。又如医生看病，把病情诊断错了，就治不好病，甚至把人治

---

① 李纲：《陈云改革开放思想研究述评》，载中共中央文献研究陈云研究组主编《陈云研究述评》下册，中央文献出版社 2004 年版，第 600—601 页。

② 刘凤岐：《陈云经济思想研究》，青海人民出版社 1993 年版，第 49 页。

③ 《陈云文选》第 1 卷，人民出版社 1984 年版，第 218 页。

死。"①

怎样才能做到实事求是呢？陈云的方法就是全面、比较、反复。所谓全面，"就是不仅要看到正面，还要看到反面；不仅要听正面的意见，也要听反面的意见。"② 所谓比较，就是在进行决策时，要有各种不同思路下所形成的不同方案，通过把这些方案进行比较，从而使观点、决策、计划建立在科学的基础上。陈云说："多比较，只有好处，没有坏处。"③ 所谓反复，就是在作出最终决定之前，要有一个深思熟虑的反复过程。"事情初步定了以后还要摆一摆，想一想，听一听不同意见。""决定问题不要太匆忙，要留一个反复考虑的时间，最好过一个时候再看看，然后再作出决定。"④

第二，以为人民谋福利为根本目标。

陈云的经济思想，代表着广大人民群众的利益，因而具有鲜明的人民性。在陈云的经济论著里，无论何时何地，总是把改善和安排好人民生活，提高人民群众的生活水平，为人民谋福利放在首位，作为其思考经济问题的出发点。⑤

1949 年 8 月 15 日，陈云同志在上海会议上说："我们究竟是为大多数之民呢，还是为少数之民？当然首先要为大多数之民。""现在是我们管理国家，人民无饭吃就成了我们的责任。这个问题，一定要采取慎重的政策。"⑥ 面对大跃进所导致的严重后果，陈云痛心地提醒党内同志："我们花了几十年时间把革命搞成功了，千万不要使革命成果在我们手里失掉。现在我们面临着如何把革命成果巩固和发展下去的问题，关键就在于要安排好六亿多人民的生活，真正为人民谋福利。"⑦

第三，以国情国力为基本立足点。

陈云极为注意从客观实际出发，以事实为根据，从中寻找规律性。从陈云的经济论著中，我们可以看到，一切从中国的国情出发，实事求是，

① 《陈云文选》第 1 卷，人民出版社 1986 年版，第 179 页。
② 《陈云文选》第 3 卷，人民出版社 1986 年版，第 211 页。
③ 同上书，第 180 页。
④ 同上。
⑤ 刘凤岐：《陈云经济思想研究》，青海人民出版社 1993 年版，第 36 页。
⑥ 《陈云文选》第 2 卷，人民出版社 1984 年版，第 15 页。
⑦ 《陈云文选》第 3 卷，人民出版社 1986 年版，第 201 页。

因地制宜、因时制宜地发展经济，贯穿其经济思想的始终。①

关于经济建设的基本原则，陈云提出"国力论"，即建设规模必须和国家财力相适合。② 1957年1月，他在一次省、市、自治区党委书记会议上说，建设规模的大小必须和国家的财力物力相适应。适应还是不适应，这是经济稳定或不稳定的界限。像我们这样一个6亿人口的大国，经济稳定极为重要。建设的规模超过国家财力物力的可能，就是冒了，就会出现经济混乱；两者适应，经济就稳定。1962年2月，陈云在分析当时财政经济困难的原因时，指出其中一个重要的原因，就是已经铺开的基本建设规模超过了国家财力、物力的可能性，同当时的工农业生产水平不相适应，基本建设规模过大，农业负担不了，工业也负担不了。③

陈云始终坚持其"国力论"的观点。1979年9月18日，他在财经委员会的一次会议发言，分析了1970年以来的基建投资情况，认为都不同程度上的超过了国家财政的承受能力。他说："我们的基建投资，必须是没有赤字的。就是在财政平衡的基础上，看能够拨出多少钱用于基本建设投资，以这个数字来制定基本建设计划。所以，根据三十年来的经验，找出基本建设投资在财政支出中所占比重这一条杠杆，是必要的，这样才是实事求是。"④"基建投资年年有赤字是不行的，因为年年用发票子来搞基建，到一定的时候，就会'爆炸'。"⑤

二　在中国特色社会主义理论中的重要地位

陈云经济思想是毛泽东思想和邓小平理论的重要组成部分，在中国特色社会主义理论中占有突出地位。

第一，陈云经济思想是毛泽东思想的重要组成部分。

《中国共产党章程》总纲指出："毛泽东思想是马克思列宁主义在中国的运用和发展，是被实践证明了的关于中国革命和建设的正确的理论原则和经验总结，是中国共产党集体智慧的结晶。"党的十一届六中全会通过的《关于建国以来党的若干历史问题的决议》也指出："我党许多卓越

---

① 刘凤岐：《陈云经济思想研究》，青海人民出版社1993年版，第37页。
② 陈光林：《陈云经济思想研究》，山东人民出版社1990年版，第36页。
③ 同上。
④ 《陈云文选》第3卷，人民出版社1986年版，第236页。
⑤ 同上书，第237页。

领导人对它的形成和发展都作出了重要贡献，毛泽东同志的科学著作是它的集中概括。"① 陈云的经济思想，他的经济工作方法和领导艺术，就是毛泽东思想的一个组成部分，特别是毛泽东的哲学思想和经济思想的重要组成部分。②

之所以这样认为，是因为陈云的经济思想和工作方法与毛泽东思想的基本点是一致的，是毛泽东哲学思想和经济思想的活的应用和具体化。由于陈云对毛泽东同志所倡导的实事求是思想路线的坚持，使他能将马克思列宁主义基本原理同中国实际相结合，一切从实际出发，从调查研究中找到解决问题的理论、方针和方法，使他在党和国家发展的重大历史关头，总能够及时地、有针对性地提出符合我国国情的理论观点、工作方针和措施。陈云说："如果我们的同志都把心摆得非常正，非常实事求是，毫无个人主义，可以抵得上十万军队、一百万军队，这是无穷的力量。"③ 陈云所提出的"不唯上、不唯书、只唯实"是毛泽东"实事求是"思想的创造性发挥和具体运用，丰富了毛泽东思想的理论宝库。④

新中国成立以后，中国共产党面临着全新的形势和任务。特别是全国范围的经济管理和经济建设，更是全未经历过的事情。毛泽东、刘少奇、周恩来总揽全局，陈云则在他们指导下做了经济战线的总指挥。平津宁沪新中国成立后的平抑物价，新中国成立后的统一财经，工业化初期的"五年计划"和粮食统购统销，私营工商业的调整和改造，所有这些新课题，陈云作为总指挥，深入细致地调查，反复比较地思考，果断地创造性地决策，在解决新问题、克服新困难中创造新经验，形成新理论。尽管现在回过头来看，其中有些不可避免地有其历史的局限性，但毫无疑问，它们既是陈云经济思想的精华，又是陈云贡献于党的领导集体的智慧，从而成为"毛泽东思想"这个集体智慧结晶在新中国成立以后发展的重要组成部分。⑤ 陈云在经济建设方面的远见卓识也得到了毛泽东的肯定。

在中共七届七中全会第三次会议上，陈云同刘少奇、周恩来、朱德一

① 转引自陈光林《陈云经济思想研究》，山东人民出版社1990年版，第111—112页。
② 陈光林：《陈云经济思想研究》，山东人民出版社1990年版，第112页。
③ 转引自张景荣《陈云对毛泽东思想的理论贡献研究述评》，载中共中央文献研究陈云研究组主编《陈云研究述评》上册，中央文献出版社2004年版，第85页。
④ 同上书，第86页。
⑤ 龚育之：《陈云对毛泽东思想的形成和发展的贡献》，《学习时报》2011年8月18日。

起被推举为中共中央副主席的候选人，毛泽东对陈云评价道："至于陈云同志，他也无非是说不行、不顺。我看他这个人是个好人，他比较公道、能干，比较稳当，他看问题有眼光。我过去还有些不了解他，进北京以后这几年，我跟他共事，我更加了解他了。不要看他和平得很，但他看问题尖锐，能抓到要点。所以，我看陈云同志行。"

1959 年钢的计划指标的确立，陈云更获得了毛泽东的称赞："陈云同志的话是很正确的"。"一个人有时胜过多数人，因为真理在这一个人手里，而不在多数人手里。""在武昌发表一九五九年粮、棉、钢、煤的数字问题上，正确的就是他一个人。一月上旬，也是他正确。""我看这个同志还是经验比较多一点。"据王任重的日记记载，1959 年 6 月 24 日，毛泽东在去长沙的火车上同王任重谈话时说："国难思良将，家贫思贤妻。陈云同志对经济工作是比较有研究的，让陈云同志来主管计划工作、财经工作比较好。"①

第二，陈云经济思想是邓小平理论的重要组成部分。

党中央的有关文件和讲话在强调邓小平是邓小平理论的主要创立者的同时，也都确认，邓小平理论是全党集体智慧的结晶。这一判断从逻辑上也就可以理解为肯定了陈云对邓小平理论所作的贡献。十五大修改后的党章指出："十一届三中全会以来，以邓小平同志为主要代表的中国共产党人……创立了邓小平理论。"邓小平理论"是中国共产党集体智慧的结晶"。② 1992 年 7 月，邓小平在审阅十四大报告送审稿时也指出："改革开放中许许多多的东西，都是由群众在实践中提出的。报告中讲我的功绩，一定要放在集体领导范围内，绝不是一个人的脑筋就可以钻出什么新东西来，是群众的智慧，集体的智慧。我的功劳是把这些新事物概括起来，加以倡导。要写得合乎实际。"③

显然，陈云对邓小平理论的形成和发展是作出了重要贡献的。有人指出："在经济建设问题上，邓小平理论广泛吸收了陈云、李先念、薄一波等老一辈经济专家的经验与智慧。在如何评价毛泽东同志与毛泽东思想的

---

① 曹应旺：《毛泽东评陈云》（http: cpc. people. com. cn, 2009 - 07 - 16）。
② 转引自李忠杰《陈云与邓小平理论的形成和发展研究述评》，载中共中央文献研究陈云研究组主编《陈云研究述评》上册，中央文献出版社 2004 年版，第 90—91 页。
③ 同上书，第 91 页。

问题上，邓小平理论吸取了陈云、黄克诚等同志的意见。"①

概括起来，陈云对邓小平理论的形成和发展所作的贡献集中体现在以下三个方面：第一，独立思考作出的贡献。即在解决社会主义经济重大问题的实践中，以陈云为主提出的观点、主张和理论，为中共中央和邓小平等党的主要领袖接受，转化为党中央的政策，直接构成邓小平理论的内容；第二，共同探索作出的贡献，即在一系列重大问题上，与邓小平等党的主要领袖的认识，既总体上一致，又相互补充，共同完成并构成了邓小平理论的重要内容；第三，在抵制和纠正"左"倾错误的过程中，提出了一些重要思想，为邓小平理论的形成和完善提供了支持。②

三 对马克思主义经济学理论的独特贡献

陈云在参与我国经济问题决策，领导我国财政经济工作中，以马克思主义为指导，紧密结合我国社会主义革命和建设的实践，不断探索我国社会主义经济建设的道路，提出了关于我国经济建设的一系列重要思想、观点、方针和政策。这些系统的思想观点，形成了独具特色的较为完整的体系。③ 有人认为，陈云是 20 世纪杰出的经济学家，其经济思想既是马克思主义经济学的集大成，更是中国共产党战略决策理论体系经济板块的主体，集奠定经济决策理论基础与决策和实施决策于一体，④ 既从理论层次上创造性地解决了贫穷落后国家经济现代化实践的一系列重大问题，更为构建中国特色的经济学理论作出了贡献。

第一，陈云对中国国情有深刻的认识，他将中国的国情概括为以农立国，奠定了中国经济学的基石；在新中国成立前夕提出的"三位一体"的模式，建构起新中国经济的基本框架；对中国社会经济运动规律的一系列公理式概括，规定了新中国经济建设的基本原则；对中国共产党领导经济建设成功经验与失败教训的理论化总结，明确了经济决策的指导思想；循序渐进的实验型道路的选择，建构起中国经济学发展的基本方法。

---

① 转引自李忠杰《陈云与邓小平理论的形成和发展研究述评》，载中共中央文献研究陈云研究组主编《陈云研究述评》上册，中央文献出版社 2004 年版，第 93—94 页。

② 同上书，第 97 页。

③ 陈光林：《陈云经济思想研究》，山东人民出版社 1990 年版，第 113 页。

④ 王杰：《陈云经济思想的实验科学特色》，《中国浦东干部管理学院学报》2010 年第 4 期。

第二，陈云在领导陕甘宁边区的财经工作实践中，创造性地开辟了通过宏观调控整合小生产，大统一和小分散有机结合的发展商品经济的道路。在东北解放区，陈云又将这意思进一步拓展为国民经济计划化、经营管理企业化和管理民主化"三位一体"的模式框架。新中国经济史的"左"倾错误主要表现之一，就是排斥市场。在矫正"左"倾错误的实践中，陈云又创造性提出"三个主体，三个补充"的模式，力图重新建构计划与市场相协调的宏观经济体系。1979年陈云提出了其发展市场经济的基本构想，即"三个两种"思想：整个社会主义经济必须有计划经济和市场经济两部分，计划经济和市场经济两种调节必然存在，社会主义的发展趋势是计划经济和市场经济部分都相应增加。1982年他又指出社会主义市场经济活动的范围可以跨地区、跨省、跨国、跨洲。陈云经济理论经过上述演变，已确立起社会主义市场经济的完整框架，为中国社会主义市场经济的建设提供了理论指导。①

第三，推动了马克思主义经济学理论中国化的进程。

在小生产为主体的中国社会，其一般规律是什么？由这一规律所决定的发展方向又是什么？陈云早在20世纪40年代就极为深刻地指出，马克思揭示的世界经济运动的一般规律的特殊，在中国这样落后的国家里，必然转化为社会经济运动的一般规律，交换过程对于生产有决定意义。这说明陈云已经认识到，无货币、无商品社会不过是关于未来社会的预测，而不是我们建立新社会的施工图，新中国必须发展商品生产和商品交换。②陈云十分恰当地将马克思主义经济理论理解为一门实验科学。他以中国国情为立足点，通过系统的实验理论，将他关于新中国经济发展的设想逐步地付诸实践；同时，又通过实践来检验与完善其思想，终于建构起其系统的社会主义经济理论。

---

① 王杰：《陈云经济思想的理论贡献新探——从欠发达版块经济学角度的思考》，《中国社会科学院研究生院学报》2005年第3期。

② 同上。

第六章　邓小平的经济思想

包括经济理论在内的中国社会主义理论体系始于邓小平。其经济思想产生于 20 世纪 70 年代末 80 年代初，它是现时代世界潮流的理论反映，是对我国社会主义经济建设的经验和教训的科学总结，也是马克思主义经济理论在当代中国的新发展和马克思主义经济学中国化的里程碑。

第一节　邓小平经济思想体系框架

十五大正式提出"邓小平理论"这一科学概念，并列为中国共产党的指导思想之一。邓小平在党的十二大正式提出"建设有中国特色社会主义"的科学命题。中共十四大报告从九个方面完整地阐述中国特色社会主义理论体系。

而邓小平经济思想是邓小平理论和中国特色社会主义理论体系极其重要的组成部分。从社会主义经济学发展的视角来看，邓小平经济思想是在总结我国社会主义经济建设的历史经验、并借鉴其他国家社会主义经济建设兴衰成败的历史教训的基础上，是在我国改革开放和社会主义现代化建设的不断实践过程中，是在对当代世界经济格局变化的深刻把握上逐步地形成和发展起来的，从社会主义经济学的主题、内容及其体系来看，邓小平经济思想既是对马克思恩格斯创立的社会主义经济理论的坚持和继承，更是对他们的社会主义经济学理论的发展和创新。

邓小平经济思想正是在对社会主义经济学发展史上百年探索的重大时代课题，亦即在经济文化落后国家如何建设、巩固和发展社会主义经济关系的问题的探索中，提出了一系列具有创新性的理论观点，构筑了中国特色的社会主义经济理论体系框架，同时也把"马克思主义基本原理和中国社会主义实践相结合的政治经济学"推进到新的发展阶段。①

一 应以社会主义初级阶段为经济研究的出发点

社会主义初级阶段的理论是邓小平经济思想的重要组成部分和重要基石之一。社会主义初级阶段不是泛指任何国家进入社会主义都会经历的起始阶段，而是特指我国生产力落后、商品经济不发达条件下建设社会主义必然要经历的特定阶段。社会主义初级阶段的论断包括两层含义：一是我国已经进入社会主义社会，我们必须坚持而不能离开社会主义；二是我国的社会主义社会正处于并将长期处于初级阶段，我们必须正视而不能超越这个初级阶段。

党的十一届三中全会以后，随着解放思想、实事求是思想路线的恢复，我们党对社会主义发展问题有了比较系统的、科学的认识。邓小平认为："要充分研究如何搞社会主义建设的问题。……总起来说，第一，不要离开现实和超越阶段采取一些'左'的办法，这样是搞不成社会主义的。我们过去就是吃'左'的亏。第二，不管你搞什么，一定要有利于发展生产力。发展生产力要讲究经济效果。只有在发展生产力的基础上才能随之逐步增加人民的收入。我们在这一方面吃的亏太大了，特别是文化大革命这十年。要研究一下，为什么好多非洲国家搞社会主义越搞越穷。不能因为有社会主义的名字就光荣，就好。"②

针对当时中国社会经济发展的实际，邓小平指出："……至少有两个重要特点是必须看到的：一个是底子薄。帝国主义、封建主义、官僚资本主义长时期的破坏，使中国成了贫穷落后的国家。建国后我们的经济建设是有伟大成绩的，建立了比较完整的工业体系，培养了一批技术人才。我国工农业从解放以来直到去年的每年平均增长速度，在世界上是比较高的。但是由于底子太薄，现在中国仍然是世界上很贫穷的国家之一。中国的科学技术力量很不足，科学技术水平从总体上看要比世界先进国家落后二三十年。过去三十年中，我们的经济经过两起两落，特别是林彪、'四人帮'在一九六六年到一九七六年这十年对国民经济的大破坏，后果极其严重。现在我们要调整，也就是为了进一步消除这个严重的后果。第二

---

① 《邓小平年谱（1975—1997）》（下），中央文献出版社 2004 年版，第 1006 页。
② 《邓小平文选》第 2 卷，人民出版社 1994 年版，第 312—313 页。

条是人口多，耕地少。现在全国人口有九亿多，其中百分之八十是农民。人多有好的一面，也有不利的一面。在生产还不够发展的条件下，吃饭、教育和就业就都成为严重的问题。我们要大力加强计划生育工作，但是即使若干年后人口不再增加，人口多的问题在一段时间内也仍然存在。我们地大物博，这是我们的优越条件。但有很多资源还没有勘探清楚，没有开采和使用，所以还不是现实的生产资料。土地面积广大，但是耕地很少。耕地少，人口多特别是农民多，这种情况不是很容易改变的。……"①

总之，当代中国最基本国情就是：中国长期处于社会主义初期阶段，从这个最大的实际出发建设中国的社会主义，是我党经历艰难曲折的探索才得出的基本历史经验。邓小平强调指出："社会主义本身是共产主义的初级阶段，而我们中国又处在社会主义的初级阶段，就是不发达的阶段。一切都要从这个实际出发，根据这个实际来制订规划。"② 在社会主义初级阶段，我国社会的主要矛盾是人民日益增长的物质文化需要同落后的社会生产之间的矛盾，解放和发展生产力是社会主义的根本任务。坚持党的基本路线一百年不动摇，关键是要坚持以经济建设为中心不动摇，"其他一切任务都要服从这个中心，围绕这个中心，决不能干扰它，冲击它"③。

二 从和平与发展的时代角度高度阐明改革开放基本国策

邓小平站在当今时代主题替换和经济全球化的高度，提出了关于和平与发展是当今世界的两大主题的论断，为我国制定改革开放这一基本国策，奠定了坚实的基础。经验证明，发展是硬道理，关起门来搞建设是不能成功的，中国的发展离不开世界。发展正是贯彻邓小平理论体系的一条轴心线，是推动改革开放的动力。

如何发展，怎样发展，也是邓小平思索的重大问题。中国是一个发展中国家，发展科学技术对我国的经济发展和社会进步具有特殊的重要意义。经济现代化是全部现代化的关键，而科学技术现代化则是经济现代化的关键。从 20 世纪 70 年代开始，邓小平就始终关注世界科学技术发展的趋势及其对社会经济发展的影响。1978 年 3 月，他从 20 世纪科学技术和

① 《邓小平文选》第 2 卷，人民出版社 1994 年版，第 163—164 页。
② 《邓小平文选》第 3 卷，人民出版社 1993 年版，第 252 页。
③ 《邓小平文选》第 2 卷，人民出版社 1994 年版，第 251 页。

生产力发展的世纪出发，公开阐明"科学技术是生产力，这是马克思主义历来的观点"①，"没有科学技术的高速发展，也就不可能有国民经济的高速度发展"② 1988 年，他提出"科学技术是第一生产力"的论断，指出"世界在变化，我们的思想和行动也要随之而变。马克思说过，科学技术是生产力，事实证明这话讲得很对。依我看，科学技术是第一生产力"③。此外，同"科学技术是第一生产力"这个命题相联系，邓小平还提出了"中国要发展，离不开科学"，中国实现"四个现代化，关键是科学技术的现代化"，"抓科技必须同时抓教育"，"计划和市场都是发展生产力的方法"，"改革是中国生产力的必经之路"等一系列战略思想④。

中共十一届三中全会，邓小平作出了改革开放的战略性决策，停止使用"以阶级斗争为纲"这一口号，把党和国家的工作重点转移到以经济建设为中心的社会主义现代化建设上来。

改革开放是中国的第二次革命，是社会主义社会发展的动力，是邓小平经济理论的重要组成部分。一是要改革。摒弃束缚一国发展尤其经济发展的旧的生产体制和旧的上层建筑体制。邓小平指出："社会主义基本制度确立以后，还要从根本上改变束缚生产力发展的经济体制，建立起充满生机和活力的社会主义经济体制，促进生产力的发展，这是改革，所以改革也是解放生产力。"⑤ 二是要全方位地对内对外开放。"现在的世界是开放的世界。中国在西方国家产业革命以后变得落后了，一个重要原因就是闭关自守。建国以后，人家封锁我们，在某种程度上我们也还是闭关自守，这给我们带来了一些困难。三十几年的经验教训告诉我们，关起门来搞建设是不行的，发展不起来。关起门有两种，一种是对国外；还有一种是对国内，就是一个地区对另外一个地区，一个部门对另外一个部门。两种关门都不行。我们提出要发展得快一点，太快不切合实际，要尽可能快一点，这就要求对内把经济搞活，对外实行开放政策。"⑥ 在他看来，这一改革是一个长期的政策，最少50—70 年不会变。"我国将长期实行对外

① 《邓小平文选》第 2 卷，人民出版社 1994 年版，第 87—90 页。
② 同上书，第 86 页。
③ 《邓小平文选》第 3 卷，人民出版社 1993 年版，第 274 页。
④ 《邓小平文选》第 2 卷，人民出版社 1993 年版，第 48 页；第 3 卷，第 203、274 页。
⑤ 《邓小平文选》第 3 卷，人民出版社 1993 年版，第 134—135 页。
⑥ 同上书，第 64—65 页。

开放，愿意在和平共处五项原则的基础上，同世界一切国家建立、发展外交关系和经济文化关系。"① 与此同时，邓小平强调指出"像中国这样大的国家搞建设，不靠自己不行，主要靠自己，这叫做自力更生"。"在坚持自力更生的基础上……吸收外国的资金和技术来帮助我们发展。这种帮助不是单方面的。中国取得了国际的特别是发达国家的资金和技术，中国对国际的经济也会做出较多的贡献。几年来中国对外贸易的发展，就是一个证明。"②

邓小平还就改革开放作了战略部署。一是对内对外，向所有国家和地区的全方位有序的开放，建立经济特区→沿海开放城市→沿海开放区→内地开放模式和开放格局；二是发展对外贸易、大胆利用外资、引进先进技术和管理经验的技术管理人才。而判断改革开放的标准就是"三个有利于"，即是否有利于发展社会主义社会的生产力，是否有利于增强社会主义国家综合国力，是否有利于提高人民生活水平。

三 我国社会主义经济制度的本质和实现形式

经济制度是一定社会经济形态中占主导和支配地位的制度，它规定着这个社会经济形态的本质和主要特征，并决定着相应的政治制度和意识形态，而经济体制以及各种具体的所有制形态则是经济制度的实现形式。邓小平指出："我们拨乱反正，就是要在坚持四项基本原则的基础上发展生产力。为了发展生产力，必须对我国的经济体制进行改革……要发展生产力，经济体制改革是必由之路，对此我们有充分的信心。"③ 他依据马克思主义的基本原理，紧密结合我国社会主义初级阶段经济发展的实际，对社会主义经济制度的内在规定性即本质特征及其实现形式作了深刻阐述。

1. 社会主义生产资料所有制实现形式

邓小平同志通过对新中国成立以来我国社会主义经济建设的经验教训、分析我国基本国情的认真总结，提出了处于初级阶段的社会主义所有制结构只能是以公有制为主体，多种经济成分长期共同发展。同时，为了坚持公有制的主体地位，并发挥它在整个国民经济中的主导作用，邓小平同志

---

① 《邓小平文选》第 3 卷，人民出版社 1993 年版，第 70 页。
② 同上书，第 78—79 页。
③ 同上书，第 138 页。

还从理论上阐明了社会主义乃至社会主义公有制与市场经济体制的兼容性，结合我国经济体制改革中的主要问题对公有制的实现形式作了探索。

经济发展的基本问题是如何提高资源配置的效率。对于社会主义实行市场经济的问题，邓小平同志认为，社会主义和市场经济之间不存在根本矛盾，"说市场经济只存在于资本主义社会，只有资本主义的市场经济，这肯定是不正确的"①，"社会主义也可以搞市场经济"②，计划和市场都是社会主义国家发展生产力的手段和方法。"计划经济不等于社会主义，资本主义也有计划；市场经济不等于资本主义，社会主义也有市场。计划和市场都是经济手段。"③ 邓小平同志还认为，市场经济对社会基本经济制度不仅具有相对独立性，而且有依赖性，因为它是建立在不同的社会基本经济制度基础上的。市场经济"只要对发展生产力有好处，就可以利用。它为社会主义服务，就是社会主义的；为资本主义服务，就是资本主义的"。④

邓小平曾总结道："我们在改革中坚持了两条，一条是公有制经济始终占主体地位，一条是发展经济要走共同富裕的道路，始终避免两极分化。我们吸收外资，允许个体经济发展，不会影响以公有制经济为主体这一基本点。相反地，吸收外资也好，允许个体经济的存在和发展也好，归根到底，是要更有力地发展生产力，加强公有制经济。只要我国经济中公有制占主体地位，就可以避免两极分化。"⑤

2. 社会主义按劳分配实现形式

邓小平同志依据科学社会主义的基本原理，从我国社会主义经济发展的现实指出，按劳分配同公有制一样，也是社会主义经济制度的基本内容，它们都是社会主义经济制度区别于资本主义经济制度的"原则"。与以公有制为主体多种经济成分共同发展的所有制结构相适应，邓小平同志也对社会主义以按劳分配为主体多种分配方式并存的分配结构作了论述，对按劳分配实现过程中体现在收入分配上的"先富"与"后富"及"共同富裕"的关系作了理论与实践的探索，最终提出了允许和鼓励一部分

① 《邓小平文选》第2卷，人民出版社1994年版，第236页。
② 同上。
③ 《邓小平文选》第3卷，人民出版社1993年版，第373页。
④ 同上书，第203页。
⑤ 同上书，第149—150页。

人、一部分地区先富起来，先富带动后富，逐步达到共同富裕的发展战略。为此，他强调："讲按劳分配……这不仅是科学界、教育界的问题，而且是整个国家的重大政策问题。"① "我们提倡按劳分配，对有特别贡献的个人和单位给予精神奖励和物质奖励；也提倡一部分人和一部分地方由于多劳多得，先富裕起来。这是坚定不移的。"②

共同富裕理论是邓小平对马克思主义分配理论的重大发展，是区别于资本主义制度的根本标准，体现了社会主义的本质和优越性。"社会主义发展生产力，成果是属于人民的。就是说，在我们的发展过程中不会产生资产阶级，因为我们的分配原则是按劳分配。当然分配中还会有差别，但我们的目的是共同富裕。要经过若干年的努力，体现出社会主义的优越性，体现出我们走社会主义道路走得对。"③

如何认识社会主义基本制度尤其经济制度及其分配制度的本质，在当时是一个极需拨乱反正的重大原则和根本导向的重大问题。邓小平同志以他对社会主义理论与实践的长期思考和探索，根据现代世界与中国的社会经济发展的实际，把社会主义本质高度概括为"解放生产力，发展生产力，消灭剥削，消除两极分化，最终达到共同富裕"④。邓小平指出："富起来，逐步实现共同富裕在经济政策上，我认为要允许一部分地区、一部分企业、一部分工人农民，由于辛勤努力成绩大而收入先多一些，生活先好起来。一部分人生活先好起来，就必然产生极大的示范力量，影响左邻右舍，带动其他地区、其他单位的人们向他们学习。这样，就会使整个国民经济不断地波浪式地向前发展，使全国各族人民都能比较快地富裕起来。"⑤ 为此，他强调指出："我们要发展社会生产力，发展社会主义公有制，增加全民所得。我们允许一些地区、一些人先富起来，是为了最终达到共同富裕，所以要防止两极分化。这就叫社会主义。"⑥ 从而表明社会主义的两条根本原则，"社会主义有两个非常重要的方向，一是以公有制为主体，二是不搞两极分化。"⑦

---

① 《邓小平文选》第2卷，人民出版社1994年版，第51页。
② 同上书，第258页。
③ 《邓小平文选》第3卷，人民出版社1993年版，第255页。
④ 同上书，第373页。
⑤ 《邓小平文选》第2卷，人民出版社1994年版，第152页。
⑥ 《邓小平文选》第3卷，人民出版社1993年版，第195页。
⑦ 同上书，第138页。

四　围绕"三步走"的经济社会发展战略

中共十三大第一次提出"三步走"的经济社会发展战略，这是中国特色经济理论形成过程中的又一次重大突破。这一战略是包括经济、政治、文化和思想道德在内的，具有可操作性的务实的整体性战略，被称之为"4+1"的综合性的现代化发展目标。

一般认为，现代化是一个广泛的社会综合范畴，包括经济现代化、政治现代化、思想文化现代化、人的现代化等诸多方面。但是，在邓小平同志看来，经济现代化才是中国现代化的根本。因此，他敏锐地指出，要加紧经济建设，就是加紧"四个现代化"建设，而"四个现代化"集中起来讲就是经济建设。在我国生产力落后的基础上，要实现现代化这一项十分艰巨的事业，既肩负着对传统的工业化改造，又要迎头赶上世界新技术革命浪潮。中国是一个底子薄、人口多、耕地少的国家，这些国情都是对我国经济发展长期起制约作用的因素，是中国现代化建设必须要考虑的重要问题。① 正是基于中国这样的实际，邓小平对中国社会主义现代化建设提出了分"三步走"的发展战略。他强调指出："第一步，从1981年至1990年国民生产总值翻一番，解决人民的温饱问题；第二步，从1991年到20世纪末再翻一番，人民生活达到小康水平；第三步，到21世纪中叶，人均国民生产总值达到中等发达国家水平，人民生活比较富裕，基本实现现代化。"② 最终要把我国建设成为富强、民主、文明的社会主义现代化国家。

此外，为了更好地实现"三步走"的发展战略，邓小平同志还提出了一系列重要的战略思想，包括："一个中心，两个基本点"的战略布局；坚持以经济建设为中心，推动物质文明和精神文明协调发展，两手抓，两手都要硬；以重点带动全局，而战略重点是农业、能源、教育和科技；倾斜式发展，即从东部、中部、西部倾斜发展，梯级推进；抓住机遇，力争隔几年上一个台阶；从大局出发，促进地区协调发展；注重质量，讲求经济效益，实现速度和效益相统一；发展外向型经济等思想。③

---

① 《邓小平文选》第2卷，人民出版社1994年版，第259页。
② 《邓小平文选》第3卷，人民出版社1993年版，第251页。
③ 《邓小平文选》第1卷，人民出版社1989年版，第335页。

第二节　马克思主义经济学中国化的两大突破

邓小平经济思想的特征是把马克思主义经济学的经典理论与中国经济实际相结合，从而把马克思主义经济学中国化，尤其表现在对唯物史观有重大突破的社会主义改革开放思想，以及对马克思生产关系学说有重大突破的社会主义市场经济体制思想。

一　对唯物史观有重大突破的社会主义改革开放思想

改革开放是发展中国特色社会主义的强大动力，也是发展马克思主义、建立中国化马克思主义和构建中国特色社会主义理论体系的强大动力。"一切划时代的体系的真正的内容都是由于产生这些体系的那个时期的需要而形成起来的"（马克思语）。社会变革的需求，时代发展的呼唤，从来都是理论创新发展的动力之源。改革开放是当代中国最深刻的革命性变革，它在促进中国的经济体制由传统的计划经济体制向社会主义市场经济体制转型的过程中，必然要求马克思主义随着社会变革和时代进步而创新发展，其中包括对唯物史观有重大突破的社会主义改革思想。

改革是解决社会主义基本矛盾和解放生产力的正确途径。

马克思主义唯物史观的"硬核"就是社会基本矛盾学说，其基本观点就是：

第一，生产力和生产关系、经济基础和上层建筑——社会生产方式或社会经济形态是两者对立统一运动的产物——之间的矛盾构成社会的基本矛盾，并决定着社会生产方式和社会经济形态的演变、更迭和发展。

第二，在社会的基本矛盾运动中，生产力具有最革命、最活跃和最本源的属性，它是经济关系和社会关系得以确立的基础，并决定生产关系的性质、形式的方向，也是人类社会一切经济形式、经济关系、社会关系和社会制度发展变化的根本动力和源泉，因而生产力也是人类全部历史的基础。

第三，在社会的基本矛盾运动中，生产关系具有相对稳定性，但对生产力具有原生意义上的反作用力亦即推动作用或阻碍作用，或者在一定历史阶段顺应和推动生产力的发展，或者束缚生产力的进一步发展。

第四，作为生产关系总和的经济基础决定树立其上的上层建筑，而后者对经济基础又具有次生意义上的反作用力，或者在一定历史阶段与经济基础相适应并为经济基础服务，或者呈现巨大的制度惰性，成为经济基础、生产关系和生产力进一步发展和完善的桎梏。

第五，生产力的发展是社会基本矛盾运动内在的第一推动力；符合生产力发展本性的生产关系、经济基础和上层建筑，扮演生产力自身动力基础上的外在的第二推动力的角色；反之，则成为生产力内在动力的抵消力量，这就需要变革生产关系、经济基础和上层建筑。并且，生产关系、经济基础和上层建筑对生产力的推动力或反作用力，归根结底也要通过生产力自身的发展动力和内部矛盾运动来发挥作用。

第六，"社会革命"是解决社会基本矛盾通行的手段和方法。"社会的物质生产力发展到一定阶段，便同它们一直在其中活动的现存生产关系或财产关系（这只是生产关系的法律用语）发生矛盾。于是这些关系便由生产力的发展形式变成生产力的桎梏。那时社会革命的时代就到来了。随着经济基础的变更，全部庞大的上层建筑也或慢或快地发生变革。"① 但是，"无论哪一个社会形态，在它们所能容纳的生产力发挥出来以前，是决不会灭亡的；而新的更高的生产关系，在它存在的物质条件在旧社会的胎胞里成熟以前是决不会出现的。"② 奴隶社会、封建社会是如此，资本主义社会也是如此。

第七，关于未来共产主义、社会主义社会的生产关系和基本矛盾具有非对抗性质的思想，实际上是由马克思最早提出来的。在他看来，资本主义生产关系是"社会生产过程的最后一个对抗形式"，而"在资产阶级社会的胎胞里发展的生产力，同时又创造着解决这种对抗的物质条件"③。但是限于时代和历史环境的局限性，他们虽然多次概括以社会基本矛盾运动为核心的历史唯物主义一般原理，并且也对资本主义基本矛盾（生产的社会化与资本主义私人占有制的矛盾）及其运动的特殊性（如关于社会基本矛盾的对抗性和非相容性的思想，以及各国人民日益被卷入"世界市场网"，资本主义制度日益具有国际的性质，资本主义生产方式行程内的资本的自我扬弃、消极扬弃和积极扬弃等论断）作了深入的剖析，但是对社会主义基本矛盾的特殊性（其中包括非对抗性）及其解决途径

① 《马克思恩格斯选集》第2卷，人民出版社1972年版，第82—83页。
② 同上书，第83页。
③ 同上。

并未作深入的探讨。

中国的马克思主义者则对社会主义基本矛盾理论及其中国化进行长期艰苦的探索，初步解决了在中国社会主义初级阶段，什么样的生产关系、基本经济制度、经济体制和上层建筑能够最适合先进生产力的发展要求的问题，找到了并非诉诸社会革命而是通过深化改革尤其是体制改革这种解决社会主义社会基本矛盾的正确途径。

毛泽东同志突破国际共产主义运动中长期存在的，以"无冲突"、"无矛盾"为特征的斯大林模式的思想桎梏，明确肯定社会主义社会依然存在社会基本矛盾，并且具体分析了我国社会主义制度确立以后，生产关系和生产力、上层建筑和经济基础既相适应又不完全适应的情况，指出社会主义社会的矛盾可以经过社会主义制度本身不断地得到解决。并在20世纪50年代中期，以苏联经验为借鉴，对适合中国国情的社会主义经济管理体制作了初步的探索。但在以后的实际工作中，我们在相当长一段时间内把社会主义基本矛盾简单地归结为阶级矛盾，试图用政治运动甚至用"文化大革命"的形式来促进社会生产力的发展；或者不是从生产力发展状况而是单纯从生产关系出发来评判事物的性质（姓"社"姓"资"）和好坏优劣（姓"公"姓"私"），将生产关系标准置于生产力标准之上，简单地把社会主义同公有制、资本主义同私有制等同起来，把社会主义生产关系同资本主义生产关系的对立集中到所有制的对立上；或者把资源配置形式、经济体制等同于基本经济制度，等等。

邓小平同志第一次明确地以生产力为第一位的标准，从生产力和生产关系的辩证统一运动中阐述社会主义本质，指明：生产力的解放和发展，在社会主义社会生产力和生产关系矛盾运动中起决定作用，并且找到了体制改革这种解决社会主义基本矛盾的正确途径——"社会主义基本制度确立以后，还要从根本上改变束缚生产力发展的经济体制，建立起充满生机和活力的社会主义经济体制，促进生产力的发展"，并且把改革视为"中国的第二次革命"，通过改革解放生产力以及发展生产力都是实现中国社会主义现代化的必由之路，特殊也是社会主义制度自我完善和发展的路径，这是对唯物史观"硬核"的丰富和发展，是邓小平同志的崭新创造和重要贡献。

邓小平立足于"改革也是解放生产力"这一宏大的唯物主义发展观视角，提出了关于"改革是中国的第二次革命"的新的理论概括，即"改革的性质同过去的革命一样，也是为了扫除发展社会生产力的障碍，使中国摆脱贫穷落后的状态。从这个意义上说，改革也可以叫革命性的变革"①。中国的第一次革命，是指推翻帝国主义、封建主义、官僚资本主义"三座大山"和蒋宋孔陈"四大家族"并向社会主义制度过渡的新民主主义革命。一言以蔽之，革命是解放生产力，改革也是解放生产力，因此，改革是中国的第二次革命。所以，中国的经济体制改革，不仅仅是单一的资源配置方式或表层的经济运行机制的转换，而就其根本性质和作用来说，是革除那些不适应生产力发展要求的生产关系和上层建筑，改变一切不适应的管理方式、活动方式和思想方式，从根本上改变束缚生产力发展的经济体制，解放被旧体制束缚的生产力，因而是一场全面而深刻的触及社会基本矛盾、触及具体社会经济形态的大变革。

二　对社会主义经济体制理论的重大突破

邓小平在马克思主义经济发展和国际共运史上，率先大胆突破前人把计划经济和市场经济视为社会基本制度范畴的思想束缚，冲破了长期以来把商品经济、私有制与资本主义相等同，社会主义、公有制与市场经济相对立的思想枷锁，第一次提出了科学的社会主义市场经济理论，确认了建立社会主义市场经济体制的改革目标。

（一）社会主义市场经济体制的形成和建立

大致可划分为三个阶段，即经济体制改革起步阶段、全面推进阶段和初步建立阶段。在邓小平理论其中包括邓小平社会主义市场经济体制理论指引和邓小平直接指导下，社会主义市场经济得以在中国扎下根基，茁壮成长。

1. 经济体制改革起步阶段（1978—1984 年）

拨乱反正、解放思想是经济体制改革的先决条件和思想条件。这一阶段的标志是党的十一届三中全会（1978 年 12 月 18—22 日）。一是全会高度评价了针对"两个凡是"观点的关于真理标准问题的讨论，重新确立了"解放思想、实事求是"的思想路线。二是全会纠正了"以阶级斗争为纲"的错误方针，作出把全党工作的重点转到现代化建设上来和实行改革开放的决策，党的十一届六中全会通过的《关于建国以来党的若干历史问题的决议》（1981 年 6 月 27—29 日）为工作重心转移的部署提供了重要的理论支撑，即首次提出"我们的社会主义制度还是处于初级的

---

① 《邓小平文选》，人民出版社 1993 年版，第 113、135 页。

阶段"这一论断，并强调指出：在社会主义改造基本完成以后，我国所要解决的主要矛盾，是人民日益增长的物质文化需要同落后的社会生产之间的矛盾。三是在这一阶段，邓小平多次从理论上论证改革开放的必要性和必然性：要正确地改革同生产力迅速发展不相适应的生产关系和上层建筑，如果现在再不实行改革，我们的现代化事业和社会主义事业就会被葬送；要积极发展同世界各国的关系和经济文化往来，实行开放政策，学习世界先进科学技术。邓小平在中国共产党第十二次全国代表大会（1982年9月1—11日）所致的开幕词振聋发聩：把马克思主义的普遍真理同我国的具体实际结合起来，走自己的道路，建设有中国特色的社会主义。

这一阶段的另一个特点是改革主要在农村进行。1978年12月，安徽凤阳小岗村18户农民代表秘密签订契约，决定将集体耕地承包到户，搞大包干，此举实际上拉开了农村改革的帷幕。中共中央、国务院发出《关于广开门路，搞活经济，解决城镇就业问题的若干决定》（1981年10月17日），提出在社会主义公有制经济占优势的根本前提下，实行多种经济形式和多种经营方式长期并存，是我党的一项战略决策。1982年1月1日中共中央批转《全国农村工作会议纪要》，指出，目前农村实行的各种责任制，其中包括家庭联产承包责任制，都是社会主义集体经济的生产责任制。并且取消了从1958年开始实行的"政社合一"的人民公社制度，恢复了乡政权的建制。在经济政策方面，一是让农民休养生息；二是几次大幅度地提高农产品收购价格；三是乡镇企业崛起，使农村经济结构发生了历史性变化，走出了一条符合中国情况的农村逐步现代化的道路。城市改革只是初步的和试验性的，例如在深圳、珠海、汕头和厦门试办特区（1979年7月），《关于进一步扩大国营工业企业自主权的暂行规定》（1984年5月）扩大了国营工业企业10个方面的自主权。

2. 改革全面推进阶段（1984—1992年）

这一阶段开始的标志是中共十二届三中全会及其通过的《中共中央关于经济体制改革的决定》（1984年10月20日），真正具有石破天惊的突破性质。经济体制改革的重点由农村转向城市，进入以国有企业改革为核心、全面展开社会主义市场经济体制改革的阶段；而向下一阶段转折的标志以及中国经济体制改革目标的界定和确认，则是党的十四大（1992年）提出用邓小平同志建设有中国特色社会主义理论武装全党，明确经济体制改革的目标是社会主义市场经济体制。

改革的主要内容有三个方面：（1）增强企业、特别是国有大中型企业的活力，逐步使其成为相对独立的经济实体，成为自主经营、自负盈亏的社会主义商品生产者和经营者；（2）发展社会主义的商品市场，逐步完善市场体系；（3）国家对企业逐步由直接管理为主转向间接管理为主，建立新的社会主义宏观经济管理制度。这时的计划体制改革主要是大幅度减少国家指令性计划；商品流通体制改革主要是取消粮食、棉花等主要农副产品的统购派购制度，逐步减少直至取消主要农副产品和工业消费品的定量供应制度，生产资料也逐步扩大了市场调节的部分；价格体制改革主要是减少国家直接定价的商品数量，逐步扩大市场决定价格的部分；财政税收体制的改革，第一步是对国有企业用征税的办法代替全部利润上缴的办法，第二步是实行承包制。

这一阶段的突出特征是在理论和实践两个方面一直贯穿着关于计划与市场关系的艰辛探索和激烈而反复的争论。邓小平视察南方（1992 年 1 月 18 日—2 月 21 日）并发表重要谈话，科学总结了十一届三中全会以来党的基本实践和基本经验，对社会主义可不可以搞市场经济这个长期争论不休的问题，作了明确、透彻、精辟的回答。邓小平对社会主义市场经济体制的理论创新，是邓小平理论的重要内容，是对科学社会主义理论的新发展和新贡献。

社会主义市场经济理论所要解决的核心问题，就是要正确认识和处理计划与市场的关系与有机结合问题。我们党对计划与市场的关系的认识，随着改革实践的发展经历了一个逐步深化的过程。

十一届六中全会的《关于建国以来若干历史问题的决议》（1981 年）冲击了所谓把商品和市场与资本主义画等号的传统观念，肯定了社会主义存在商品生产和商品交换，这是一个历史性进步。

"计划经济为主，市场调节为辅"是在党的十二大（1982 年）提出的概念。虽然打破了长期以来将计划与市场视为水火不相容的正统观念，承认商品经济与计划是可以相容而不是相互排斥的，但在实际上仍把市场机制放在从属的补充作用的地位。

"公有制基础上有计划的商品经济"是十二届三中全会（1984 年）通过的《中共中央关于经济体制改革的决定》中提出的话语，首次将商品经济作为社会主义经济运行的基础框架，为全面展开经济体制改革提供了新的理论支撑点。邓小平把这个决定视为马克思主义的基本原理和中国社会主义实践相结合的政治经济学。这是我们党在社会主义经济理论方面的重大突破，也是改革理论的重大突破。

党的十三大（1987年）进而提出"社会主义有计划商品经济的体制应该是计划与市场内在统一的体制"，"新的经济运行机制，总体上来说应当是国家调节市场，市场引导企业的机制"。但是，这个提法还是没有解决计划与市场何者为主导的争论。党的十三届五中全会（1989年11月6—9日）中共十三届五中全会通过了《中共中央关于进一步治理整顿和深化改革的决定》，提出了"计划经济与市场调节相结合"的原则，这一提法又把主导的地位摆向计划经济。

邓小平南方谈话（1992年1—2月）对1976年以来改革开放进程做了科学总结，明确回答了多年来困扰和束缚人们思想的许多重大认识问题，例如从根本上解除了把计划经济和市场经济体制视为"社会基本制度"范畴的认识误区和思想羁绊，区分了基本"制度"与具体"体制"，为党的十四大（1992年10月）确立社会主义市场经济体制的目标模式最终扫清了理论上的障碍。

应该强调指出，经济理论界和研究机构的思想和政策主张，在改革开放全过程中是异常活跃的。在社会主义经济中商品生产和价值规律问题的讨论尤其计划与市场关系问题的讨论中，少数学者坚持社会主义经济的本质特征是计划经济。而赞同计划与市场两者是可以结合的学者，又推出各种各样具体的结合方式，其中包括"板块结合说"、"渗透结合说"、"板块—渗透多层次结合说"、"重叠立体结合说"、"胶体结合说"、"宏观微观结合说"、"两次调节说"等。限于篇幅之故，其详细内容是另外一本专著的主题。从某种意义上讲，他们的学术成果和政策建议是与党的思想路线、方针、政策上下互动的，后者是从群众中来到群众中去的产物，凝聚着广大人民群众的实践经验和思想理论界的研究成果。

同时，还应该强调指出，西方有识之士的颇具借鉴价值的经济学理论和政策建议也是中国社会主义市场经济体制产生的补充性来源。例如，匈牙利经济学家科尔奈的短缺经济学和经济协调机制模式、兼容理论和市场社会主义模式，弗里德曼的理论等。

3. 初步建立社会主义市场经济体制框架阶段（1992—2002年）

这一阶段开始的标志是党的十四次全国代表大会（1992年10月12—18日）。十四大通过的《关于十三届中央委员会报告的决议》明确将我国经济体制改革的目标，确定为建立社会主义市场经济体制。十四大通过的新的《中国共产党章程》也明确要求，要从根本上改革束缚生产力发展的经济体制，建立社会主义市场经济体制。十四届三中全会（1993年11月11—14日）作出《中共中央关于建立社会主义市场经济体制若干问题的决定》，制定了构建新经济体制的总体蓝图，其奋斗目标是在2000年初步建立起社会主义市场经济体制，到2010年形成比较完善的社会主义市场经济体制，到2020年使之成熟和定型；并且提出了立足于市场经济基础的综合配套的改革方案。国务院颁发《关于实行分税制财政体制的决定》（1993年12月15日）、《关于金融体制改革的决定》（1993年12月25日）、《关于进一步深化对外贸易体制改革的决定》（1994年1月11日）、《关于在若干城市试行国有企业破产有关问题的通知》（1994年10月15日）等一系列指导性政策文件。中共十四届四中全会系统阐述了正确处理改革、发展、稳定等社会主义现代化建设中的12个重大关系。1994年是全面推进改革的重要一年，在财税改革、金融改革、价格改革和外汇改革等方面，都迈出了重要的新步伐。中共十四届五中全会（1995年9月25—28日）通过的《中共中央关于制定国民经济和社会发展"九五"计划和2010年远景目标的建议》，继提出实施可持续发展战略（1994年3月25日）和科教兴国战略（1995年5月6日）之后，首次在党的正式会议上提出实行经济体制从传统的计划经济体制向社会主义市场经济体制转变，经济增长方式从粗放型向集约型转变这两个具有全局意义的根本性转变。

这一阶段经济体制改革的政策取向已由"计划抑或市场"的两难选择，转向什么是社会主义市场经济以及如何建立社会主义市场经济体制，即必须回答这样一个重要问题，我国经济体制改革的目标即社会主义市场经济体制具体框架是什么，如何建立？

党的十四大报告指出社会主义市场经济体制就是"要使市场在社会主义国家宏观调控下对资源配置起基础性作用"的体制。我国社会主义市场经济体制又具有不同资本主义市场经济体制的特点："社会主义市场经济体制是同社会主义基本制度结合在一起的。在所有制结构上，以公有制包括全民所有制和集体所有制经济为主体，个体经济、私营经济、外资经济为补充，多种经济成分长期共同发展，不同经济成分还可以自愿实行多种形式的联合经营。国有企业、集体企业和其他企业都进入市场，通过平等竞争发挥国有企业的主导作用。在分配制度上，以按劳分配为主体，其他分配方式为补充，兼顾效率与公平。运用包括市场在内的各种调节手段，既鼓励先进，促进效率，合理拉开收入差距，又防止两极分化，逐步实现共同富裕。在宏观调控上，我们社会主义国家能够把人民的当前利益与长远利益、局部利益与整体利益结合起来，更好地发挥计划和市场两种手段的长处。国家计划是宏观调控的重要手段之一。要更新计划观念，改进计划方法，重点是合理确定国民经济和社会发展的战略目标，搞好经济发展预测、总量调控、重大结构与生产力布局规划，集中必要的财力物力进行重要建设，综合运用经济杠杆、促进经济更好更快地发展。"

邓小平逝世于党的十五大召开前夕，但是在他的经济体制改革理论的指导下，党的十五大（1997年9月12—18日）得以顺利召开。十五大报告《高举邓小平理论伟大旗帜，把建设有中国特色社会主义事业全面推向二十一世纪》关于所有制和分配体制改革方面的经验总结和理论概括，是社会主义市场经济体制理论史上的重大突破。

一是首次提出公有制为主体多种所有制经济共同发展是中国社会主义初级阶段的基本经济制度，并提出非公有制经济是社会主义市场经济的重要组成部分；而不是"补充"、"拾遗补阙"，更不是"资本主义经济成分"。这是所有制结构理论的突破。

二是公有制的含义和实现形式理论的突破，强调所有制不能等同于所有制的实现形式，公有制实现形式可以而且应当多样化，应该致力于寻找能够与市场经济对接的、能够促进生产力发展的公有制的多种实现形式（例如股份制）。

三是对国有经济的地位和作用的重新认识，提出应主要从国有经济的控制力与质量上去考虑国有经济的主导作用，这是对仅仅从国有经济的数量比重上去考虑国有经济主导作用的传统观念的突破。

四是在分配理论上的重大突破，首次推出按劳分配和按生产要素分配相结合分配的原则。这一理论突破可以上溯到十三大推出的"以按劳分配为主体，其他分配方式为补充"的分配原则、十四届三中全会确立的"以按劳分配为主体、多种分配方式并存"的分配原则，下溯到十六大（2002年）提出的"劳动、资本、技术和管理等生产要素按贡献参与分配"的原则。它打破了长期以来否定按要素分配从而将其与按劳分配对立起来的正统观念。这一分配原则与十四大和十五大推出的"兼顾效率与公平"的收入分配原则相匹配，有助于打破平均主义的"大锅饭"、更加有效地提高资源配置效率，以及实现让一部分人先富起来和最终实现共同富裕的目标。

五是初步构建了社会主义市场经济体制的基本框架。这一崭新的社会主义经济形态已经从一纸理论设计蓝图变成了活生生的现实客体。其中包括现代企业制度、收入分配制度、社会保障制度；财政、税收、金融、外汇、计划和投融资体制，以及全国统一开放的市场体系、宏观调控体系和法律体系。

（二）两个统一性

1. 社会主义与市场经济的统一性

马克思主义创始人在对资本主义社会经济发展规律作出深入分析的基础上，曾经对未来社会主义经济具有的基本特征提出了这样的设想，即认为在社会主义取代资本主义以后，商品经济、货币关系将被消灭，社会主义经济的基本特征是产品经济。如恩格斯在《反杜林论》一文中就曾明确指出："一旦社会占有了生产资料，商品生产就将被消除，而产品对生产者的统治也将随之消除。社会生产内部的无政府状态将为有计划的自觉的组织所代替。"① 马克思、恩格斯对社会主义基本经济特征的这一最初设想，既是他们探索未来社会经济形态的理论成果，同时也成为以后社会主义实践者所遵循的理论原则。

十月革命胜利之后，社会主义作为一种现实的社会制度开始了其伟大的实践。但是，现实中，社会主义赖以建立的条件与马克思在当时所设想的条件有很大的差别。这就使社会主义在实践中不可避免地遇到诸多原来理论设想中所无法预料的问题。列宁作为一个伟大的革命家和实践家，在社会主义制度的最初实践中发展了马克思主义。列宁在总结了试图取消商品货币关系的"战时共产主义"的经验教训以后，很快就作出了实行"新经济政策"的决定，在整个社会中全面恢复商品货币关系，通过发展商品货币关系来巩固社会主义制度，实现社会主义的经济发展。

斯大林在领导苏联社会主义建设的过程中，对社会主义经济理论有着

---

① 《马克思恩格斯选集》第3卷，人民出版社1995年版，第633页。

重大的发展。在社会主义还存在全民所有制和集体所有制的条件下，商品生产和商品交换的存在有其客观必然性，这是斯大林对社会主义经济理论发展的最主要的内容。但是，斯大林的这一发展却是不彻底的，因为从本质上说，他还是把商品经济看作是与社会主义不相融的，他的这一思想在高度集中的计划经济体制中得到了最充分的反映，同时也影响了包括中国在内的社会主义国家几十年的实践。因此，在相当长的一段历史时间里，无论是马克思主义经济理论还是西方经济学，无论是西方政要还是国际共产主义运动高层都把计划经济等同于社会主义，把市场经济等同于资本主义。① 因而在确立了社会主义商品经济理论以后，社会主义不能搞市场经济的禁区仍然没有突破。

随着改革的深化，市场在资源配置和经济活动中应居于什么地位、如何定性、起什么作用已成为一个不可回避的问题，必须要从理论上加以解决。关于这一举足轻重、牵一发而动全局的重大问题，邓小平有一个逐步认识的过程。经过十几年的实践探索和理论思考，在1992年的南方谈话中系统地提出了关于社会主义市场经济的思想。根据邓小平的这一思想，党的十四大系统地提出了社会主义市场经济理论，从根本上解除了把计划经济和市场经济看作属于社会基本制度范畴的思想束缚，使我们党在计划与市场关系问题上的认识有了新的重大突破，实现了对马克思主义经济学的创新和发展。具体体现在以下几个方面：

（1）社会主义与市场经济的结合不会改变社会主义的经济性质

这一命题的确立是建立在对计划经济与市场经济基本认识的理论创新基础之上的。从社会化大生产的客观要求来看，任何社会都要解决好对资源进行高效率配置的问题。在人类社会的发展过程中，计划和市场是对资源进行配置的两种基本方式。作为资源配置的方式，它们本身不属于社会基本制度的范畴。社会主义与市场经济的结合，其实质是使市场在资源配置中起基础性作用，以更好地适应社会化大生产的要求，它不涉及社会经济性质的改变。这就从根本上打破了把计划经济与社会主义画等号，把市场经济与资本主义画等号的传统观念，为确立社会主义市场经济理论奠定

---

① 参见陈锦华《国事忆述》，中央党史出版社2005年版，第4章第5节"邓小平理论的成功实践和对撒切尔夫人的回答"。1991年英国前首相撒切尔夫人访问中国，她认为，社会主义与市场经济不可能兼容，社会主义不可能搞市场经济，要搞市场经济就必须实行资本主义制度，必须私有化。

了基本的前提。

（2）市场经济在总体上比计划经济更有利于发展生产力

计划与市场作为调节经济的两种手段，它们对经济活动的调节各有自己的优势和长处，但也有自身的不足和缺陷。在社会化大生产和存在着复杂经济关系的条件下，市场经济这一方式对促进经济的发展具有更强的灵活性、适应性和更显著的优势，因而也就具有更高的效率。社会主义经济发展几十年的教训和改革以来的新鲜经验，从实践层面上证实了这一点，从而也为确立社会主义市场经济理论提供了坚实的基础。

（3）社会主义市场经济体制是同社会主义基本制度紧密结合的

市场经济作为资源配置的一种方式虽然不具有制度属性，但是，它与社会主义相结合而形成的经济体制则必须体现社会主义基本制度的特征，这是一国经济发展的必然要求，同时也是一种挑战。把发展市场经济与坚持社会主义的基本制度有机结合起来，是建设中国特色社会主义经济的主要内容，也是社会主义市场经济与资本主义市场经济相区别的根本之点。社会主义也可以搞市场经济，但并不等于搞市场经济就是社会主义，只有在坚持社会主义基本制度的前提下走市场经济的发展道路，才是社会主义市场经济。因此，社会主义市场经济就其内涵来说，是坚持社会主义基本制度与走市场经济发展道路的统一。

邓小平创立的社会主义市场经济理论，第一次在社会主义经济理论中融入了市场经济的成分，确立了建立社会主义市场经济体制的改革目标，明确了计划与市场都是调节经济的手段和方法。实现了马克思主义经济学的又一次理论创新。这一理论发展使人们以一种全新的观点来看待社会主义经济，把对社会主义的认识提高到了一个新的水平。

2. 基本经济制度与多种经济成分的统一性

所有制问题是中国经济改革的核心和深层问题，从农村经济体制改革开始，到对国有企业改革的攻坚战，改革发展的每一步都绕不开所有制问题。众所周知，以往从马克思主义经典经济理论常常推论出"一大二公"作为判断所有制先进与否的标准。邓小平从经济发展的规律出发，实事求是地提出了"生产力标准"，并以此清除了当时人们所有制问题上的思想障碍，同时也使得理论界在所有制问题上取得了重大突破：一是在所有制结构方面，突破了社会主义只能是单一公有制的传统观念，提出要发展多种经济成分，发展非国有经济特别是非公有制经济。二是在公有制的含义和实现形式方面，突破了公有制只有国家所有制和集体所有制两种形式，以及公有制的实现形式只是国有企业和集体经济组织的传统观念，提出公有制可以有多种形式；同时公有制与公有制实现形式也应区别开来，股份制应成为公有制的主要实现形式。

（1）将非公有制经济从社会主义基本经济制度外移入到制度内，赋予了社会主义初级阶段的基本经济制度以新的含义。

所有制是经济制度的核心和基础，所有制性质决定着经济制度的性质，马克思主义的这一基本理论观点必须坚持。但是，我们又必须从社会主义初级阶段的实际出发，以是否有利于发展生产力作为判断标准，使建立基本经济制度的落脚点真正移到以有利于生产力发展的基点上。对社会主义基本经济制度的认识，必须从社会主义性质和初级阶段的国情出发，以"三个有利于"为根本标准。党的十五大把以公有制为主体、多种所有制经济共同发展作为我国社会主义初级阶段的一项基本经济制度，这是第一次从基本经济制度层次上对社会主义经济作出的新概括。

（2）要从多层面认识社会主义基本经济制度。

社会主义基本经济制度的内容既包括居于主体地位的公有制经济，同时也包括各种非公有制经济。深化对社会主义基本经济制度的认识，关键要解决好对私营经济的认识。改革开放以来，党和国家对私营经济和私营企业主在认识上完成了重要定位。这意味着这一经济成分和这一阶层在我国的法律地位、经济地位和政治地位都发生了重大的改变。

一是对私营经济的法律定位。

改革开放以后，随着我国对所有制结构的调整，非公有制经济得到了迅速发展。其中，私营经济这一成分的出现，无疑给人们的思想观念带来了很大的冲击。实践的发展，要求我们必须正视私营经济的存在和发展。1988年，全国人大七届一次会议通过了宪法修正案，对宪法第十一条增加规定："国家允许私营经济在法律规定的范围内存在和发展。私营经济是社会主义公有制经济的补充。国家保护私营经济的合法的权利和利益，对私营经济实行引导、监督和管理。"这就从法律上确立了私营经济在我国的合法地位。私营经济的这一法律定位，标志着我们对私营经济看法的一次根本性改变。私营经济在社会主义社会中的存在和发展，不再被看作是不合法的，它与其他的经济成分享有同等的法律地位。私营经济的合法地位确立以后，就开始走上了正常发展的道路。

二是对私营经济的经济定位。

从 20 世纪 80 年代末到党的十五大这 10 年左右的时间，是私营经济迅速发展的时期。面对实践的发展，必须从理论上回答私营经济在社会主义市场经济中处于什么地位。党的十五大立足于经济体制改革的新突破，对私营经济作出了新的经济定位：私营经济是社会主义初级阶段基本经济制度的一个构成内容。这一定位从理论上解决了私营经济发展的两个重大问题。

三是涉及私营经济与社会主义基本经济制度的关系问题。

如果说现阶段发展私营经济既符合初级阶段的实际，又符合"三个有利于"的标准，同时也符合社会主义本质的要求。这就没有理由把私营经济排除在社会主义初级阶段的基本经济制度之外。

四是涉及私营经济与社会主义市场经济的关系问题。

从社会主义市场经济发展的要求来看，需要在以公有制为主体的条件下发展多种所有制经济，需要发展私营经济来为社会主义服务。公有制经济与其他经济成分并存、共同发展而构成的混合经济，是社会主义市场经济的基本特征。无论是公有制经济的发展还是非公有制经济的发展，都是构成社会主义市场经济发展的要素。因此，把私营经济看作社会主义市场经济的重要组成部分，是对我国市场经济发展现状作出的一个符合客观事实的判断。

综上所述，在新的历史时期，邓小平同志坚持"解放思想，实事求是"的思想路线，根据马列主义、毛泽东思想的基本原理，密切结合当代中国社会经济发展的实际，对什么是社会主义，怎样建设社会主义，什么是发展，怎样发展，什么是社会主义经济体制，怎样构筑社会主义经济体制这些根本性问题作出了新的探索，第一次比较系统地初步地解决了像中国这样的经济文化落后的国家，如何建设、巩固和发展社会主义经济关系的一系列基本问题，初步构筑了中国特色的社会主义经济理论体系框架，为马克思主义经济学中国化作出了开创性的贡献。

第七章 "三个代表"重要思想体系中的经济思想

"三个代表"重要思想体系中的经济思想继承了邓小平的经济思想，并随着实践的发展进一步深化了对关于什么是社会主义、怎样建设社会主义，什么是发展、怎样发展等重大问题的认识；它大致经历了两大发展阶段，即从十四大到十五大经济改革时期，从十五大到十六大经济改革时期，从而成为中国特色社会主义理论体系中的重要组成部分。

第一节 概述

"三个代表"重要思想之中的经济思想主要涉及：公有制为主体、多种所有制共同发展的社会主义初级阶段的基本经济制度；建立社会主义市场经济体制；按劳分配为主体、多种分配方式并存的分配制度；深化国有企业改革，建立现代企业制度；高度重视农业、农村和农民问题；实施可持续发展战略；坚持区域经济协调发展战略等。

一 社会主义基本经济制度

（一）公有制为主体、多种所有制经济共同发展的基本经济制度

1997 年党的十五大报告，把以公有制为主体、多种所有制经济共同发展，确定为我国社会主义初级阶段的一项基本经济制度。这是我们党在总结了新中国成立以来，特别是改革开放 20 年来实践经验的基础上形成的重大决策，它对进一步深化我国生产关系的改革，建立比较完善的社会主义市场经济体制，具有重大的现实意义。它也标志着我们党对社会主义初级阶段基本经济制度的认识提升到了一个新高度。这一基本经济制度的形成有着深厚的制度和现实依据。

第一，公有制是社会主义经济制度的本质特征和基础。中国经历了几十年的社会主义实践，社会主义制度的优越性明显，制度根基牢固。因此，坚持公有制为主体，是社会主义经济制度区别于资本主义经济制度的主要标志，是社会主义制度优越性的经济根源。只有保持住公有制经济主体地位，才能保证社会主义方向；如果不能坚持公有制的主体地位，就不能巩固和发展社会主义基本制度。

第二，现阶段的生产力发展水平决定了我国只能实现公有制为主体、多种所有制经济共同发展的基本经济制度。历史唯物主义认为，生产关系取决于生产力的性质和发展水平，因此，生产力的发展水平必须和作为生产关系的所有制形式相适应。经过改革开放20多年的发展，虽然取得了一定的经济成果，但总体而言，人口多、底子薄，地区发展不平衡仍然是当前中国社会的现实。只有在以公有制为主体的条件下，允许和鼓励非公有制经济的存在和发展，适应生产力发展的要求，才能实现社会主义建设的宏伟目标。

第三，公有制为主体、多种所有制经济共同发展的基本经济制度，它是符合"三个有利于"标准的所有制形式。在社会主义初级阶段，社会的主要矛盾依然是人民日益增长的物质文化需要同落后的社会生产之间的矛盾，它将贯穿我国社会主义初级阶段的整个过程和社会生活的各个方面。那些认为在社会主义不能发展非公有制经济的主张，已被实践证明是不符合社会主义初级阶段实际的。

坚持公有制为主体、多种所有制经济共同发展的基本经济制度的科学内涵是：

一是坚持公有制的主体地位主要表现在两个方面：（1）公有资产在社会总资产中占优势地位；（2）国有经济控制国民经济命脉，对经济发展起着主导作用。国有经济所控制的行业主要包括国家安全、自然垄断、提供公共产品和服务，以及关系到国民经济命脉的行业。在公有资产在社会总资产中占优势的条件下，提高国有经济对宏观经济的调控能力。

二是多种所有制经济共同发展。这里非公有制经济包括个体经济、私营经济、混合所有制经济中的非公有制成分等。由于我国处于社会主义初级阶段，生产力总体水平不高，地区发展不平衡，社会主义市场经济的发展必然需要非公有制经济的存在，这是因为：第一，市场主体多元化是市场经济的必然要求，非公有制经济的存在和发展，提供了多种市场经济主体，是建立社会主义市场经济体制提供了不可缺少的条件；第二，通过市场竞争，能促进作为主体的公有制经济，特别是国有经济加速市场化改革，提高经营管理水平，增强市场竞争力；第三，外资企业的进入不仅给中国市场带来资金、先进的技术和管理经验，而且还会带来一些与社会化生产规律和市场经济体制相适应的经营方式和资本组织形式，这些都可以为我国公有制经济特别是国有经济的体制创新提供借鉴。

（二）公有制实现形式的多样化

十五大报告中提出"公有制实现形式"，将公有制与公有制实现形式进行了剥离。并且，公有制实现形式可以而且应当多样化。一切反映社会化生产规律的经营方式和组织形式都可以大胆利用；股份制是公有制的一种基本实现形式，股份制是现代企业的一种资本组织形式，有利于所有权和经营权的分离，有利于提高企业和资本的运行效率，资本主义可以用，社会主义也可以用。一方面，在市场经济的规则下，形成产权清晰、权责明晰、政企分开、管理科学的现代企业制度，为国有企业摆脱困境，提高经济效益，以及增强市场竞争和抗御风险创造可能；另一方面，国家和集体控股有利于扩大公有资产的支配范围，增强国有经济在国民经济中的控制力，从而发挥国有经济的主导作用。

（三）按劳分配为主体、多种分配方式并存的分配制度

公有制为主体、多种所有制经济共同发展的基本经济制度，决定了收入分配方式必然是以按劳分配为主体、多种分配方式并存的分配制度。

第一，按劳分配是社会主义经济制度的基本特征之一。按劳分配是与社会主义生产资料公有制相适应的分配方式，在社会主义初级阶段，按劳分配是主体分配方式。这是因为：一是在全社会范围的收入分配中，按劳分配所占比重最大，起着主导作用；二是在公有制经济范围内劳动者总收入中，按劳分配是最主要的收入来源。实现按劳分配也是推动社会主义市场经济发展的有效途径，一方面，按劳分配是将根据劳动者的劳动能力和劳动贡献量分配；另一方面，劳动者的按劳分配是与所在企业产品是否实现其市场价值相关联的，因此，在市场经济条件下，依然要承认劳动能力差别和企业经营管理差别所引起的劳动者利益分配差别。这也是社会主义条件下按劳分配的重要特征。

第二，按生产要素分配是社会主义初级阶段的一种分配原则。由于社会资源的有限性，社会经济的发展需要劳动、资本、土地、管理才能等这

些生产要素积极参与，这些生产要素来所创造的劳动成果和财富，在当代经济生活中发挥着越来越巨大的作用，很大程度上也决定中国市场经济改革的成败和前途。因此，必须对拥有这些生产要素的所有者予以一定的补偿，即这些生产要素参与收入的分配，这已成为市场经济的必然要求。

按劳分配和按生产要素分配同时并存在社会主义市场经济条件下并不矛盾。这是因为，从全社会范围看，公有制经济内部主要实现按劳分配，非公有制经济则实现按生产要素分配；从公有制经济范围看，在劳动者同时拥有资本、技术等生产要素的场合，他们既可获得按劳分配收入，也取得生产要素分配收入。

在收入和财富分配原则问题上，我们党始终坚持效率和公平兼顾的原则，这是建立和完善适应社会主义市场经济体制的分配制度的关键。效率是公平的基础，公平是效率的前提。十六大报告指出："坚持效率优先、兼顾公平，既要倡导奉献精神，又要落实分配政策，既要反对平均主义，又要防止收入悬殊。初次分配注重效率，发挥市场的作用，鼓励一部分人通过诚实劳动、合法经营先富起来。再分配注重公平，加强政府对收入分配的调节职能，调节差距过大的收入。"① 总之，实现共同富裕是社会主义的本质特征，也是中国社会经济体制改革的最终目的。

二 社会主义市场经济体制

作为中国改革开放的总设计师——邓小平，他在中国改革开放的关键时期，创造性地提出社会主义可以搞市场经济的思想，逐步破除人们对于计划经济与市场经济隶属于社会基本制度的思想束缚，解脱了姓"社"姓"资"的观念羁绊，使我们在计划与市场关系问题的认识上取得突破性的进展，为社会主义市场经济体制的目标模式奠定了理论基础，从而为经济体制改革目标的历史性突破提供了可能性。1993 年十四届三中全会通过的《中共中央关于建立社会主义市场经济体制若干问题的决定》，把十四大确立的建立社会主义市场经济体制目标和基本原则加以具体化和系统化，党的十五大（1997 年）、十六大（2002 年）在理论和实践的结合上，进一步丰富和发展了社会主义市场经济理论内涵，并且在实践中推动

---

① 《全面建设小康社会，开创中国特色社会主义事业新局面》，人民出版社 2002 年版，第 28 页。

了中国经济体制改革的进程。

（一）社会主义市场经济体制的基本特征

社会主义市场经济理论一方面是我国社会主义建设长期历史经验的总结，是改革开放实践发展的必然结果；另一方面也是多年来理论探索的宝贵成果。它是对马克思主义政治经济学重大理论创新，同时也为社会主义经济理论体系的形成开辟了新的道路。它的理论创新主要体现在以下两个方面：

第一，突破了把计划与市场作为制度属性的传统观念，把它们作为资源配置的手段和方式。首先，传统的马克思主义理论和西方经济学都将市场经济和计划经济看作分属于资本主义和社会主义两种不同社会制度的基本特征。将计划和市场看作体制性范畴，而非制度性范畴，认为它们是资源配置的方式和手段；市场经济与资本主义基本经济制度相结合，就是资本主义的市场经济；与社会主义制度相结合，就是社会主义的市场经济。这是一个突破。其次，计划和市场作为现代市场经济运行普遍采用的调节经济的手段。在市场经济发展过程中，人们逐步认识到市场是配置资源的有效手段，但它也有缺陷，需要由政府运用各种手段对宏观经济活动进行调节和控制。现代市场经济不是自由放任的市场经济，是有"计划"即国家干预的市场经济。最后，作为资源配置手段和方式的市场经济具有共性，即：经济关系市场化，所有经济活动主体都通过市场发生联系，一切经济活动都直接或间接地处于市场关系之中，全部生产要素都进入市场；企业行为自主化，所有企业都具有进行商品生产经营所拥有的全部权利；宏观调控间接化，政府不直接干预企业生产和经营的具体事务，而是通过调节市场引导企业生产经营活动，并弥补市场缺陷，保证市场经济的健康运行；经济运行法制化，一切经济活动方式和关系都以法律形式来规范，整个经济运行有一个比较健全和科学的法制基础。这些观点为社会主义市场经济体制的建立和完善提供了重要的理论基础。

第二，强调我国实行市场经济必须和社会主义基本制度结合在一起，阐明了社会主义市场经济的基本特征。社会主义市场经济理论的重大理论创新在于，一方面把市场经济与资本主义制度相分离，把它作为资源配置的手段和方式；另一方面又强调我们实行市场经济必须和社会主义基本制度结合在一起。社会主义市场经济不同于资本主义市场经济，具有其鲜明的特征：（1）在所有者结构上，以公有制为主体，多种经所有制经济共同发展，一切符合三个"有利于"的所有制形式都来为社会主义服务；各类不同的企业都进入市场国有经济在市场平等竞争中发挥主导作用。（2）在分配制度上，坚持按劳分配为主体、多种分配方式并存的制度。把按劳分配和按生产要素分配结合起来，坚持效率与公平相统一的原则。运用包括市场在内的各种有效的调节手段，既鼓励先进，允许一部分人依靠合法经营和诚实劳动先富裕起来，促进效率提高，合理拉开收入差距；又有效地防止两极分化，逐步使社会成员实现更高层次的共同富裕。（3）在宏观调控上，社会主义市场经济将社会主义经济制度的优势同市场经济的优势相结合，发挥市场经济在资源配置方面的基础性作用，同时通过宏观调控克服市场经济的盲目性、自发性等弱点和消极方面，并将人民的当前利益与长远利益、局部利益与整体利益结合起来，更好地发挥计划与市场两种手段的好处。

（二）社会主义市场经济的基本框架

1993年11月召开的党的十四届三中全会，通过了《中共中央关于建立社会主义市场经济体制若干问题的决定》，把十四大确立的建立社会主义市场经济体制目标和基本原则加以具体化和系统化，指出建立社会主义市场经济体制就是要使市场在国家宏观调控下对资源配置起基本性作用。要实现这一目标，必须坚持以公有制为主体、多种所有制经济成分共同发展，转换国有企业的经营机制，建立适应市场经济要求的，产权清晰、权责明晰、政企分开、管理科学的现代企业制度；建立全国统一开放的市场体系，实现城乡市场紧密结合，国内与国际市场相互衔接，促进资源的优化配置；转换政府管理经济职能，建立以间接手段为主的完善的宏观调控体系，保证国民经济的健康顺利运行；建立以按劳分配为主体，效率优先、兼顾公平的收入分配制度，鼓励一部分地区、一部分人先富起来，实现共同富裕；建立多层次的符合中国国情的社会保障制度，建立和健全以社会保障制度为内容的社会主义市场经济体制的基本框架。1997年，党的十五大则从社会主义基本经济制度和所有制结构的层次上，发展了社会主义市场经济理论内涵。

三 关于农村、农业和农民的经济思想

第三代中央领导集体在新的历史时期，从全局和战略的高度对农业重

要性有了新的审视，始终把农民问题视为我国革命、建设和改革的根本问题。

第一，农业的首要地位是由我国基本国情决定的。我国是一个农业大国，人口多耕地少，粮食成为一种具有战略意义的特殊商品，直接关系着人民和国家的安危。

第二，农业的首要地位是保持经济发展、社会稳定大局的需要。十一届三中全会以来，农村改革取得了历史性成就，农村经济的发展也促进了整个国民经济的发展，为城市改革和其他方面改革的顺利进行创造了有利条件、积累了重要经验。

第三，农业的重要地位是增强中国在国际竞争中地位的要求。虽然世界形势是趋于和平与发展的态势，但是强权政治和霸权主义还依然威胁着世界的和平与稳定。国际间围绕着粮食和农业的竞争也是非常激烈的，各国都通过各种政策保护和补贴来扶持本国农业，而且把它作为推行强权政治的战略武器。因此，只有坚持本国农业的基础地位，才能在激烈的国际竞争中立于不败之地。

第四，农业也要实行两个具有全局性的根本性转变，即经济体制要从计划经济向社会主义市场经济体制转变；经济增长方式要从粗放型向集约型转变，这是党中央、国务院在全面分析我国经济现状和发展趋势的基础上作出的重大决策。

一是实行以家庭联产承包为主的责任制，把集体经济单纯的统一经营，改变为统分结合的双层经营，是我国农民在党的领导下的伟大创举。应该大力推进和扶持农业产业化，提高农民进入市场的组织化程度和农业综合效益，同时国家也应在农业产业布局、科技投入、信息等领域积极探索扶持、保护、促进农业发展的新机制和方法的思想。

二是转变农村经济增长方式。一是要坚强农业科学技术研究，争取农业技术的重大突破；二是要加强农业技术的推广应用；三是要搞好农民的技术培训，使农民掌握现代科学技术。

1998年10月《中共中央关于农业和农村若干重大问题的决定》提出了加快农业和农村经济结构调整的新思路，指出："调整和优化农村经济结构，要着眼于世界农业科技加速发展的趋势和我国人多地少的国情，适应国内外市场，依靠科技进步，发挥区域比较优势，增强市场竞争能力，提高农村经济素质和效益。按照高产优质高效原则，全面发展农林牧副渔各业；重点围绕农副产品加工和发展优势产品，调整、提高农村工业；结合小城镇建设，大力发展第三产业。"① 因此，一是调整农产品结构，全面提高农产品质量，满足市场优质化、多样化需求。二是调整种养业结构，加快发展畜牧业和渔业，扩大农民的增收领域。三是调整农业布局结构，充分发挥区域比较优势，促进优势农产品区域布局。四是调整农村就业结构，大力发展农产品加工业，推动劳动力向第二、三产业转移，向小城镇转移，扩大农民就业和增收的空间。

四　国有企业改革

国有企业是我国国民经济的支柱。搞好国有企业改革，对建立社会主义市场经济体制和巩固社会主义制度，具有极为重要的意义。十四届三中全会通过的《中共中央关于建立社会主义市场经济体系若干问题的决定》，明确提出国有企业改革的方向是建立"产权清晰、权责明确、政企分开、管理科学"的现代企业制度。② 首先，对国有企业产权责任划分要清晰，明确出资人和资产；其次，根据国家作为出资者的资本额为限，承担对企业的有限责任，改变原来国家对企业的无限责任的状况；再次，政府将其社会经济管理职能与经营国有资产所有者职能分开，以及对国有资产的管理监督职能与运营职能分开，将企业的经营自主权交还给企业，企业也将其社会管理职能移交给政府；最后，国有企业要按照社会主义市场经济的要求，建立起科学的组织制度和管理制度，提高国有企业的市场竞争力、科技创新能力以及抵御风险能力。并且先后提出了一系列具体改革措施。

第一，从战略上调整国有经济布局。（1）坚持企业改革同改组、改造和加强管理有机结合起来，提高国有企业的整体素质和综合效果。改革国有企业经营管理机制，使其成为真正的市场经济微观主体；改组包括优化国有企业的存量资产、重组企业产权，调整企业组织结构，提高企业的市场竞争能力；改造就是加快企业技术更新改造的步伐，提高企业的素质。同时还要加强企业的质量管理、资金管理、成本管理、营销管理等，

---

① 《十四大以来重要文献选编》（上），人民出版社 1999 年版，第 568 页。

② 中共中央文献研究室编：《中国特色社会主义理论体系形成与发展大事记》，中央文献出版社 2011 年版，第 243 页。

向管理要质量、要市场、要效益。(2)"抓大放小",从整体上搞好国有企业。对国有企业实施战略性改组,也就是将国有资产逐步集中到关系国民经济命脉的关键领域和重要行业的优势骨干企业,提高国有经济的资源配置效率;对于一般中小型企业,国家则采取放开、放活的策略。

第二,建立和健全规范公司法人治理结构。公司法人治理结构是现代公司制的核心。国有企业改革的一个重要议题就是要解决所有权与经营权分离后企业"代理人"的激励与制约问题。要按照《公司法》,明确股东会、董事会、监理会和经理层的职责,使之各负其责、协调运转、有效制衡。应该建立和健全包括激励机制、监督机制、制约机制在内的公司法人治理机制。(1)改进国有企业内部法人治理机制:首先,解决国有企业改制前所有者缺位的问题;其次,实现多元股权结构,减少政府对企业的直接干预,通过法人持股的方式形成对企业代理人的有效约束;最后,还应建立适应市场化、长期性的企业的激励机制。(2)改进企业外部法人治理机制。(3)建立有效的经营者激励约束机制和公司监控体系。

第三,扩大就业渠道,解决国有企业下岗职工再就业和生活问题。这是"促进经济发展和社会稳定的重要保证,也是宏观调控的一项重要内容"。[①] 一是大力发展第三产业;二是大力发展非国有经济和中小企业;三是实行鼓励下岗职工的再就业的优惠政策;四是大力发展职业技术教育等措施。

五 发展战略经济思想

这里主要涉及科教兴国、可持续发展和区域经济三大发展战略。

(一)科教兴国战略

1995 年 5 月颁布的《中共中央、国务院关于加速科学技术进步的决定》第一次明确提出科教兴国战略:"科教兴国,是指全面落实科学技术是第一生产力的思想,坚持教育为本,把科技和教育摆在经济社会发展的重要位置,增强国家的科技实力及向现实生产力转化的能力,提高全民族的科技文化素质,把经济建设转移到依靠科技进步和提高劳动者素质的轨

---

① 《中共中央关于制定国民经济和社会发展第十个五年计划的建议》,人民出版社 2000 年版,第 25 页。

道上来,加速实现国家繁荣强盛。"① 党的十五大再次强调实施科教兴国战略的重要性:"科学技术是第一生产力,科技进步是经济发展的决定性因素。要充分估量未来科学技术特别是高技术发展对综合国力、社会经济结构和人民生活的巨大影响,把加速科技进步放在经济社会发展的关键地位,使经济建设真正转到依靠科技进步和提高劳动者素质的轨道上来。"②

实施科技兴国战略是全面落实邓小平关于"科学技术是第一生产力"思想的战略决策,是保证国民经济持续健康发展的根本措施,是实现社会主义现代化宏伟目标的必然选择,也是中华民族振兴的必然选择。

1993 年 2 月,中共中央、国务院转发了《中国教育改革和发展纲要》;1995 年 3 月,八届人大三次会议通过了《中华人民共和国教育法》,同年决定实施科技兴国战略;1999 年 1 月,《国务院转批教育部〈面向二十一世纪教育振兴行动计划〉的通知》(下);同年 6 月发布了《中共中央、国务院关于深化教育改革全面推进素质教育的决定》。强调"在当今世界上,综合国力的竞争,越来越表现为经济实力、国防实力和民族凝聚力的竞争。无论就其中哪一方面实力的增强来说,教育都具有基础性的地位"。③

总之,坚持把科技和教育摆在经济社会发展的重要位置,充分发挥它们在经济发展和社会进步中的巨大推动作用。这是我们建设社会主义现代化强国的历史使命所要求的紧迫任务,也是我们深入总结历史经验和全面观察世界经济、科技发展趋势所得出的必然结论。

(二)可持续发展战略

可持续发展战略是将经济社会发展与人口、资源、环境结合起来,相互协调,相互促进,为保证经济社会具有长久持续发展能力的统筹安排,这是第三代中央领导集体对经济社会发展战略的创新。1994 年,中国政府发表了《中国 21 世纪议程——中国 21 世纪人口、环境与发展白皮书》,这是中国认真履行有关国际义务的庄严承诺。

第一,实施可持续发展战略是中国现代化的必然选择。自改革开放以来,中国一直采取粗放型的经济发展模式,经济增长主要依赖于外延扩大

---

① 《十四大以来重要文献选编》(中),人民出版社 1997 年版,第 1344 页。
② 《十五大以来重要文献选编》(上),人民出版社 2000 年版,第 27 页。
③ 《十五大以来重要文献选编》(中),人民出版社 2000 年版,第 876 页。

的高投入、高消耗的增长方式，而这种发展模式已经不能适应当代经济社会的发展要求。

第二，实施可持续发展战略有利于发展社会生产力，体现社会主义制度的优越性。

第三，可持续发展战略的核心就是实现经济社会和人口、资源、环境的协调发展，实现三者良性循环。首先，要控制人口增长，提高人口素质。一方面，要控制人口规模，减轻人口过多对经济建设的压力，提高人均国民生产总值；另一方面，要努力提高包括人口素质、人口结构与分布等问题。只有从数量和质量上控制好人口规模和素质，才能使中国在日趋激烈的国际竞争中取得主动性。其次，合理利用资源也是实施可持续发展的重要课题之一。我国虽然是一个资源大国，但是有人均资源占有率低、自然资源分布不均等问题。因此，根据我国国情，在资源利用上，应将节约放在首位，提高资源利用效率，坚持在保护中开发、在开发中保护的原则。最后，经济发展与环境保护是相互依存、相互制约的关系。因此，要将传统的"资源消耗型经济"转变为"资源休养生息型经济"，制定和实施有利于节约资源的产业政策，完善生态建设和环境保护的法律法规，并加强政府职能部门的执法和监督功能。

（三）区域经济发展战略

西部大开发战略的理论依据是邓小平的"两个大局"思想和共同富裕的思想。改革初期，邓小平提出优先发展沿海地区经济，目的是促进全国的共同发展。在1999年之后"实施西部大开发战略，条件基本具备，时机已经成熟。实施这个战略是党中央总揽全局、面向新世纪作出的重大决策"①。它是促进经济落后的西部地区发展是实现区域经济协调发展和共同富裕目标的重大举措。

第一，要加快基础设施建设。西部地区有丰富的自然资源，但因基础设施落后使其难以摆脱贫困状态。因此，西部大开发战略中首要任务就是抓好基础设施建设，主要加强交通、通信、能源以及城市设施等方面建设。水资源保护和开发也是西部大开发的内容之一，它是农业和整个经济建设的生命线，要加强水资源开发和节约利用，进行重大的水利工程建设。

---

① 《十五大以来重要文献选编》（中），人民出版社2001年版，第1073页。

第二，加强生态环境保护和建设。西部地区地理条件差，高山多，优质土地少，气候多变，降雨量少，属于干旱和半干旱地区，这些恶劣的地理环境制约了西部地区的经济发展和开发。要有步骤、有计划地实施改善环境的建设，并将环境改造和当地经济发展和脱贫致富紧密结合，坚持生态效益和经济效益相结合，以生态效益为主。

第三，经济调整产业结构。中西部地区要适应发展市场经济的要求，必须加快改革步伐，充分发挥资源优势，积极发展优势产业和产品，使资源优势逐步转变为经济优势。在农业方面，积极发展特色农业；在工业方面，淘汰落后的工艺和生产能力，关闭那些浪费资源、技术落后、污染环境、质量低劣的企业，建设与地区资源相联系的主导产业，从而推动区域经济的发展。

第四，大力发展科技教育和加快人才开发。西部地区要立足于本地的实际情况，加快发展科技教育事业，加快普及九年义务教育，大力发展职业教育，积极发展高等教育。西部地区还要利用市场经济规律留住并吸引人才，要为人尽其才创造宽松的政策环境。

第五，积极培育西部新的经济增长点。一是深化西部地区国有企业改革，大力发展城乡集体、个体、私营和外资经济，逐步把企业培育成西部开发的主体。二是努力推进东西部之间多层次、多形式的协作。遵循互惠互利的原则，吸引东部地区的企业到西部投资和开发。三是依托亚欧大陆桥、长江水道、西南出海通道等交通干线，发挥中心城市作用，以点带面，有重点地推进开发。

第二节　经济思想评价

党的十一届三中全会开启了中国改革开放和现代化建设的航程。党的十四大以来，党的第三代中央领导集体，继承和发展邓小平经济理论，并在理论和实践上实现了社会主义经济理论的一系列创新。

一　社会主义经济体制和经济制度理论的创新

党的十四大提出的关于社会主义经济体制目标是建立"社会主义市场经济体制"的论断，这是对马克思主义社会主义经济理论的一次历史性创新与突破，从而把市场经济与资本主义制度相离析，将作为资源配置手段的市场经济与社会主义制度相结合，体现了体制上市场经济的一般特征，同时也表现出社会主义的鲜明制度特征。

党的十四届三中全会进而提出建立社会主义市场经济体制的基本框架和一系列改革措施，在实践中回答如何建立社会主义市场经济体制的问题。会议明确提出以公有制为主体的现代企业制度是社会主义市场经济体制的基础，也是国有企业改革的方向。在党的十五大报告和十五届四中全会通过的《中共中央关于国有企业改革和发展若干重大问题的决定》中，形成的国有企业改革的新思路，对于塑造社会主义市场经济的微观主体，实现国有企业与市场经济体制的结合起到了巨大的推动作用。他还提出关于如何正确处理社会主义经济中计划和市场的关系，以及在市场经济中如何处理政府、企业和市场关系问题等。党的十五大、十六大随着实践的发展，初步建立了社会主义市场经济体制。

体制的创新必然要求制度的创新，二者相辅相成、密切相关。概而言之：

第一，提出"公有制为主体，多种所有制经济共同发展，是我国社会主义初级阶段的一项基本经济制度"。这一理论创新体现了社会主义市场经济体制发展的要求，体现了经济制度和经济体制的统一。

第二，给"公有制经济"赋予新的内涵。这一新定义突破了原有公有制经济仅仅为单纯的国有经济和集体经济的观念，把混合所有制经济中的国有成分和集体成分也看作公有制经济的一部分。这一新表述改变了人们对公有制经济从单纯的数量优势扩展为从质和量的提高来重新界定公有制经济。它为国有企业转换经营机制、建立现代企业制度扩宽了道路；它也为扩大公有制经济的支配范围，增强公有制的主体地位提供了可能性。此外，江泽民将公有制与公有制实现形式区分开来，提出公有制实现形式多样化，以适应市场经济体制的要求，达到公有制为主体、发挥社会主义制度优越性的目的，成功地解决了公有制与市场经济体制的结合问题。

第三，关于非公有制经济是我国社会主义市场经济的重要组成部分论断。并从社会主义市场经济体制的角度对非公有制经济地位进行了新的界定。

党的十六大提出了中国特色社会主义十条基本经验，指出：统筹城乡经济社会发展。坚持和完善公有制为主体、多种所有制经济共同发展的基本经济制度。第一，必须毫不动摇地巩固和发展公有制经济。发展壮大国有经济,国有经济控制国民经济命脉,对于发挥社会主义制度的优越性,增强我国的经济实力、国防实力和民族凝聚力,具有关键性作用。集体经济是公有制经济的重要组成部分,对实现共同富裕具有重要作用。第二,必须毫不动摇地鼓励、支持和引导非公有制经济发展。个体、私营等各种形式的非公有制经济是社会主义市场经济的重要组成部分,对充分调动社会各方面的积极性、加快生产力发展具有重要作用。第三,坚持公有制为主体,促进非公有制经济发展,统一于社会主义现代化建设进程中,不能把这两者对立起来。各种所有制经济完全可以在市场竞争中发挥各自优势,相互促进,共同发展。

报告还指出:理顺分配关系,事关广大群众的切身利益和积极性的发挥。调整和规范国家、企业和个人的分配关系。确立劳动、资本、技术和管理等生产要素按贡献参与分配的原则,完善按劳分配为主体、多种分配方式并存的分配制度。[①]

总之,十四大以来,第三代中央领导集体,通过社会主义经济制度和经济体制的理论创新,基本解决了社会主义怎么搞市场经济、社会主义基本经济制度怎样与市场经济相结合的问题,丰富和发展了邓小平的社会主义市场经济理论。

二 社会主义发展阶段和发展战略的创新

从十一届三中全会到十三大,我们党正确分析国情,作出我国处于社会主义初级阶段的科学论断。党的十五大面对改革攻坚和开创新局面的艰巨任务,从历史发展的高度认真考察和分析当代中国国情,进一步丰富和发展了这一理论。首先,中国最大的实际就是将长期处于社会主义初级阶段,只有对本国国情有了统一认识和准确把握才能建设社会主义。其次,强调了社会主义初级阶段的长期性,以及分析了初级阶段的九大特征。最后,第一次系统地完整地提出并论述了党在初级阶段的基本纲领和基本路线。这些理论创新为我们在新形势下正确认识国情,制定正确的路线、方针和政策奠定了理论基础。同时它也是整个社会主义经济理论的基础。

关于社会主义初级阶段的新认识无疑进一步推动了社会主义经济发展

---

① 中共中央文献研究室编:《中国特色社会主义理论体系形成与发展大事记》,中共文献出版社 2011 年版,第 416—421 页。

理论的创新。

第一，在经济发展战略目标的制定上，完善和发展了"三步走"发展战略。党的十四届五中全会通过的《中共中央关于制定国民经济和社会发展"九五"计划和 2010 年远景目标的建议》明确提出：实现"九五"和 2010 年的奋斗目标，关键是实现两个具有全局意义的根本性转变，一是经济体制从传统的计划经济体制向社会主义市场经济体制转变，二是经济增长方式从粗放型向集约型转变。这一提法，第一次把生产关系的变革与生产力发展方式的转变统一起来，从全局意义的角度说明了转变经济增长方式的重要性，解决了我国在新形势下的经济发展方式的重大问题。为适应"两个转变"的要求，在党的十四大提出党的"调整和优化产业结构"基础上，党的十五大进一步提出要"调整和优化经济结构"的目标，这就是新世纪之初中国经济发展的大思路。

第二，在经济发展战略上的创新。其中包括：提出可持续发展战略，为我国经济和人口、资源、环境的协调发展奠定了基础；根据我国经济发展新阶段的要求，适时地提出了西部大开发战略，丰富和发展了邓小平关于"两个大局"的思想，并将之付诸实践。

三 马克思主义方法论的创新

理论的创新离不开马克思主义方法论的创新。

（一）对社会主义基本矛盾的新认识

其一，以生产力发展和解放为内在动力的社会基本矛盾运动是历史唯物主义的根本原理和中心问题，这个基本矛盾的运动决定着社会性质的变化和社会经济政治文化的发展方向，而生产力是社会发展的最终决定力量。其二，阐述了社会基本矛盾运动的一般规律：无论什么样的生产关系和上层建筑，都要随着生产力的发展而发展，如果它们不能适应生产力发展的要求，而成为生产力发展和社会进步的障碍，那就必然要发生调整和变革。同时又阐述了以非对抗性、基本适应又相矛盾为特征的社会主义基本矛盾运动的本质，即社会主义制度的建立和不断完善，为我国社会生产力的解放和发展打开了广阔的道路。其三，通过改革、调整和完善的办法自觉地认识、把握和处理社会主义基本矛盾，换而言之，我们现在面临的和可能遇到的矛盾和问题很多而且往往错综复杂、相互交织，但归根结底，是要正确认识和处理新的历史条件下解放和发展社会生产力与调整完善生产关系,根据经济基础的发展自觉改革和调整上层建筑中不相适应的部分。其四,进而在区分基本矛盾和主要矛盾的基础上,重申了中国初级阶段社会主义的主要矛盾即人民日益增长的物质文化需要同落后的社会生产之间的矛盾,强调只有牢牢抓住这个主要矛盾,才能清醒地观察和把握社会矛盾的全局,有效地促进各种社会矛盾的解决。社会生活的全面进步归根结底取决于主要矛盾的解决,取决于社会生产力的发展。同时,按照首先全力找出事物的主要矛盾、然后上升到基本矛盾层面这一解决矛盾的方法和路径,指出了这两大矛盾的同一性和关联性,实际上,主要矛盾是基本矛盾在各个发展阶段或者一定时空的具体表现形式。毋庸置疑,改革就是解决社会主义基本矛盾和主要矛盾的正确途径和唯一选择,有利于突破束缚生产力发展的体制性障碍,为国民经济和社会在新世纪的大发展提供强大动力和体制保障。

(二)不断从实践中总结经验,与时俱进地推进和丰富社会主义经济理论

党中央历来有重视经验总结的好传统。党的十四大(1992年)最先对14年改革开放经验进行了专题总结。十四大报告在题为"十四年伟大实践的基本总结"一节中指出:"十四年伟大实践的经验,集中到一点,就是要毫不动摇地坚持以建设有中国特色社会主义理论为指导的党的基本路线。这是我们事业能够经受风险考验,顺利达到目标的最可靠的保证。"并且提出"三个不动摇",即坚持以经济建设为中心不动摇,改革开放同四项基本原则统一起来不动摇,巩固和发展团结稳定的政治局面不动摇。

"基本历史经验十一条"(1998年)的提出,[①] 是对改革开放20年实践经验的总结:(1)必须坚持党的马克思主义的思想路线,即一切从实际出发,理论联系实际,实事求是,在实践中检验真理和发展真理。(2)必须全面、正确、积极地贯彻执行党在社会主义初级阶段的基本路线,即领导和团结全国各族人民,以经济建设为中心,坚持四项基本原则,坚持改革开放,自力更生,艰苦创业,为把我国建设成为富强、民主、文明、和谐的社会主义现代化国家而奋斗。这条基本路线成为建设有中国特色社会主义理论和实践的总纲。(3)必须把集中力量发展社会生产力摆在首要

① 中共中央文献研究室编:《中国特色社会主义理论体系形成与发展大事记》,中共文献出版社2011年版,第321—322页。

地位。（4）必须坚定不移地推进改革开放。（5）必须建立和完善适应生产力发展要求的经济制度和经济体制。（6）必须坚持建设有中国特色社会主义民主政治。（7）必须坚持物质文明与精神文明的共同进步。（8）必须维护和保持安定团结的社会政治局面。（9）必须为我国改革开放和社会主义现代化建设争取一个长期的和平国际环境。（10）必须把实现和维护最广大人民群众的利益作为改革和建设的根本出发点。（11）必须坚持、加强和改善党的领导。

党的十六大（2002年）提出了"十条经验"[1]。就是：

（1）坚持以邓小平理论为指导，不断推进理论创新。（2）坚持以经济建设为中心，用发展的办法解决前进中的问题。（3）坚持改革开放，不断完善社会主义市场经济体制。（4）坚持四项基本原则，发展社会主义民主政治。（5）坚持物质文明和精神文明两手抓，实行依法治国和以德治国相结合。（6）坚持稳定压倒一切的方针，正确处理改革发展稳定的关系。（7）坚持党对军队的绝对领导，走中国特色的精兵之路。（8）坚持团结一切可以团结的力量，不断增强中华民族的凝聚力。（9）坚持独立自主的和平外交政策，维护世界和平与促进共同发展。（10）坚持加强和改善党的领导，全面推进党的建设新的伟大工程。

这就验证、丰富和发展了马克思主义关于理论和实践关系的一条基本原理："现在一切都在于实践，现在已经到了这样一个历史关头：理论在变为实践，理论由实践赋予活力，由实践来修正，由实践来检验。"[2]

---

① 中共中央文献研究室编：《中国特色社会主义理论体系形成与发展大事记》，中共文献出版社2011年版，第416页。

② 《列宁专题文集·论社会主义》，人民出版社2009年版，第59—60页。

第八章 科学发展观体系中的经济思想

科学发展观体系中的经济思想的形成，经历了三大发展阶段。从 20 世纪 90 年代初到 2002 年党的十六大，这一时期是科学发展观体系中经济思想的酝酿和积淀时期；2002 年党的十六大到 2007 年党的十七大，是科学发展观体系中经济思想的形成和发展时期；2007 年党的十七大和 2012 年党的十八大，是科学发展观体系中经济思想成熟并不断展开时期，从而成为马克思主义经济学中国化的一个重要的路标。

第一节 概述

科学发展观构成了科学发展观体系中经济思想的核心，是其经济思想的集中体现。围绕着科学发展观而展开的一系列经济发展的战略思想和经济政策，包括转变经济发展方式、大力推进自主创新、建设创新型国家、建设社会主义新农村等，得以应运而生；而其中对于社会主义基本经济制度尤其社会主义市场经济体制的论断，既坚持了党的十一届三中全会以来逐渐形成的正确认识和论断，又结合新的时代特点提出了诸多新的理论诉求。

一 经济思想的基石

党的十七大报告明确指出，科学发展观，第一要义是发展，核心是以人为本，基本要求是全面协调可持续，根本方法是统筹兼顾。同时也指出："科学发展观是党的三代中央领导集体关于发展的重要思想的继承和发展，是马克思主义关于发展的世界观和方法论的集中体现，是同马克思列宁主义、毛泽东思想、邓小平理论和'三个代表'重要思想既一脉相承又与时俱进的科学理论，是我国经济社会发展的重要指导方针，是发中国特色社会主义必须坚持和贯彻的重大战略思想。"科学发展观构成了该经济思想的核心、基石和基本理念。中国作为发展中大国，经历改革开放后近30年的经济社会的发展，取得了巨大的发展成就。但同时，也付出了巨大的发展代价，粗放型的经济发展模式极大地削弱了经济社会的可持续发展能力。如何解决发展带来的"增长中的贫困"、"增长中的烦恼"或者"不带来好运"的经济发展问题，① 深化对"什么叫发展，怎样发展，为谁发展、依靠谁发展"等一系列问题的探索，实现经济社会向全面、协调、可持续的科学发展的向度转移，就成为当前经济社会发展的重大理论和实践问题。科学发展理念在不断地实践中，也在不断改变着当前中国经济向科学向度转型的约束条件和思想观念，指出了中国经济发展转型的方向和路径，拓展着中国经济发展转型的巨大空间。

科学发展观的第一要义是发展，也就是坚持把发展作为党执政兴国的第一要务，牢牢扭住经济建设这个中心，坚持聚精会神搞建设、一心一意谋发展，不断解放和发展社会生产力。同时，在如何加快发展问题上，包括要更加有效地实施科教兴国战略、人才强国战略、可持续发展战略，着力把握发展规律，创新发展理念，转变发展方式，破解发展难题，提高发展质量和效益，实现国民经济又好又快发展，进而为发展中国特色社会主义打下坚实的基础。

科学发展观的核心是以人为本。"以人为本"的提出，使科学发展观得到极大充实和提升。它使新的发展思路与我们党的性质和宗旨、党的执政理念和要求内在地联系在一起，赋予这种新的发展理念更加鲜明的人民性、科学性和时代性。西方先哲云："人是万物的尺度。"中国先哲曰："民惟邦本，本固邦宁。"马克思也认为，历史进步是社会发展和人的发展相统一的过程，整个历史也无非是人类本性的不断改变而已。一个国家，只有当它的人民获得了与现代化发展相适应的现代性，才可以真正称之为现代化的国家。"以人为本"这一理念的提出，为我们提供了一种全

---

① 联合国开发计划署发表的《1996年人类发展报告》在总结人类发展经验时，总结了五种"不带来好运"的经济增长：jobless（没有创造就业机会的经济增长）、ruthless（成果不能为社会共同分享的经济增长）、voiceless（没有发言权、没有推进民主政治发展的经济增长）、rootless（没有文化根基的经济增长，本民族的文化和传统逐渐消失），以及futureless（以资源浪费、环境破坏为代价的没有前途的经济增长）。详见《调整利益失衡 真正实现社会的公平正义》，载《瞭望东方周刊》2008年4月1日。笔者认为，还应该加上controlless（失控的增长）、independenceless（低头的增长即依附型增长）。这也是应该加以杜绝的两种病态的经济发展现象。

新的思想方法，为科学发展观奠定了坚定的理论基石。

科学发展观的基本要求是全面发展、协调发展、可持续发展。详而言之，"发展绝不只是指经济增长，而是要坚持以经济建设为中心，在经济发展的基础上实现社会全面发展。我们要更好地坚持全面发展、协调发展、可持续发展的发展观，更加自觉地坚持推动社会主义物质文明、政治文明和精神文明协调发展，坚持在经济社会发展的基础上促进人的全面发展，坚持促进人与自然的和谐"。①

科学发展观的根本方法是统筹兼顾。党的十六届三中全会，首次明确提出了"五个统筹"的思想，即要"统筹城乡发展、统筹区域发展、统筹经济社会发展、统筹人与自然和谐发展、统筹国内发展和对外开放"。这是对发展内涵、发展要义和发展本质的推进和创新。党的十七大报告进一步明确提出了科学发展观的根本方法是统筹兼顾。中国是一个发展中大国，经济社会发展中面临的各种情况错综复杂，必须要正确认识和处理中国特色社会主义建设事业中的若干重大关系，在做到"五个统筹"的同时，还要统筹中央与地方的关系，统筹个人利益和集体利益、局部利益和整体利益、当前利益和长远利益，充分调动各方面积极性。因此，统筹兼顾思想，也就成为我党在思考和推进我国经济工作进程中的根本方法，坚持了既总揽全局、统筹规划，又抓住牵动全局的主要工作、事关群众利益的突出问题。

二　关于社会主义基本经济制度和经济体制的思想

2003 年党的十六届三中全会通过了《中共中央关于完善社会主义市场经济体制若干问题的决定》，这个《决定》的制定，是关于科学发展观体系中经济思想的第一次完整系统的展示。这个文件深入阐述了关于社会主义经济制度和经济体制的基本思想，并在党的十六届五中全会、十七大、十七届四中全会、五中全会上，得到进一步展开和深化。

在十五大确认的社会主义基本经济制度的基础上，党的十七大报告，再次重申了必须"坚持和完善公有制为主体、多种所有制经济共同发展的基本经济制度，毫不动摇地巩固和发展公有制经济，毫不动摇地鼓励、

---

① 中共中央文献研究室编：《中国特色社会主义理论体系形成与发展大事记》，中央文献出版社 2011 年版，第 432—433 页。

支持、引导非公有制经济发展"。同时，特别强调要"坚持平等保护物权，形成各种所有制经济平等竞争、相互促进新格局"①。在党的十七届四中全会的《中共中央关于加强和改进新形势下党的建设若干重大问题的决定》中，重申了社会主义基本经济制度的鲜明特色，要求党员干部要自觉划清公有制为主体、多种所有制经济共同发展同私有化和单一公有制的界限。

1. 对公有制经济的认识和创新

坚持公有制的主体地位，是由社会主义的社会性质决定的。主要体现在如下几点。一是继承党的十五大以来对公有制实现形式的认识和判断，要大力发展混合所有制经济形式，使股份制成为公有制的主要实现形式。在党的十六届三中全会通过的《关于完善社会主义市场经济体制若干问题的决定》中指出："要适应经济市场化不断发展的趋势，进一步增强公有制经济的活力，大力发展国有资本、集体资本和非公有资本等参股的混合所有制经济，实现投资主体多元化，使股份制成为公有制的主要实现形式。"党的十七大报告使用了"以现代产权制度为基础，发展混合所有制经济"的表述。②二是要着重提高在公有制经济中起主导作用的国有企业的控制力。十六届三中全会通过的《决定》中，对此也作了专门的论述："需要由国有资本控股的企业，应区别不同情况实行决定控股或相对控股。完善国有资本有进有退、合理流动的机制，进一步推动国有资本更多地投向关系国家安全和国民经济命脉的重要行业和关键领域，增强国有经济的控制力。"③经过近5年的发展，2007年党的十七大报告在强调国有企业控制力的同时，还提出了要增强国有企业活力和影响力的问题，要"优化国有经济布局和结构，增强国有经济活力、控制力和影响力"。同时，对于集体经济，提出了关于推进集体企业改革，发展多种形式的集体经济、合作经济的要求。尤其要探索集体经济的有效实现形式，发展农民专业合作组织，各级党和政府要支持农业产业化经营和龙头企业发展。

2. 对非公有制经济的认识和创新

社会主义初级阶段的所有制结构问题的探讨，最根本的问题是如何正

---

① 《十七大以来重要文献选编》（上），中央文献出版社2009年版，第20页。
② 《十六大以来重要文献选编》（上），中央文献出版社2005年版，第466页。
③ 同上书。

确认识非公有制经济在我国经济中的地位和作用。改革开放前，由于对基本国情的认识超越了社会主义初级阶段的实际，总认为社会主义经济制度只能由社会主义性质的公有制经济构成，即使允许非公有制经济的发展，也只能是暂时的权宜之计。改革开放后，对这一问题的认识不断深化。从改革开放到党的十二大，开始肯定"劳动者的个体经济是公有制经济必要的补充"。经过 20 世纪 80 年代的实践发展，党的十三大把私营经济、中外合资合作经济、外商独资经济同个体经济一起作为公有制经济必要的和有益的补充。党的十四大根据实践的发展，进一步强调，多种经济成分长期共同发展，不是权宜之计，而是一项长期的方针。党的十五大在深刻总结改革开放以来所有制结构改革经验的基础上，第一次明确提出，公有制为主体、多种所有制经济共同发展，是我国社会主义初级阶段的基本经济制度，非公有制经济是我国社会主义市场经济的重要组成部分。十六大报告提出了"两个毫不动摇"的思想，在提出必须毫不动摇地巩固和发展公有制经济的同时，也明确提出必须毫不动摇地鼓励、支持和引导非公有制经济发展。十六届三中全会通过的《决定》对非公有制经济的发展提出了新的理论创见，其中包括清理和修订限制非公有制经济发展的法律法规和政策，消除体制性障碍。放宽市场准入，允许非公有资本进入法律法规未禁入的基础设施、公用事业及其他行业和领域。非公有制企业在投融资、税收、土地使用和对外贸易等方面，与其他企业享受同等待遇。支持非公有制中小企业的发展，鼓励有条件的企业做强做大。

国务院在十六届三中全会关于促进非公有制企业发展的思想的基础上，国务院在 2005 年出台了《鼓励支持非公有制经济发展的若干意见》，也称为"非公经济 36 条"，涉及鼓励非公有制经济发展的若干方面的内容，包括放宽市场准入，公平待遇。允许非公有资本进入法律法规未禁入的行业和领域，并在进入垄断行业、公用事业、基础设施、社会事业、金融服务业、国防科技工业等领域明确了改革方向和措施；改善金融服务，加大非公有制经济的财税支持；发展社会中介服务，完善社会服务体系，积极开展创业服务，支持开展企业经营者和员工培训；维护非公有制企业和职工的合法权益，完善私有财产保护制度，切实维护企业合法权益，保障职工合法权益，建立健全社会保障制度；引导企业提高自身素质，要求非公有制企业认真执行国家产业政策及市场准入规定，规范企业经营管理行为，鼓励有条件的企业做强做大，推进专业化协作和产业集群发展。这些措施极大地促进了非公有制经济的发展。

十七大报告进一步提出了坚持平等保护物权，形成各种所有制经济平等竞争、相互促进的新格局。并且针对当前非公有制经济发展中面临的深层次问题，强调要"推进公平准入，改善融资条件，破除体制障碍，促进个体、私营经济和中小企业发展"①。十七大报告针对一些垄断性行业存在的"玻璃门"现象和融资难问题，提出了深化垄断行业改革，引入竞争机制的新举措。应该承认，相对于一般竞争性领域，我国基础领域许多行业虽然都程度不同地有民间资本的进入，但国有资本依然处于控制地位。在没有完全实现政企分开的情况下，对处于自然垄断地位的行业或企业，政府部门往往利用行政权力，直接干预企业的经营活动，企业也往往借助于政府的权力，设置市场障碍，限制竞争，使自然垄断和行政垄断重合在一起。由行业壁垒和地方保护形成的行政垄断，严重影响建立统一市场和公平竞争，企业之间缺乏竞争，导致了效率低下和资源的浪费。因此，进一步深化垄断行业改革，必须实行政企分开、政资分开、政事分开，加快构造垄断行业的有效竞争格局，加快垄断行业建立现代企业制度的步伐，加快推动相关行业的法律建设，逐步建立和完善公开透明、监管有力的垄断行业监督管体系。2010 年国务院出台了《关于鼓励和引导民间投资健康发展的若干意见》，也被称为"新非公经济 36 条"。文件的推出对于整个非公有制经济的发展会起到重要的推动作用，有利于坚持和完善我国社会主义初级阶段基本经济制度，以现代产权制度为基础发展混合所有制经济，推动各种所有制经济平等竞争、共同发展；有利于完善社会主义市场经济体制，充分发挥市场配置资源的基础性作用，建立公平竞争的市场环境；有利于激发经济增长的内生动力，稳固可持续发展的基础，促进经济长期平稳较快发展；有利于扩大社会就业，增加居民收入，拉动国内消费，促进社会和谐稳定。

注重从法律层面保护经济政策的贯彻执行，这是把经济理论创新付诸实践的关键一环。2002 年 11 月，党的十六大提出，要"完善保护私人财产的法律制度"。2004 年 3 月，十届全国人大二次会议通过了宪法修正案，第一次把"公民的合法的私有财产不受侵犯"的概念写入中华人民共和国宪法，是中国对 25 年改革开放成果的一个接纳与肯定。公民的合

---

① 《十七大以来重要文献选编》（上），中央文献出版社 2009 年版，第 20 页。

法的私有财产不受侵犯写进宪法，是中国政治文明的进步，是社会发展的进步，是中国宪政制度的进步，也是对我国经济发展成就的肯定和保护。2007 年 3 月 16 日在十届全国人大五次会议高票通过《中华人民共和国物权法》（以下简称《物权法》），将宪法有关财产权保护方面的原则性规定细化、具体化，强调对公有财产和私有财产给予平等保护，"国家、集体、私人的物权和其他权利人的物权受法律保护，任何单位和个人不得侵犯。"《物权法》进一步完善了保护私有财产的法律制度规定，"私人的合法财产受法律保护，禁止任何单位和个人侵占、哄抢、破坏"。2007 年 10 月党的十七大报告中明确提出"坚持平等保护物权，形成各种所有制经济平等竞争、相互促进新格局"。《物权法》的通过和关于两个"平等"的重要论断，为非公有制经济的发展提供了历史性的机遇。

3．关于完善社会主义市场经济体制的思想

社会主义市场经济体制是逐渐确立和发展起来的。1992 年党的十四大提出了我国经济体制改革的目标取向是建立社会主义市场经济体制的论断，1993 年党的十四届三中全会通过了《中共中央关于建立社会主义市场经济体制若干问题的决定》，明确了建立社会主义市场经济体制的基本框架。经过 10 年的发展，到 21 世纪初，我国已经初步建立了社会主义市场经济体制，但这个体制还远不够完善。2003 年召开的十六届三中全会就专门研究了完善社会主义市场经济体制的问题，全会通过了《中共中央关于完善社会主义市场经济体制若干问题的决定》，根据实践发展的要求，对进一步完善社会主义市场经济体制提出了明确的目标和任务。

而在完善社会主义市场经济体制的目标和任务上，则要按照统筹城乡发展、统筹区域发展、统筹经济社会发展、统筹人与自然和谐发展、统筹国内发展与对外开放的要求，更大程度地发挥市场在资源配置中的基础性作用，提出要健全国家宏观调控体系，完善政府社会管理和公共服务职能，为全面建设小康社会提供强有力的体制保障。党的十七大报告再次强调了社会主义市场经济体制的作用："实现未来经济发展目标，关键要在加快转变经济发展方式、完善社会主义市场经济体制方面取得重大进展。"[1] 尤其要加强市场经济体制中的制度建设，"从制度上更好发挥市场在资源配置中的基础性作用"。

---

① 《十七大以来重要文献选编》（上），中央文献出版社 2009 年版，第 17 页。

而在完善社会主义市场经济体制的具体举措上，则提出了当前市场经济体制发展的一些重要论断和要求。这包括，建立健全现代产权制度，即归属清晰、权责明确、保护严格、流转顺畅，完善国有资产管理体制；进一步完善市场体系，规范市场秩序，包括加快建设全国统一市场，大力发展资本和其他要素市场，建立健全社会信用体系；继续改善宏观调控，加快转变政府职能，包括完善国家宏观调控体系，转变政府经济管理职能，深化投资体制改革；完善财税体制，深化金融改革，包括分步实施税收制度改革，推进财政管理体制改革，深化金融企业改革，健全金融调控机制，完善金融监管机制；推进就业、分配体制改革和完善社会保障体系，包括深化劳动就业体制改革，推进收入分配制度改革，加快建设与经济发展水平相适应的社会保障体系等。

同时，随着社会主义市场经济的发展，中共十六届四中全会通过的《中共中央关于加强党的执政能力建设的决定》（2004年9月）；中央经济工作会议（2004年12月），号召全党深化对科学发展观的认识，增长驾驭社会主义市场经济的本领；党的十七大报告又提出了关于完善社会主义市场经济体制的新要求。这就是要深化对社会主义市场经济规律的认识，从制度上更好发挥市场在资源配置中的基础性作用，形成有利于科学发展的宏观调控体系；加快形成统一开放竞争有序的现代市场体系，发展各类生产要素市场，完善反映市场供求关系、资源稀缺程度、环境损害成本的生产要素和资源价格形成机制。

三 关于社会主义经济发展战略的思想

1. 加快经济发展方式转变

所谓经济发展，是指在经济增长的基础上，一个国家或地区经济结构、社会结构持续高级化的进程和人口素质、生活质量、生活方式不断提高和文明化的过程。经济发展方式，则是实现经济发展的方法、手段和模式，其中不仅包含经济增长方式，而且包括结构（经济结构、产业结构、城乡结构、地区结构等）、运行质量、经济效益、收入分配、环境保护、城市化程度、工业化水平以及现代化进程等诸多方面的内容。转变经济发展方式，不仅要突出经济领域中"数量"的变化，更强调和追求经济运行中"质量"的提升和"结构"的优化。

党的十七大第一次明确提出了转变经济发展方式的要求：要"加快

转变经济发展方式，推动产业优化升级。这是关系国民经济全局紧迫而重大的战略任务"[①]。要加快推进"三个转变"即坚持扩大国内需求特别是消费需求的方针，促进经济增长由主要依靠投资、出口拉动向依靠消费、投资、出口协调拉动转变，由主要依靠第二产业带动向依靠第一、二、三产业协同带动转变，由主要依靠增加物质资源消耗向主要依靠科技进步、劳动者素质提高、管理创新转变。并将此前国民经济发展中一贯要求的"又快又好"发展转为"又好又快"发展。

科学发展观体系中的经济思想对我国经济发展的认识和理念，经历了一个由"增长"到"发展"转变过程，经历了一个"量"字优先到"质"字优先的转变过程。转变经济发展方式比转变经济增长方式具有更广泛、更深刻、更丰富的内涵，既包括了经济效益提高、资源消耗降低的要求，也包含了经济结构优化、生态效益改善、发展成果合理分配的要求。转变经济发展方式既要求从粗放型增长转变为集约型增长，又要求从通常意义的经济增长转变为全面协调可持续的经济发展。[②] 转变经济发展方式，其价值取向的核心是落实在经济发展的"质"上。它蕴含着转变经济增长方式，更含有结构、运行质量、经济效益、收入分配、环境保护、城市化程度、工业化水平以及现代化过程等诸多方面的内容。不仅突出经济领域中数量变化，更强调经济运行的质量提升和社会的和谐。转变经济发展方式就是要按照科学发展观的要求调整经济发展诸因素的配置方式和利用方式，把经济发展方式转变到科学发展的轨道上来，促进经济又好又快发展。有鉴于此，在 2010 年党的十七届五中全会上通过的"十二五"规划建议中，提出要把转变经济发展方式作为贯穿于"十二五"期间的一条主线。

2. 走新型工业化道路，推进产业结构调整

20 世纪 90 年代以后，世界开始步入信息社会的新时代，世界性信息技术对人类社会的影响已经超过了传统的工业化，信息产业对国民生产总值的贡献率不断上升，使信息化成为当今时代推进工业化发展的新动力。无论是发达国家还是发展中国家，都在积极应对信息化的挑战。面对世界

---

① 《中国共产党第十七次全国代表大会文件汇编》，人民出版社 2007 年版，第 21—22 页。

② 冷溶、夏春涛：《中国特色社会主义与全面建设小康社会》，社会科学文献出版社 2008 年版，第 139 页。

信息化浪潮的蓬勃兴起，中国共产党对工业化内涵和信息化关系的认识日趋成熟，认为"继续完成工业化是我国现代化进程中的艰巨的历史性任务"，而"信息化是当今世界经济和社会发展的大趋势，也是我国产业升级和实现工业化、现代化的关键环节"。因此，要在工业化、现代化的过程中，把推进国民经济和社会信息化放在优先位置，作为"覆盖现代化建设全局的战略举措"①。

2002年，党的十六大明确提出了要走新型工业化道路的要求。提出要坚持以信息化带动工业化，以工业化促进信息化，走出一条科技含量高、经济效益好、资源消耗低、环境污染少、人力资源优势得到充分发挥的新型工业化路子。中国特色新型工业化道路的提出和推进，表明我们抓住世界信息化浪潮方兴未艾的历史机遇，告别外延型、粗放型的传统工业化道路，努力探索以信息化和可持续发展推动中国工业化为主要内容的中国特色新型工业化跨越式发展道路。新型工业化道路的突出特点是，以信息化和工业化的融合互动发展，实现生产力的跨越式发展。这是中国共产党在推动工业化发展中的一次重大的理念飞跃，也充分体现了全面、协调、可持续的发展要求，体现了科学发展观的发展理念。它既突破了中国过去外延型、粗放型的传统工业化发展模式，又超越了"先污染，后治理"和"先工业化，后信息化"的西方传统工业化发展模式。

走中国特色新型工业化道路，必须紧紧抓住经济结构战略性调整这条主线，着力推进经济结构优化。这是科学发展观体系中的经济思想的亮点。改革开放以来，我国出现了以高增长行业推动经济进入高增长周期的过程，形成了结构变化推动经济增长的格局。这些产业结构转变都与居民的消费结构升级相关，形成了消费结构升级推动产业结构升级的发展规律。但是，近年来随着经济的不断增长，各种深层体制性矛盾、结构性矛盾、资源短缺和人民福利增长缓慢等问题也不断涌现，危及中国经济增长的可持续性和质量。究其原因，中国经济增长的模式在很大程度上还是粗放式的，经济结构以制造业为主，但制造的产品往往是没有自主的知识产权，没有自己的品牌和营销体系。高速增长的经济中有相当一部分收益通过资本收益、知识产权收益、品牌收益以及高附加值的现代服务业收益流到国外。由此中国经济在高速增长的同时出现了很多矛盾的现象：GDP

① 《十五大以来重要文献选编》（中），人民出版社2001年版，第1371、1377页。

的增长与人均可支配收入的增长不相称；GDP 的增长与内需的增长尤其是国内居民消费增长不相称；服务业的增长与工业的增长不相称；GDP 的增长与就业的增长不相称；工业增长一枝独秀导致能源消耗和环境污染超出了我们的承受能力。因此，我们必须反思经济增长的结构问题、质量问题和人民的福利问题。

　　针对我国经济结构中存在的突出问题，党的十七大报告作出了发展现代产业体系的部署，提出了我国产业结构优化升级的方向。报告认为，要发展现代产业体系，大力推进信息化与工业化的融合，促进工业由大变强，振兴装备制造业，淘汰落后生产能力。并据此提出，要提升高新技术产业，发展信息、生物、新材料、航空航天、海洋等产业。同时，要发展现代服务业，提高服务业比重和水平；加强基础产业基础设施建设，加快发展现代产业和综合运输体系，逐渐形成全面发展的产业格局。

　　3. 重视自主创新在我国经济发展中的根本驱动作用，建设创新型国家

　　当今世界，科学技术在一国经济社会发展和国与国之间综合国力竞争中的作用越来越突出和明显。一国能否在激烈的市场竞争中立于不败之地，越来越取决于科技进步的速度和自主创新的能力。应该把自主创新从一般性的战略号召上升到战略实施的新高度，上升到国家战略层面。"建设创新型国家，核心就是把增强自主创新能力作为发展科学技术的战略基点，走出中国特色自主创新道路，推动科学技术的跨越式发展；就是把增强自主创新能力作为调整产业结构、转变增长方式的中心环节，建设资源节约型、环境友好型社会，推动国民经济又快又好发展。"[1] 党的十七大更加注重提高自主创新能力，"提高自主创新能力，建设创新型国家。这是国家发展战略的核心"[2]。

　　自主创新，既可以理解为一种国家战略和发展道路，也可以理解为一种科技创新方式，是我国经济社会发展和综合国力增强的重要支撑和战略基点。改革开放以来，我国科技取得了较大的进步，经济得以快速发展。但从总体看，科技发展主要通过大规模引进技术和外国投资，以市场换技

---

　　① 中共中央文献研究室编：《中国特色社会主义理论体系形成与发展大事记》，中央文献出版社 2011 年版，第 477 页。

　　② 《十六大以来重要文献选编》（上），中央文献出版社 2009 年版，第 17 页。

术等方式来促进传统产业的技术改造和结构调整。随着我国科技经济实力的不断增强，科技经济出现了新的发展"瓶颈"：科技自身原始性创新匮乏，科学研究的质量不高，创新尖子人才不足，科技投入与发达国家相比有较大差距；产业发展的关键技术自给率低，高科技含量的关键装备基本上依赖进口，大部分产业整体处于国际分工和全球产业链的低端；经济增长和发展粗放的局面没有扭转，能源和环境危机依然严重。从全球看，在科技的推动下，人类社会正表现出新的发展特征：以知识为基础的社会正在加速形成，经济全球化进程不断深化，可持续发展成为各国的共同选择，人类的发展比以往任何时候都需要紧急依靠科技创新。

我国当前科技发展进程中存在问题与不足，这是不争的事实。我国科技的总体水平同世界先进水平相比仍有较大差距，同我国经济社会发展的要求还有许多不相适应的地方，主要是：关键技术自给率低，自主创新能力不强，特别是企业核心竞争力不强；农业和农村经济的科技水平还比较低，高新技术产业在整个经济中所占的比例还不高，产业技术的一些关键领域存在着较大的对外技术依赖，不少高技术含量和高附加值产品主要依赖进口；科学研究实力不强，优秀拔尖人才比较匮乏；科技投入不足，体制机制还存在不少弊端。因此，面对新时期世界经济、科技的发展趋势以及我国经济社会建设对科技的需求，需要调整科教兴国战略思想，逐步摆脱资源依赖型和对外依附型的发展模式，走上一条真正以科技创新为内在动力，推动经济社会协调发展的创新型发展道路。

4. 统筹城乡经济发展，建设社会主义新农村

建设社会主义新农村即"五个统筹"之一的统筹城乡发展的重要举措。

农业、农村、农民问题，关系党和国家事业发展全局，是全面建设小康社会建设进程中的关键问题。中共十六届四中全会不失时机地提出关于"两个趋向"问题。以前在工业化初期，农业支持工业是一个普遍的趋向；现在要适应我国工业化发展阶段和政策趋向的变化，按照工业反哺农业、城市支持农村这一新的普遍的趋向，切实把农业和农村经济发展放到国民经济全局中统筹安排，作出了建设社会主义新农村的战略部署。十六大之后，中央多次强调把解决好"三农"问题作为全党工作的重中之重，并提出了建设社会主义新农村的总要求，即生产发展、生活宽裕、乡风文明、村容整洁、管理民主。这五句话20字的新农村建设要求，内涵丰富，

不仅勾画了现代化农村的美好图景，而且提出了解决"三农"问题的系统思路。

党的十七大之后，我国总体上已进入以工促农、以城带乡的发展阶段，进入加快改造传统农业、走中国特色农业现代化道路的关键时刻，进入着力破除城乡二元结构、形成城乡经济社会一体化格局的重要时期。应该"把建设社会主义新农村作为战略任务，把走中国特色农业现代化道路作为基本方向，把加快形成城乡经济社会发展一体化新格局作为根本要求"。[①] 并且通过加强农村制度建设、积极发展现代农业、加快发展农村公用事业等途径来解决。

5. 促进区域经济协调发展

中国地域辽阔，由于历史、地理位置及经济基础等原因，各级经济发展水平差异很大。在这种情况下，统筹区域发展，促进区域经济协调发展，就成为我国经济社会发展的一个重要原则。改革开放以来，各地区都有很大发展，但地区发展的差距也在不断扩大。统筹区域发展，缩小区域发展差距，不仅是经济问题，也是政治问题，不仅关系现代化建设的全局，也关系社会稳定和国家的长治久安。

我国区域经济的协调发展，主要是处理好东部和中西部的关系、沿海和内地的关系。党的十一届三中全会后，以邓小平为核心的党的第二代中央领导集体，为我国制定了"三步走"的发展战略，提出了包括促进东西部地区经济合理布局和协调发展的"两个大局"思想，实施"允许一部分地区、一部分人先富起来"的发展战略。这一战略的实施，推动形成了对国民经济整体增长具有强大带动力的经济核心区，推动了国民经济持续快速发展。但同时，与全国经济社会快速发展相伴随，不平衡、不协调的问题越来越突出地表现出来，东西部地区之间、城乡之间的发展差距不断扩大，区域分工弱化，不同区域产业结构雷同，造成重复建设和资源浪费，环境问题也越来越突出。

统筹区域经济协调发展的思想凸显其重要性和迫切性。2005 年，党的十六届五中全会在总结区域发展布局的基础上，第一次明确提出了区域发展的总体战略：继续推进西部大开发，振兴东北地区等老工业基地，促进中部地区崛起，鼓励东部地区率先发展。全会通过的《中共中央关于

---

① 《十七大以来重要文献选编》（上），中央文献出版社 2009 年版，第 671—672 页。

制定国民经济和社会发展第十一个五年规划的建议》对此战略作出了具体的描述："西部地区要加快改革开放步伐，加强基础设施建设和生态环境保护，加快科技教育发展和人才开发，充分发挥资源优势，大力发展特色产业，增强自我发展能力。东北地区要加快产业结构调整和国有企业改革改组改造，发展现代农业，着力振兴装备制造业，促进资源枯竭型城市经济转型，在改革开放中实现振兴。中部地区要抓好粮食主产区建设，发展有比较优势的能源和制造业，加强基础设施建设，加快建立现代市场体系，在发挥承东启西和产业发展优势中崛起。东部地区要努力提高自主创新能力，加快实现结构优化升级和增长方式转变，提高外向型经济水平，增强国际竞争力和可持续发展能力。"① 2010 年党的十七届五中全会通过的《中共中央关于制定国民经济和社会发展第十二个五年规划的建议》中，再次提出了实施区域发展的总体战略，提出要把实施西部大开发放在区域发展总体战略优先位置，给予特殊政策支持，加大支持西藏、新疆和其他民族地区发展力度。同时，还提出要更好发挥经济特区、上海浦东新区、天津滨海新区在改革开放中先行先试的重要作用。这些要求不仅指明了西部、东北、中部和东部地区的总体战略布局，而且指明了各地区的发展重点。这些规定是依据我国当前各区域发展现状和特点提出的，明显体现了优化资源配置、发挥比较优势、加快发展的要求，更体现了加快经济欠发达地区经济发展，实现区域协调发展的要求。

此外，十六届五中全会首次提出按照功能区构建发展格局的思想，提出各地区要根据资源环境承载能力和发展潜力，明确不同区域功能定位，制定相应的政策和评价指标体系，逐步形成各具特色的区域发展格局。党的十七大（2007 年）在党的历史上第一次把建设生态文明作为一项战略任务明确载入党的文件，把建设资源节约型、环境友好型社会放在工业化、现代化发展战略的突出位置。2010 年党的十七届五中全会通过《中共中央关于制定国民经济和社会发展第十二个五年规划的建议》，明确提出了实施主体功能区战略。提出要按照全国经济合理布局的要求，规范开发秩序，控制开发强度，形成高效、协调、可持续的国土空间开发格局。建议指出："对人口密集、开发强度偏高、资源环境负荷过重的部分城市化地区要优先开发。对资源环境承载能力较强、聚集人口和经济条件较好

---

① 《十六大以来重要文献选编》（中），中央文献出版社 2006 年版，第 1071 页。

的城市化地区要重点开发。对影响全局生态安全的重点生态功能区要限制大规模、高强度的工业化城镇化开发。对依法设立的各级各类自然文化资源保护区和其他需要特殊保护的区域要禁止开发。"① 区域发展总体战略和主体功能区战略构想，有利于打破按行政区配置社会生产资源为主的格局，并逐步转向按经济区域配置资源为主。这对于优化配置资源，实现经济社会长期可持续发展，具有重要和深远的意义。

第二节　经济思想评价

一　从总体上把握和推进马克思主义经济学的中国化

科学发展观体系中的经济思想的一个重要特征就是，注重从整体观点和普遍联系观点分析和解决经济问题。要在经济建设与政治建设、文化建设、社会建设的总体布局中考虑经济发展问题，把发展问题看成是包括经济发展在内的整体社会发展，极大地拓展了经济发展的外延，拓宽了人们分析经济问题的视野；注重经济问题的整体解决，重视经济发展的长期性、协调性和可持续性，"五个统筹"的思想涵盖了城乡、区域、经济与社会、人与自然、国际与国内等诸多方面。

其一，从中国特色社会主义这一总体上把握和推进马克思主义经济学中国化进程。党的十八大对中国特色社会主义作了新的阐述。中国特色社会主义的特色，就是由道路（实现途径）、理论体系（行动指南）和制度（根本保障）构成的"三位一体"。而包括中国化马克思主义经济学在内的中国特色社会主义理论体系是马克思主义中国化的最新成果。

其二，党的十八大还强调中国特色社会主义的总依据（社会主义初级阶段）、总布局（"五位一体"）和总任务（实现社会主义现代化、中华民族伟大复兴以更全面建成"小康社会"）。这三个"总"的新概括总揽全局、高屋建瓴。尤其把科学发展观明确规定为党的指导思想；把"生态文明"建设上升到更高的战略局面，即把中国特色社会主义事业总体布局拓展为包括经济建设、政治建设、文化建设、社会建设和生态文明

---

① 《中共中央关于制定国民经济和社会发展第十二个五年规划的建议》辅导读本，人民出版社 2010 年版，第 20—21 页。

建设在内的"五位一体",并把保障社会公平正义摆到更突出的位置,"使发展成果更多更公平惠及全体人民"。

这表明我们对于中国特色社会主义发展规律的认识达到了新的水平,有利于从总体上把握和推进马克思主义经济学中国化的进程。

二 以发展为主题引领和完善中国特色社会主义经济理论体系

中国特色社会主义经济理论体系涵盖了科学发展观、构建社会主义和谐社会、完善社会主义市场经济体制、建设社会主义新农村、建设创新型国家和实现公平正义等重大战略思想,极大地丰富和完善了中国特色社会主义经济理论,开创了中国特色社会主义经济建设事业发展的新境界和新局面。

这一体系始终是以发展为主题,紧紧围绕经济发展这一主题,丰富和发展了中国特色社会主义经济理论。并且,坚持以经济建设为中心,把发展生产力作为首要任务,把经济发展作为一切发展的前提,同时又突出强调必须坚持科学发展,实现全面、协调、可持续的发展,坚决避免牺牲子孙后代的利益来满足当代人的发展;在关注经济发展的效率的同时,更加注重公平发展,强调改革收入分配制度,初次分配也要注重公平,要完善社会保障制度;提出以人为本的经济发展理念,并把以人为本作为贯彻科学发展观的核心,从理论上进一步阐释了经济发展的根本导向和基本评价标准问题;坚持统筹方法,把马克思主义方法论和经济发展实践相结合,注重综合平衡和整体发展。科学发展观体系中的经济思想,是一个丰富的思想宝库,其中提出的新的经济论断及其思维方法,丰富了中国特色社会主义经济学理论,推动了中国特色社会主义事业的发展,也从方法论上有助于中国共产党正确处理现代化建设过程中一系列重大关系,在大力推进经济发展的同时解决好与经济增长相关联的各种社会问题。

三 关于"十个结合"的宝贵经验

世纪之交是一个特定的转轨时期,是中国社会主义发展初期阶段过程中的一个特殊阶段。

我们在很长一段时间,盛行斗争哲学而否定普遍联系哲学与和谐哲学,只讲一分为二而否定合二为一。辩证法往往标签化而形而上学了。应该从诸种事物的对立和运动中把握统一面及其内在联系,用以探讨中国转轨期社会经济形态这个"特殊对象的特殊逻辑"。

十七大报告首次总结了关于在改革开放和社会主义现代化建设实践中积累起来的宝贵的历史经验，史称"十个结合"。并且在纪念党的十一届三中全会召开30周年大会上，作了进一步的发挥和阐释，从而在一个新的视阈和高度上凝结成"一个旗帜"（中国特色社会主义）、"一条道路"（中国特色社会主义道路）的"一个体系"（包括经济学在内的中国特色社会主义理论体系）。

十七大报告指出：在改革开放的历史进程中，我们党把坚持马克思主义基本原理同推进马克思主义中国化结合起来，把坚持四项基本原则同坚持改革开放结合起来，把尊重人民首创精神同加强和改善党的领导结合起来，把坚持社会主义基本制度同发展市场经济结合起来，把推动经济基础变革同推动上层建筑改革结合起来，把发展社会生产力同提高全民族文明素质结合起来，把提高效率同促进社会公平结合起来，把坚持独立自主同参与经济全球化结合起来，把促进改革发展同保持社会稳定结合起来，把推进中国特色社会主义伟大事业同推进党的建设新的伟大工程结合起来。①

党的十七大把这"十个结合"定性为我们这样一个十几亿人口的发展中大国摆脱贫困、加快实现现代化、巩固和发展社会主义的宝贵经验。这是很有政治力量和理论内涵的。"十个结合"生动阐明了我们党在改革开放实践中是如何坚持和发展马克思主义、如何坚持和发展社会主义、如何全面推进中国特色社会主义事业、如何统筹国内国际两个大局、如何加强和改善党的领导的。其中，前三条是管总的，揭示了我国改革开放取得成功的关键和根本；第四条到第七条，分别揭示了中国特色社会主义经济建设、政治建设、文化建设、社会建设的真谛；最后三条，则强调了营造良好国际环境、保持国内社会政治稳定、坚持党的领导核心地位对改革发展的保证作用。②

迄今为止，我们党的全部理论和全部实践，归结起来就是创造性地探索和归类了什么是马克思主义、怎样对待马克思主义，什么是社会主义、

---

① 中共中央文献研究室编：《中国特色社会主义理论体系形成与发展大事记》，中央文献出版社2011年版，第500页。

② 同上书，第508、527—528页。

怎样建设社会主义，什么是发展、实现什么样的发展，以及建设什么样的党、怎样建设党，归根结底，这"十大结合"就是把马克思主义基本原理同中国具体实际相结合，一言以蔽之，就是构筑包括马克思主义经济学中国化在内的中国化的马克思主义。

第九章　马克思主义经济学家的经济思想(上)

马克思主义中国化,包括马克思主义经济学的中国化,不仅仅归功于党的领袖人物及其党的领导集体的贡献,而且从理论产生和创新的源头来讲,马克思主义中国化理论创新的每一个重大成果,是全国人民革命和建设实践的产物和实践新鲜经验的科学总结,同时也包含着全党理论工作者以及专业的或者职业的马克思主义理论工作者所作的创造性努力。出生于20世纪初期,大都历经清末、民国和新中国时期的第一代马克思主义经济学家的代表人物主要有薛暮桥、许涤新、孙冶方、顾准和卓炯,以及马寅初、沈志远、王学文、狄超白、管大同等一大批著名经济学者。

第一节　薛暮桥的经济思想

薛暮桥（1904—2005年）,原名雨林,江苏无锡人,当代中国杰出的马克思主义经济学家,还担任政府经济部门的重要领导,被誉为"市场经济拓荒者",是新中国第一代社会主义经济学家。薛暮桥的研究几乎涉及我国经济改革发展历程中的所有领域,提出了很多独特的见解,在实践中也对中国经济改革与发展产生了积极而又重要的影响。

一　主要经济思想

薛暮桥是国内外著名的马克思主义经济学家,他的学术思想是多方位、多角度、多层次的,和中国实际紧密结合,立足于解决我国经济建设中的现实问题,成果颇丰。

1. 社会主义计划和市场理论

计划和市场问题是社会主义经济理论中的关键问题,也是最富争议的问题，薛暮桥是计划经济的主要建设者，也是最早对计划经济进行反思的经济学家，对计划和市场的关系进行了深入持久的研究，最终选择了社会主义市场经济。

20世纪50年代，有组织的计划经济被认为是社会主义的基本特征，而市场经济被认为是资本主义的产物。薛暮桥一开始也没有和计划经济体制完全对立，而是在肯定计划条件下强调要尊重价值规律的作用。1953年薛暮桥发表《价值规律在中国经济中的作用》，后来又发表《再论计划经济和价值规律》、《社会主义的商品》等文章，对这一问题进行阐述，其主要思想有：

（1）国家计划必须自觉地遵循和利用价值规律。社会主义社会价值规律是客观存在，在实行计划管理时，如何协调两者关系，或者说矛盾，薛暮桥给出了明确的答案，"国家计划和价值规律结合的办法是：社会主义国家认真地研究价值规律，有意识地利用价值规律的帮助来实现国家计划"。国家计划是主观东西，价值规律是客观东西，主观必须要符合客观才能发挥作用，否则价值规律就可能推翻计划单独发挥作用，在很早的时候就注意到了价值规律的重要作用。

（2）社会主义国家经济管理要采用多种方法相结合。薛暮桥认为，我国国情比较复杂，国家经济管理绝对不能只采取一种方式，必须要采取多种方式，薛暮桥通过研究总结出了三种基本的方法：国家直接计划、国家间接计划、价值规律。并对三种方式的适用范围都作了详细的界定。国营经济部门主要适用国家直接计划管理，而其他经济成分，实行国家间接计划调节，价值规律则是计划调节必要的补充。

20世纪70年代末以来，薛暮桥通过反思计划经济体制的得失，重新审视计划经济和市场经济的关系，开始探索一种市场在国家宏观调控中发挥重要作用的崭新的社会主义市场经济体制。薛暮桥在这方面研究成果丰硕，著作众多。具代表性的有《计划和市场关系的几个问题》、《关于计划调节和市场调节的关系》、《关于经济体制改革问题的探讨》等。其研究成果总结如下：

（1）对计划经济体制的深刻反思和探索。薛暮桥在经济实践中逐渐认识到了计划经济的弊端，开始对计划经济进行反思，"实践已经证明，过去我国的计划管理制度还不能充分发挥社会主义制度的优越性，甚至在某些方面反而不如有些发达的资本主义国家"。但薛暮桥并不是对计划经济的彻底否定，而是在寻求更好发挥计划调节上进行研究。提出了一系列改进计划调节的方法和措施，如：计划调节要更多地使用经济手段而不是行政手段、计划调节要着眼宏观、计划调节要坚持综合平衡等，对我国改善计划调节发挥了重要作用。

（2）改革过程中的市场调节机制研究。薛暮桥对市场经济发展的条件进行了有益的探索，提出商品流通渠道的顺畅是市场调节的关键，价格调节是市场调节的核心，经济立法是市场调节的保证等很多建设性的意见，为我国市场经济的发展指明了努力的方向。

（3）计划调节和市场调节相互关系的研究。过去经典马克思主义认为社会主义就是计划经济，资本主义就是市场经济，薛暮桥否认了这个观点，"计划调节和市场调节可以并行不悖，相辅相成，而不是水火不相容的对立物"。薛暮桥不仅认为二者不对立，还直指二者有机统一于计划调节大部分通过市场调节来实现。但薛暮桥也指出，计划调节和市场调节毕竟是两种不同形式的调节方式，发挥作用的渠道也不尽相同，所以同时作为调控手段也要有所侧重，市场调节侧重微观层面，计划调节侧重于宏观层面。开始探索新的宏观调控模式。

2. 价格和货币理论

薛暮桥的经济思想众多，价格和货币思想是最为突出的一个，贯穿于薛暮桥的经济研究的始终，具有丰富的内容。

1943年到1947年薛暮桥在山东解放区面对主要货币法币发行权掌握在国民党手中，实现了驱逐法币，建立独立的货币市场，并保持了货币币值和物价稳定的伟大胜利。同时在这个实践过程中开始初步形成了他的价格货币理论。1988年薛暮桥在《山东抗日根据地的对敌货币斗争》中对这一时期的价格货币思想作了系统总结，主要包括以下几个方面：

（1）货币制度权必须要掌握在自己手中。面对根据地严重的通货膨胀局面，"只有坚决的驱逐法币，让货币独占根据地市场，同时适当掌握货币的发行数量，大体上符合市场流通的需要，才能保持币值稳定和物价稳定"。独立自主的货币制度才能保证币值的变化和价格的涨落不受别人的控制。正是在这一思想指导下，薛暮桥建立了独立自主的货币市场，取得了货币斗争的伟大胜利。

（2）货币发行数量和物价的联动规律。薛暮桥在解放区发现，货币发行量增加一倍，15斤的大米的价格也随着上涨了一倍，这引起了他的兴趣，开始探索货币数量和物价之间的关系，总结研究出"在商品总量不变的条件下，纸币增加一倍，币值降低一半，物价必然上涨一倍"。这个理论的发现揭示了货币价格理论本质性的东西，提示只要控制货币发行，使货币流通量和商品流通对货币的需求保持一定比例，就能够有效控制通货膨胀。这个经济思想和西方货币数量公式表达的意思惊人的一致，而薛暮桥得出这样的结论是在完全封闭的条件下得出的。

（3）良币驱逐劣币规律。指的是在多种货币同时流通的情况下，市场总是偏好价值稳定、信誉好的货币，价值不稳定、信誉差的货币会逐渐被淘汰。在这一规律指导下，解放区的货币通过保持币值的稳定成功驱逐了法币。这一规律也在后来的世界货币史上多次得到印证，应该说这个思想的提出是世界领先的。

从新中国成立到"文化大革命"前，薛暮桥的货币价格理论得到了进一步发展。1963 年出版的《价值规律和我们的价格》、1985 年出版的《新中国成立前后稳定物价的斗争》等文献指出了薛暮桥这个时期价格货币理论新的研究成果：

（1）价格政策必须遵循价值规律法则。计划经济条件下价格制定的标准问题是计划经济的一个难点问题，也是首要问题。薛暮桥在这个问题上进行了深入的研究，"价格政策是属于主观性质的东西，人们可以按照自己的意志制定它，修改它；价值规律是属于客观性质的东西，它不以人们的意志为转移。因此，我们在制定价格政策的时候，必须对价值规律进行认真的研究"。同时薛暮桥通过对价格决定客观因素和计量单位的研究，为计划经济条件下的价格的制定提供了可行的方案，一定程度上维护了计划经济时代物价的稳定。

（2）防止物价大波动国家要有充足物资储备。薛暮桥认为货币是一般等价物，其基础既可以是黄金也可以是物资，"掌握足够数量的物资是在市场上战胜投机势力平息涨风的物质基础"。在价格过分上涨的时候向市场投放物资稳定商品价格，在价格过分下降时候政府收购物资来保证商品价格。这个在今天还很有意义，提示我们做好粮食、石油等物资的战略储备，防止物价大的波动。

（3）国民经济比例失调是物价波动的根本原因。薛暮桥认为"60 年代初的物价波动是三年'大跃进'期间国民经济严重比例失调引起的，所以制止物价波动首先要压缩基本建设投资，然后是降低重工业生产指标"。国民经济比例失调，基础建设规模和重工业过度扩张，轻工业受到挤压，同时强调积累，淡化消费，导致生产资料和消费品价格压力，必然带来价格波动，这一点直到现在仍然对我们的经济发展还很有启发。

（4）人民币价值基础不是黄金。薛暮桥很早就否认黄金本位制，在20世纪40年代曾经提出了物资本位制，认为"社会主义国家不依靠黄金，也完全能够保持物价的稳定"。否认了传统的货币价值代表它所包含的黄金价值的理论。这个思想很有超前意识，世界主要资本主义国家直到布雷顿森林体系解体后才开始宣布纸币和黄金的完全脱钩。

"文化大革命"以后，薛暮桥继续对我国货币价格进行了卓有成效的探索，这一时期的重点是价格改革的探索，出版《关于调整物价和物价管理体制的改革》、《价格学会要认真研究物价涨落的客观规律》等书籍，并连续在《经济研究》杂志发表文章，关注物价问题。这一时期的物价和货币思想主要包括以下几个方面：

（1）商品价格要从国家定价到市场调节。薛暮桥在20世纪70年代末的经济实践中已经认识到计划定价很难再持续下去了，"物价有几十万、上百万个，每一种产品的成本计算都十分复杂，产需双方从各自的角度出发，常常争论不休。因此，任何一个精明强干的物价管理机关，都不可能通过主观计划来处理好这样复杂的问题"。他开始反思价格理论，探索新的价格定价标准，最后得出了要使价格能够及时反映商品价值，只有放开市场，让市场来调节。放开价格，成为这一时期薛暮桥价格改革理论的核心。

（2）深化价格改革要遏制通货膨胀，管住货币。针对改革开放以后出现的多次通货膨胀，尤其是1980年和1988年的严重通货膨胀，薛暮桥指出："只有管住货币、放开物价，才能使各种商品的价格符合它的价值。"直指问题出现在货币发行上了，提出要坚决管住货币，遏制通货膨胀，从而理顺价格，平整市场，可谓一针见血。薛暮桥还研究了通货膨胀的危害，认为通货膨胀造成市场短期需求旺盛的假象，造成市场经济的度量尺失准，同时否认温和通货膨胀有利于经济发展的理论。

3. 社会主义的就业和分配理论

就业是民生之本，薛暮桥长期以来非常关注就业和分配问题，并在劳动就业和分配问题上进行了大量的研究，取得了很好的研究成果。

20世纪五六十年代，薛暮桥在长期的调查和实践中，提出了我国的就业问题实际上非常严峻，而当时主流观点都认为社会主义国家不存在失业问题，他的观点具有一定的突破意义。在此期间，薛暮桥相继在《学习》杂志发表《国家建设和人民生活的统筹安排》，在人民日报刊文《社会主义社会的按劳分配制度》等文章，系统分析社会主义社会的就业和分配问题，其经济思想可以归纳为以下几点：

（1）社会主义社会失业问题。薛暮桥算一笔账，我国每年新增劳动力 1000 万，但资本积累后用于建设现代化工厂后只能解决 200 万就业，剩下 800 万无法实现就业，从而直观地说明了就业问题的严峻。薛暮桥不仅指出社会主义存在失业问题，还给出了解决之道，认为"在目前的条件下，为着保证六亿人民普遍就业，必须鼓励先进技术和手工劳动共同发展"。指出了解决就业问题光靠发展全民所有制企业是行不通的，出路主要是靠发展个体经济和中小经济，广开就业之门。

（2）关于按劳分配的必要性分析。薛暮桥深刻分析了我国生产力的发展水平低的现状，指出按需分配还缺乏生产力基础，"社会主义国家所采取的按劳分配制度，就是解决国家同劳动人民个人之间的矛盾的最重要的办法，因为只有这样的办法，能够把劳动人民个人利益和国家利益密切地结合起来，有效的调整这种矛盾。在社会生产还不能够满足全体人民的一切生活需要的时候，如果过早的废除按劳分配的原则，既不利于提高劳动人民的生产积极性，也不利于保证工农业生产的迅速发展"。对按劳分配的必要性作了充分肯定，同时分别提出了国有企业和集体企业按劳分配工资制度的基本原则，指导了实践探索。

20 世纪 70 年代末期，中国的就业问题异常突出，失业人数达到 2000万，薛暮桥最先认识到问题的严重性，并研究解决就业问题的办法。1980年他出版《谈谈劳动工资问题》，开始探索新就业体制，后来又接连发表《谈谈发展城镇多种经济形式安置就业的几个问题》、《中国社会主义问题研究》等文章，继续为就业和分配问题建言献策。在这些著作中，薛暮桥关于就业和分配的主要内容，可分以下几点：

（1）推动新就业体制的产生和发展。一方面，薛暮桥提出要完善自谋职业体系，扶持集体经济和个体经济，发展劳动密集型产业。"取消一些不必要的禁令，靠山吃山，靠水吃水，凡是能赚钱的都可以干"。另一方面，强调要改革公有制经济的就业体制，打破铁饭碗制度，改变国有企业人浮于事的情况，完善劳动合同制度和失业救济制度。

（2）按劳分配理论的进一步发展完善。薛暮桥指出："长期以来，我们对社会主义经济制度，没有从劳动者和生产资料结合形式的特点上来研究，这是一个缺点。我在经过反复考虑以后，认为当我们研究社会主义与共产主义高级阶段不同本质的时候，决不能满足于分析按劳分配和按需分配这两种不同分配形式的区别，而应当寻根究底。"社会主义下生产资料公有制下劳动力部分个人所有，决定了按劳分配的必然性。劳动力劳动者部分个人所有的论点是我国社会主义经济思想史上的一个亮点，促进了人们更好地认识什么是社会主义，具有开创性。

4. 社会主义的所有制理论

生产资料所有制是决定社会性质的决定因素，薛暮桥在长期的经济实践中，坚决强调公有制的主体地位，但同时也强调了发展多种所有制的重要性，形成了自己的社会主义所有制理论。

薛暮桥对所有制问题研究的第一个阶段是 1960 年前后。这几年中，他先后发表了几篇文章《社会主义经济理论中的一些主要问题》、《怎样认识社会主义经济》等，提出了一些建设性的思想。

（1）肯定合作社的功能和作用。薛暮桥长期深入基层，对中国国情了解最深，使得他对合作社理解也最深，"中国还是一个农业国家，分散的、落后的小农业和小手工业，仍在国民经济中占绝大的比重；农业和手工业人口约占全国人口的 80%—90%，因此合作社经济的发展，在新民主经济建设中占有重要的地位"。对合作社的历史作用作了充分的肯定。薛暮桥后来还具体分析了合作社的三大形式——小型生产合作社、供销合作社和消费合作社，按照不同的特点分类合作社，使得理论指导针对性更强，产生了广泛的影响。

（2）社会主义经济不能只有全民所有制经济。薛暮桥认为，针对中国特殊的国情，手工业广泛习惯于采用个体经营的方式，现在也最多只能接受采取集体经济的形式，"如果把分散的个体经济直接改造成为全民所有制经济，或者在条件还不成熟的时候，勉强地使集体所有制经济迅速地过渡到全民所有制经济，就有可能损害农民生产的积极性，就有可能破坏工人阶级同农民的团结，那是不能容许的冒险行为"。而且集体经济和个体经济对于活跃市场、解决就业还是有一定优势的，不能一步到位地全部转化为全民所有制经济。

薛暮桥对所有制问题研究的第二个阶段是 20 世纪七八十年代，这个时期薛暮桥对所有制问题的研究得到了进一步完善和发展。这一时期薛暮桥针对所有制问题发表了大量文章，较为出名的有《经济结构和经济体制的改革》、《我国生产资料所有制的演变》、《认真管好社会主义国有财产》等。其经济思想主要表现在以下几个方面：

（1）所有制的形式要多元化思想。薛暮桥从生产关系一定要适应生产力发展这一马克思主义原理出发，结合我国的国情，提出了要建立合理的生产资料所有制结构的设想，"在社会主义国营经济的坚强领导下，以大量的集体经济为助手，以其他几种经济成分为补充，这可能是我国社会主义建设的必由之路"。尤其是对非社会主义经济存在必然性和长期性的理论分析，有力地推动了个体和私营经济的发展。他认为，对一些私有制有优势的行业，公有制可以退出经营；在公有制企业可以试点股份制；小型企业可以采取职工入股分红等政策，积极探索公有制的有效实现形式。

（2）公有制发展改革的思想。薛暮桥始终认为，经济体制改革的最终目标都是要发展和壮大国有企业，而不是削弱国有经济，"大型国有经济虽然为数较少，但它们是国民经济的骨干，让它们在发展中长期落后，这对国民经济的现代化显然是非常不利的。我们要按照正确的方向，创造性地实验各种办法，坚决把大中型企业搞活，使之充满生机和活力"。薛暮桥也承认鉴于客观条件和主观条件的巨大差异，不管是国有经济还是集体经济都不能只有一种模式，应该探索一切有利于社会化大生产的经营方式，多种经营方式的思想是薛暮桥经济思想中突出的有创造性的经济思想，使对公有制的认识得到深化，为后来我国的公有制经济的发展和完善指明了正确方向。

实践证明，薛暮桥提出的公有制基础上大力发展多种所有制经济的制度，是适合我国国情的，是非常正确的。

5. 社会主义的发展阶段论理论

从新中国成立开始对社会主义的发展阶段的认识，是经历了一个不断深化的过程的，直到党的十三大，系统提出了社会主义初级阶段理论。而薛暮桥作为社会主义初级阶段理论的主要探索者和提出者之一，在这方面进行了很多研究。

早在1959年薛暮桥就针对当时急于向共产主义过渡的倾向，发表了《怎样认识社会主义经济》一文，后来又发表了《社会主义经济理论中的一些重要问题》，提出从社会主义向共产主义过渡绝对不能操之过急，阐述"两步走"的观点。其要点可归纳如下：

（1）从生产关系一定要适应生产力的规律出发，否认"一步走"的可能性。对当时"一平二调"的"共产风"进行批判，直指其超越了经济发展阶段，"从社会主义到共产主义的过渡，首先决定于生产力发展水平，不能想迟就迟，想早就早"。生产关系超越或落后生产力的发展就对整个社会的经济发展产生危害。而我国生产力还很落后，商品经济还很不发达，这都决定着我们向共产主义还有很长的距离要走。

（2）把社会主义划分为两个发展阶段。第一个阶段是多种所有制并存的阶段；第二个阶段是单一的全民所有制。薛暮桥强调中国低下的生产力对社会主义发展阶段的约束，中国从社会主义向共产主义的过渡历程，即完成从集体所有制到全民所有制的过渡和从按劳分配到按需分配的过渡，不可能一步完成，只能分两步来走。薛暮桥还进一步指出，在"两步走"中每一个发展阶段还可以再分成若干小的发展阶段，每一个小发展阶段都是实现整体转变的一个过渡。使得我们对社会主义经济问题的认识更进一步，更好地指导了社会主义经济的稳步进行，防止了急于过渡的急躁情绪。

1979 年，薛暮桥在《中国社会主义经济问题研究》一书中，对自己社会主义发展阶段的理论进行了总结和进一步发展，首次提出"低级阶段论"。其要点可以归纳如下：

（1）在科学研究的基础上，首次提出"低级阶段论"。薛暮桥把社会主义生产关系放在历史发展的过程中进行研究，提出了较为完善成熟的社会主义发展阶段理论，首次提出"低级阶段"的说法。"社会主义也需要划分几个阶段，在小农经济广泛存在的国家，社会主义还存在一个低级阶段。我国现在正处于这个阶段。"

（2）分析建立完全成熟的社会主义的条件。薛暮桥从政治、经济、文化层面分别阐述了达到成熟社会主义所应该达到的条件，经济上要实现三个现代化，政治上要真正实现人民民主，文化上要实现人民文化生活极大丰富。给我们的社会主义建设提供了重要的发展方向。

（3）对社会主义这个低级阶段长期性的分析。薛暮桥从生产力发展水平来分析，得出我们还远远落后于发达国家。这就决定了必须在社会主义条件下经历一个相当长的低级阶段，去实现工业化和经济的社会化、市场化、现代化。这是我国社会主义发展中一个不可逾越的历史阶段。不可能是一蹴而就，而是一个长期的过程。

我们现在处于社会主义初级阶段并将长期处于社会主义初级阶段已经成为全党全国人民的共识，但我们不能忘记包括薛暮桥在内的广大老一辈马克思主义经济学家在这个理论的形成过程中艰苦探索的历程。

6. 社会主义的现代化发展道路理论

实现现代化是中国近现代史的主旋律，以薛暮桥为代表的一批马克思主义经济学家以自己的理论思考和实践为依据，为中国的现代化发展道路理论作了开拓性的贡献。

薛暮桥在这方面著作众多，最具代表性的有《中国社会主义经济问题研究》、《关于中国式现代化道路的几个问题》等，对中国现代化道路进行了颇有价值的探索，取得了一系列建设性的成果。

（1）对苏联模式的反思。薛暮桥早在苏共二十大的时候就认识到了苏联模式的弊端和历史局限性，但当时"左"倾错误严重，这种有益的探索没有持续下去。后来薛暮桥又对苏联模式进行了深入研究，得出以高速度的经济增长为首要目标，片面追求重工业发展，忽视农业和轻工业的高度集中的发展模式虽然能够在特定时期成就明显，但局限性也很突出，就是忽视轻工业和市场经济。

（2）优先发展农业理论。薛暮桥指出，我国是一个人口大国，也是一个农业大国，农业的地位显得尤其突出和重要，"我们的经验是，不把农业生产搞上去，做到八亿农民丰衣足食，四个现代化就像建筑在沙滩上的高楼大厦，它的基础是不巩固的"。他以实践经验来说明农业发展顺利，增长速度快，整个国民经济发展的速度就快；反之，农业生产出现倒退，就会给国民经济的发展和人民生活带来严重的损坏。

（3）经济发展综合平衡理论。薛暮桥十分重视综合平衡，强调在经济发展的同时，必须处理好积累和消费，生产资料和消费品的整体平衡，在工业发展内部强调大中小并重的方针，"综合平衡的根本任务，是正确安排国家建设和人民生活的关系，反映这种关系的农业、轻工业、重工业之间的关系，以及这些部门内部的关系"。对我国现代化建设具有重要指导意义。

（4）技术引进和创新理论。薛暮桥认为引进国外技术和生产方法时，应考虑采用适合我国生产力发展水平的，容易消化推广的、比那些最新最先进的资本密集型技术更简单、廉价、易于维修的、而比初级原始技术更优越的技术。这样做的好处是容易消化吸收创新，对我国的技术引进有很好的指导作用。与此同时，薛暮桥还特别注意对技术的消化和革新，"单纯靠引进外国设备来进行现代化，是永远搞不成的。单纯仿造外国设备而不加以改进，也是赶不上世界先进水平的"，这句话放在今天仍然是振聋发聩的。

7. 其他经济思想

薛暮桥在长达几十年的研究生涯中，经济研究的范围极其广泛，除上面总结的六点外实际上还广泛涉猎了农村经济理论、社会主义改造理论、经济体制改革理论、地区发展战略理论、经济统计理论、乡镇企业理论、工商管理思想等，而且很多也都形成了很好的理论体系并作用于中国经济。如他的农村经济理论突出调查研究，注重生产关系层面的研究，在20世纪30年代用理论数据证明了中国的半殖民地半封建的社会性质，有力地配合了党的土地革命。又如他的社会主义改造理论中指出对个体农业和手工业以及资本主义工商业的社会主义改造不能操之过急，要有一个过渡时期的政策，同时深入研究社会主义改造的条件，强调生产关系要适应生产力的发展规律。在经济体制改革的研究方面，薛暮桥的经济思想也是丰富多彩的，如：对经济体制改革的方向的把握，提出经济体制改革的方向是从行政手段为主转到以经济手段为主；强调在经济体制改革中要坚持社会主义道路；指出价格改革是经济体制改革成败的关键等，都对经济体制改革的进展产生了积极的影响。薛暮桥的地区发展战略理论主张打破资金和人力流通的地区障碍，全国一盘棋，放在今天仍然有很多启发意义。薛暮桥其他经济思想也都有丰富的内涵，不一一论及了。

二　经济思想评价

薛暮桥的一生，经历和实践了国民大革命，土地革命，抗日战争，解放战争，新中国成立后国民经济恢复，计划经济的建立和实施，经济体制的改革和实施，一直到社会主义市场经济的全面推进这样一个漫长的过程，在这个过程中，薛暮桥不断研究经济的新问题新情况，取得了许多伟大的理论创新成果，积累了丰富的马克思主义中国化的理论创新经验，深刻地反映了马克思主义经济学中国化方面艰难的探索历程，在马克思主义经济学中国化的进程中谱写了光辉的篇章。

薛暮桥不仅是马克思主义经济学中国化理论的探索者，还是马克思主义经济学中国化理论的实践者。薛暮桥长期担任经济方面的领导工作，将马克思主义经济学中国化的理论成果具体化为建设性的政策建议来指导经济实践，为解决中国经济发展和改革中的一系列实践问题作出了巨大贡献，薛暮桥不愧为"行动中的马克思主义经济学家"。

2005年3月首届中国经济学奖杰出贡献奖揭晓，排第一位的是薛暮桥，他的颁奖词是这样写的："薛暮桥是我国老一辈马克思主义经济学家的杰出代表，也是我国改革开放进程中经济决策咨询工作的一位卓越的开拓者和组织领导者。他是坚定地倡导和积极推动市场取向改革、提倡和坚持国民经济稳定协调发展的著名经济学家。"以薛暮桥在经济学理论和改革实践的杰出贡献，这个荣誉对于他可以说是实至名归。

第二节　许涤新的经济思想

许涤新（1906—1988年）是我国接受马克思主义经济学说较早的经济学家和我党优秀的经济理论家之一。他长期从事经济理论研究，而且从事经济建设实践，担任政府经济部门的领导工作。他对我国革命和建设的各个时期的经济问题进行了深入的研究。他在新民主主义经济政策的问题、我国向社会主义过渡时期的经济问题、社会主义经济条件下的经济学理论和经济发展问题以及广义政治经济学等方面都有很多极富创见的研究成果。他致力于马克思主义政治经济学的研究和传播，致力于马克思主义经济学的中国化，致力于中国经济发展和中国式社会主义现代化建设问题的探索，为新中国的政治经济学理论建设和确立社会主义经济建设的正确方向、方针与政策作出了重要的贡献。

一　主要经济思想

许涤新的经济思想十分丰富，涉及众多方面的内容。但其中的一个重要特点是，牢牢立足于所处时代经济发展的实践。他的研究内容是和中国革命和建设的实践变化和发展同步的，作为一个革命和建设的实践家兼理论家，他对新民主主义经济政策的分析和阐述，对社会主义过渡时期经济问题的分析以及对社会主义经济基本理论和经济问题的研究和探索，都体现在他对马克思政治经济学在中国的具体化应用。同时，他结合实践研究中国经济问题提出一些独到见解，也为进一步发展马克思主义的经济学理论作出了贡献。

（一）对新民主主义经济政策的阐释和分析

20 世纪 40 年代中后期，许涤新配合当时的革命形势和任务，对新民主主义经济理论和政策进行了全面阐述。他以旧中国的经济状况为出发点，以实现优越的社会主义经济为目标和条件，以毛泽东同志提出的新民主主义革命的三大经济纲领为直接依据，提出了一系列重要的、具体的见解。这些见解，是对新民主主义革命三大经济纲领的创造性的具体化。他的这些见解概括起来主要有以下几个方面：

1. 在农业政策方面

许涤新强调要把解决土地问题放在首位，土地问题是中国民主革命中农业问题的核心。他赞同孙中山土地纲领中"耕者有其田"的口号，从减租减息开始。逐步实行土地改革，将土地由地主的私有变为农民的私有。然后再辅以调剂劳力、增加农贷等扶农政策。他认为在中国实行土地公有，必须先实行农有。农有虽则是私有，但在这种个体经济的基础上，通过农业生产合作等种种办法，必定可以逐渐走上集体化的道路。

2. 在工业政策方面

许涤新强调实行经济上的民主集中制。一方面，要照顾全体，根据客观需要加以适当的必需的扶助，使有利于生产的国营、私营和合作经济都能够尽量地发展。另一方面，在国家对于各项生产事业扶助的同时，还要发挥其领导作用，并执行集中的原则。新民主主义国家对于操纵国民生计的官僚资本，必不能让其继续存在，"对于投机取巧的一般银行资本、商业资本，必须加以切实而有效地限制"[1]。

3. 在贸易政策方面

许涤新主张实行"对外管理，对内自由"和"公私兼顾，互助合作"的政策。

4. 在运输政策方面

许涤新认为，交通建设既要注意现实的经济环境，又要着眼于国民经济的未来和注意补救中国资源及经济发展不平衡的缺点；要以铁路为主，并照顾到公路、水运、航空等各个方面；全国的交通线应以若干经济区域为焦点而配合起来，使每一区域的交通都能辐集于一两个经济中心。

---

[1]　许涤新：《中国经济的道路》，新中国书局 1949 年版，第 175 页。

5．在金融政策方面

为了改变旧中国金融业的买办性、投机性和商业性，许涤新强调将大银行收归国有，同时主张对一般私人银行也要进行管理，以促其资金流向产业。"对于金融，必须使其面向生产。"① 为此，他提出，一要造成一个发展产业的环境，使其敢于向工业投资；二要制定投资工业奖励法；三要规定其商业投资不能超过一定限度；四要组织银行从业人员参加管理，监督银行的业务。

6．在财政政策方面

许涤新认为，财政上的措施必须符合经济建设的原则。"对于财政，必须使其发生推动整个国民经济的作用。"② 新民主主义财政应具有经济性，即把经济问题的解决当作财政问题解决的前提；人民性，即必须用百分之九十的努力去为人民服务，此后才用百分之十的力量去向人民要收入；廉洁性，即财政公开财务行政中没有贪污的事情存在。在财政支出方面，他强调"用之得当"，全部支出都要以建设巩固的国防、提高人民的物质文化状况和不背离民主与进步为依据。在财政收入方面，他主张"取之有道"，如建立公平合理、利于生产的税制，不准滥征地方款和附加税；通货政策须视为财政政策之一部，不能视为收入之一法；借债只能用于经济建设，不能视为平衡收支的经常工具；等等。

（二）对过渡时期经济问题的分析

1．提出社会主义基本经济规律也是过渡时期的基本经济规律的观点

过渡时期的经济规律问题，是新中国成立初期经济学界讨论较多的问题。讨论首先集中在社会主义基本经济规律是否也是过渡时期的基本经济规律上。

在1953年大讨论一开始，许涤新就提出社会主义基本经济规律也是过渡时期的基本经济规律，并明确反对在过渡时期社会主义和资本主义两种基本经济规律都同时发生作用并存在一种超然凌驾于几种生产方式之上的基本经济规律的观点。他认为虽然社会主义经济和资本主义经济在过渡时期都是最重要的经济成分，从而它们的经济规律都有发生作用的条件，但社会主义经济是领导成分且不断壮大，资本主义经济则相反，因此，对

---

① 许涤新：《中国经济的道路》，新中国书局1949年版，第147页。
② 同上。

整个国民经济发展起决定作用的只能是社会主义基本经济规律。许涤新肯定社会主义基本经济规律是过渡时期的基本经济规律，同时也承认由于个体经济和资本主义经济的存在，社会主义基本经济规律的作用还受到一定限制。他明确指出：我们不能把过渡时期的经济与已经建设成功的社会主义经济看成完全一样，因而就不能把过渡时期的社会主义基本经济法则的作用，与建成时期的社会主义基本经济法则的作用，在程度上看成完全相等的东西。①

此后至1957年，许涤新又相继发表文章和著作，具体分析了社会主义基本经济规律随着社会主义改造的进展不断扩展其作用的过程。他认为，在国家帮助农民发展生产、对主要农产品实行统购、组织劳动互助和对资本主义经济实行加工、订货、经销、代销的形式下，国营经济对个体经济和资本主义经济是从外部发生领导和制约关系，因此，社会主义经济规律也是间接地对其发生影响和作用，而到合作化和公私合营阶段，社会主义基本经济规律就在合作社和国家资本主义企业内部直接起主导的作用了。

2．对价值规律在国民经济中的作用和特点进行了探讨

他首先对价值规律在各种经济成分中的作用进行了分析。许涤新提出了一个重要的思想，即由于社会主义生产资料公有制的建立，价值规律逐渐被限制。虽然这个观点现在看来是过时的，但在当时来说却是一个巨大进步。

许涤新认为，随着社会主义经济的发展和社会主义改造的胜利，随着国民经济计划性的不断加强，价值规律就越来越受到限制，并使我们有可能自觉地利用其来为社会主义建设服务。但是，他特别指出两点：一是价值规律之受到限制，指的是它的自发性的调节作用;② 二是这并不意味着价值规律已不复存在。如果一些产品的价格规定不合理，价值规律就会从反面出来表示它的抗议，就会在生产的失调上，在生产计划的不能完成上，显示出来它的作用。而对于价值规律与计划经济的关系，许涤新强调指出：计划经济与价值规律是统一的。在他看来，价值规律是国家制订计划，有效调节生产与流通的重要依据，价值规律的调节作用，并不是自发

---

① 许涤新：《论过渡时期中的社会主义基本经济法则》，《新建设》1953年第10期。

② 许涤新：《论价值规律在我国过渡时期的作用》，《学术月刊》1957年第7期。

地表现出来，而是通过国家计划表现出来。正确的国家计划，体现了对价值规律的限制，同时也体现了对它的利用；价值规律的受到限制和受到利用，是一件事情的两个方面，或者说，价值规律的受到限制，是在被利用中表现出来的。①

为了进一步说明和强调价值规律在社会主义经济中的重要作用，许涤新明确指出：对于公私合营和国营经济来说，价值规律的调节作用不仅限于流通，也在于生产方面。流通过程同生产过程是密切联系着的，价值规律在流通过程中的调节作用必然影响生产，只不过价值规律对生产的调节作用是被国家自觉地利用着。② 在他看来，即使对于那些直接调拨的生产资料，虽然其产量和价格并不受着价值规律的调节；但在一定程度上价值规律仍具有作用。因为这些产品的生产也要实行经济核算，而经济核算是以价值规律为前提的。

1959 年，许涤新在人民公社化后价值规律作用问题的讨论中又重申和发展了上述观点。在他看来，价值规律对直接纳入国家生产和采购计划的产品，不起着自发性的调节作用，但其核算作用和等价作用还是存在的。在社会主义国民经济中，价值规律不仅没有失去其存在的余地。而且还在生产、流通和分配三个过程中继续发挥一定的作用。因为马克思说得很明白：商品的价值规律决定社会在它所支配的全部劳动时间中，能够用多少时间去生产每一种特殊商品。这就是说，价值规律并不是社会主义经济的对立物。他进一步指出，有人认为将来到了共产主义社会的时候，价值规律对于生产还会起着核算作用，这种可能性是存在着的。③

3. 探索和论证我国的工业化道路

党在过渡时期的总路线规定了我国过渡时期经济建设的中心任务是实现国家的工业化。为此，许涤新在对过渡时期国民经济的分析中，反复探索和论证我国工业化的道路。

1953 年，当党的过渡时期总路线刚刚提出的时候，他就指出，我国的工业化，应是"发展以国营经济为主体的大工业，特别是重工业"④。三年后，在《我国过渡时期国民经济的分析》一书中，他又明确指出要

① 许涤新：《论价值规律在我国过渡时期的作用》，《学术月刊》1957 年第 7 期。
② 同上。
③ 许涤新：《论农村人民公社化后的商品生产和价值规律》，《经济研究》1959 年第 1 期。
④ 许涤新：《论过渡时期中的社会主义基本经济法则》，《新建设》1953 年第 10 期。

大力和优先发展重工业，并具体阐述了大力和优先发展重工业的客观必然性和必要性。他认为，大力和优先发展重工业，首先，是由旧中国殖民地半殖民地的工业状况和争取社会主义在经济与政治上完全胜利的需要决定的。其次，在我国的条件下，国家工业化"只能走社会主义的道路，绝不能走资本主义的道路"。这一点也要求优先和大力发展重工业。他说："资本主义的工业化，是由资本家追逐利润而自发地实现的，是受着价值规律和平均利润率规律的调节而盲目地进行的。因为轻工业容易赢利，故资本主义的工业化，通常从发展轻工业开始。而从轻工业开始搞工业化，需要经过一个相当长的时间才能谈到发展重工业"。我国的工业化，如对重工业不予充分重视，"那就意味着我国要长期保留过去那种在经济上依赖外国的地位，那就意味着我国要放弃对农业、手工业和对资本主义工商业的社会主义改造，那就意味着我国要放弃建立巩固的国防……这与全国人民的利益，与党和国家在过渡时期的总任务的要求，是完全矛盾的"①。

对于工业化道路问题，许涤新在注重发展重工业的同时反复强调，所谓工业化并不是孤立地去发展重工业，而是同农业和轻工业相联系地去处理的。首先，必须在充分发展农业的基础上大力发展重工业。为了适应实现工业化的需要，克服农业和工业在发展过程中失去平衡和彼此脱节的危险，必须保证粮食、棉花、油料和其他技术作物，每年都有必要的增加，特别要保证粮食生产的增加。其次，发展重工业必须有轻工业的配合。如不相应地发展轻工业，不仅不能满足人民对于消费品日益增长的需要，影响物价和市场的稳定，妨碍工农联盟的巩固，影响农业的发展，而且还会影响资金积累，妨碍包括重工业在内的整个工业化的发展。他在论述国民经济有计划按比例发展规律在过渡时期的作用时，又指出："如果不遵守国民经济有计划按比例发展的规律，盲目地孤立地建立一些重工业亦是错误的。"② 因为这样不但不能推动国家的社会主义工业化，反而会给国民经济造成损失。这与后来毛泽东同志在《关于正确处理人民内部矛盾的问题》和《论十大关系》中阐述的观点基本上是一致的。

（三）广义政治经济学研究

20 世纪 40 年代中叶，许涤新在中国革命的实践中认识到，不同时

① 许涤新：《我国过渡时期国民经济的分析》，科学出版社 1957 年版，第 80 页。
② 同上书，第 62 页。

代、不同国家或民族所形成的政治经济学，必然具有各个时代、各个民族的特点。并在恩格斯建立广义政治经济学的启示下，他力图写出一部能够解释中国的过去、现在和未来道路的广义政治经济学著作来。在当时以《资本论》总框架为局限的狭义政治经济学还占绝对支配地位，许涤新尝试编写一部广义政治经济学著作的设想是一个非常大胆的尝试，体现出他理论创新的勇气。

经过多年的努力，他终于写出了一部三卷本的著作《广义政治经济学》，于1949年和1954年先后出版，1982年起，他又将这部著作重新改写出版。这部著作以中外对比的方法，全面系统地考察了原始社会、奴隶社会和封建社会的生产关系及其运动规律，考察了当代资本主义和社会主义的发展，考察了帝国主义殖民体系的解体和第三世界的兴起，以及中国的半殖民地半封建经济，提出了许多精辟的见解。首先，该书从生产力和生产关系的演变出发，着重探讨了原始社会向奴隶制过渡、从奴隶制向封建制过渡的长期性和复杂性。他认为中国和欧洲的情况类似，也是经历了四个世纪的政权、地权、田制、税制的演变，才由"半奴隶"逐步转化为封建制下的农民。他根据马克思主义剩余价值学说，分析了从以直接生产生活资料为目的的奴隶制，到以生产剩余价值为目的的奴隶制的转化过程，并把封建地租作为剩余价值的原始形式，考察了其演变过程，以反映生产力和生产关系的发展。其次，许涤新在讨论前资本主义经济时，以相当多的篇幅，系统地分析了商品货币关系和价值规律的作用。按照马克思和恩格斯的说法，商品、货币等"比较简单的范畴"在历史上早已存在。价值规律在有文字记载的历史以前，就已开始发生作用。商品货币关系是社会生产力在前资本主义社会里发展的伟大成果，又是资本主义生产方式的前提。在此基础上，他对中国封建社会长期停滞的原因和鸦片战争前中国资本主义为什么没有得到发展作了解释。

许涤新对中国这一典型的考察也是这部著作另一个引人注目的方面。长期以来，在政治经济学的研究中，奴隶制总是以希腊、罗马为典型，封建制则是以西欧为典型，资本主义制度以英、法、德等国为典型，许涤新在该书中运用马克思主义的有关经济范畴作为分析工具，对中国古代封建社会、资本主义萌芽时期的社会以及近代半殖民地半封建社会进行了深入的考察，这无疑是对"马克思主义在中国具体化"的贡献，而他对中外国家不同时期的分析，尤其是对近代中国这样有自己鲜明的政治特色且多种经济成分并存的不发达的半殖民地半封建国家的考察，无疑也大大丰富了政治经济学的内容。该书的这些安排和研究，正体现了政治经济学的原理，更好地实现了逻辑研究和历史分析的辩证统一，这种研究方法也正是马克思主义政治经济学原理在中国的具体化运用上的方法论贡献。

（四）对社会主义经济问题的研究和探索

20世纪60年代，特别是七八十年代，是许涤新社会主义经济研究最重要的时期。这一时期他在理论上的贡献主要在以下几个方面：

1. 关于社会主义所有制问题

许涤新在社会主义经济理论的研究中，十分重视作为生产关系基础的所有制问题。粉碎"四人帮"以前，他对这个问题的研究主要集中于社会主义公有制的必然性和优越性方面。粉碎"四人帮"以后，随着中国经济体制改革的开启，许涤新对社会主义所有制形式的发展、所有制结构等问题进行了探索。他对农村集体所有制等其他所有制形式及其与全民所有制和整个社会主义公有制的关系作了探讨。他认为，集体所有制基本上否定了个人私有制的性质。但当集体所有制还没有发展到全民所有制之前，在不同程度上还存在着私有制经济的残余，如社员的少量自留地和家庭副业。但它适应了我国现阶段农村生产力的发展水平，自留地和家庭副业在现阶段还是集体经济的补充。他还说，在集体所有制经济中，一定程度上存在着资产阶级权利。但是，不能因此而否定集体所有制的社会主义公有制性质，不能像"四人帮"及其舆论工具那样，把集体所有制硬说成是"集体私有制"。他认为，应从我国生产力水平较低、经济发展不平衡的状况和群众的觉悟水平出发来建立相应的所有制结构。首先，要让"全民所有制同集体所有制，在一个相当长的时间内，同时并存"；其次，"在今后若干年，不但要大力发展自负盈亏的集体所有制，而且要适当地发展那种不以榨取剩余价值为主的个体经济，具体说来，那就是要发展服务行业、修理行业、个体商业，以及劳动密集的传统手工工艺的生产"①。而对于改革开放过程中建立特区、利用外资的问题，许涤新也作了深刻的分析。他首先承认，特区的"特"，在实质上就是让资本主义存在和有一定程度的发展。继而断言："事实将会证明：这种同中国合作的'中外合资企业'是一种特殊形式的国家资本主义；而在特区境内经我国政府批

① 许涤新：《中国社会主义经济发展中的问题》，中国社会科学出版社1982年版，第6页。

准的'独资企业'则是我国政府能够加以管理和限制的资本主义企业，这种企业也是具有国家资本主义性质的。"不可否认这些企业里存在资本家的剥削。"但是，为了吸引外资和引进新技术，容许他们对工人进行一定量的剥削，在实质上，也是一种赎买政策。"① 我们采用这种赎买政策，可以同外资合作，取得他们的资金和技术，而且中外合资企业、外资独资企业及整个特区经济在国民经济中所占比重很小，资方所得在国民收入中所占比重也很小。因此，这些企业只能成为发展我国社会主义国民经济的一种特殊的补充形式。它不但不会动摇社会主义制度的经济基础，而且有利于实现四个现代化，壮大社会主义公有制经济的物质力量。

2. 关于社会主义生产过程的特点问题

社会主义生产过程的特点，是社会主义经济理论和政策的重要基点，许涤新在《论社会主义的生产、流通与分配（读〈资本论〉笔记)》中对这个问题进行了完整、系统的分析和概括。他首先指出，社会主义生产是对资本主义生产的否定，它不再是劳动过程与价值增值过程的统一。但由于社会主义社会中还存在商品生产，因而这种"社会主义生产过程，也是劳动过程同价值形成过程的统一"②。他把这称作社会主义生产过程的两重性。社会主义生产的这种两重性"同一般商品社会的生产，是相同的"③。在此前提下，他又指出了社会主义生产过程所具有的一些既不同于资本主义商品生产，又不同于简单商品生产的历史上前所未有的崭新的特点：（1）以公有制为基础；（2）实行有计划的生产，因而劳动具有了直接社会劳动的性质；（3）是直接社会劳动过程同价值创造过程的统一。在这二重性中，矛盾的主导方面是满足社会需要的使用价值的生产，但也不能否定或忽视社会主义生产中的价值形式的意义；（4）社会主义生产是规模不断扩大的过程。它服从于保证一切社会成员有富足的和日益充裕的物质生活以及体力和智力的充分自由的发展。而在这之前，经济学界在研究社会主义生产过程的特点时，常常把社会主义生产的商品生产特征同后面的一些特征混同或对立起来，特别是过分地强调和突出计划性特征。相比而言，许涤新对社会主义生产过程的特点的分析和概括，应该说

---

① 许涤新：《中国社会主义经济发展中的问题》，中国社会科学出版社1982年版，第7页。
② 许涤新：《论社会主义的生产、流通与分配（读〈资本论〉笔记)》，人民出版社1979年版，第40页。
③ 同上。

是比较全面和科学的。因为，他是先将社会主义生产的商品生产特征作为既定前提肯定下来，然后再分析社会主义生产作为商品生产的一种形式与其他商品生产形式的区别，如以公有制为基础、实行计划生产、直接社会劳动过程同价值创造过程的统一以及与资本主义完全不同的生产目的等。

3. 关于社会主义经济中的剩余劳动和利润问题

社会主义剩余劳动问题，在许涤新的经济思想中占有特别突出的位置。他指出，首先必须肯定社会主义剩余劳动存在的合理性和必要性，辩证地看待社会主义剩余劳动和资本主义剩余价值的区别和联系。马克思和恩格斯都曾不止一次地指出，作为超过一定需要量的一般剩余劳动，始终都必须存在。在资本主义废除以后，劳动群众还要为社会提供这样的剩余劳动产品。据此，许涤新认为，社会主义生产过程否定了剩余价值，但并不等于否定社会主义生产关系下的剩余劳动。"社会主义剩余劳动否定了资本主义剩余价值的剥削性和对抗性，但是，保存并且发扬了它在旧社会里作为'社会基金'的作用。"所以，"社会主义的剩余劳动是资本主义剩余价值的扬弃"，而不是抛弃。否则，"那就没有社会基金，那就没法扩大社会主义再生产，没法满足国家和社会的多方面的需要。如果那样，无产阶级专政和社会主义建设就难于维持下去，更谈不到向共产主义过渡了"[1]。

其次，他认为社会主义利润是社会主义剩余劳动产品的具体形式。针对利润曾被作为资本主义经济范畴而长期受到经济界的忌讳的情况和"四人帮"对社会主义利润的诬蔑，许涤新极力主张为社会主义利润正名，并对有关利润的许多理论和实践问题进行了探讨。他指出，由于在社会主义经济中还存在着商品、货币关系，所以剩余劳动产品还会在价值上表现为利润。他反复强调了社会主义利润与资本主义利润的根本不同，响亮地提出："社会主义企业，为了国家和人民的需要，按照国家计划，努力争取盈利（即增加利润），是天大的好事！"并呼吁人们要理直气壮地"为增加社会主义利润而奋斗"[2]。社会主义企业利润率的形成与资本主义利润率不同，具有计划性的特征。社会主义企业中衡量盈利的高低，也要用利润率来表示。对于我们国家曾长期以社会平均工资盈利率来确定计划

---

[1]　许涤新：《关于社会主义社会的剩余劳动和利润》，《光明日报》1978 年 9 月 30 日。

[2]　许涤新：《许涤新经济文选》，上海人民出版社 1980 年版，第 318—319 页。

利润率这一做法。许涤新认为,这种工资盈利率有一定的片面性,它忽视了劳动生产率和其他条件,因而还要同资金盈利率结合起来考虑。这就是"以某一生产部门的各类产品的不同工资盈利率作为基础,并以不同的资金盈利率作为参考,从中找出一个适当的标准,去调整各类产品的价格"①。

4. 关于社会主义商品经济问题

首先,许涤新从社会分工的角度论证了社会主义商品的存在。他在引用了马克思关于社会分工是商品生产存在的条件时说:"这是很明白的事情,相同的使用价值是没有必要作为商品而相互对立的,只有不同的使用价值,才有必要作为商品而相互对立着;而不同的使用价值的生产,那是以社会分工为条件的。"社会要生产不同的使用价值,进行商品交换和让渡,就必须使产品分属于不同的所有者。而产品的不同所有者,之所以能生产不同的产品并把产品归为他自己所有,这是因为他自己占有生产资料,从而生产出不同的使用价值的产品。这一科学的理论分析,为分析社会主义商品的存在奠定了理论基础。运用这一原理来分析社会主义商品存在的条件时,就从社会主义的分工(工业和农业的分工)和两种不同的社会主义公有制出发,分析出商品存在的必然性以及进行不同商品交换的必然性。许涤新指出,不同的社会主义公有制,生产资料和劳动产品必然各有其所有权,从而,它们的经济联系就必然采取商品交换的形式。

其次,许涤新对商品经济与计划经济、价值规律与国民经济有计划按比例发展规律的关系问题进行了探讨。他指出,商品经济在私有制条件下是以无政府状态进行的,是计划经济的对立物。但是这种情况并不能使商品经济同计划性的安排一刀两断。商品价值规律同国民经济有计划按比例发展规律在作用上有矛盾,但也不能因此就把它们完全割裂开来。事实上,它们之间是存在一致性的。他阐释说:"社会总劳动时间,必须根据社会需要,按比例地分配在各个不同的生产部门之间。国民经济有计划发展规律是从正面反映了这个客观存在的比例要求,而价值规律则是从反面表达这个客观存在的比例要求的。"② 他在 1985 年发表的《对当前几个社

---

① 许涤新:《论社会主义的生产、流通与分配(读〈资本论〉笔记)》,人民出版社 1979 年版,第 405 页。

② 同上书,第 167 页。

会主义经济问题的认识》一文中又谈道："如果我们好好研究马克思对商品价值规律的论述，就可以得到一个正确的基本认识。马克思指出：'商品的价值决定社会在它所支配的全部劳动时间中，能用多少时间去生产每一种特殊商品。'这就是社会劳动时间的分配，必须按照社会对于某种特殊商品的要求。斯大林的国民经济有计划按比例发展规律就是从马克思关于价值规律的这个基本原理引申出来的。"① 在他看来，这些正是"有计划的商品经济"的理论根据。

（五）对生态经济学和马克思主义人口学的探索

除了对社会主义经济理论和政策研究之外，许涤新还结合我国改革开放和经济发展的实际，不断拓展新的研究领域，他是我国生态经济学和马克思主义人口学的开拓者。

许涤新是我国生态经济研究的积极倡导者，在1980年召开的全国第二次畜牧业经济理论讨论会上，他首先提出了建立生态经济学的建议。此后，他又主持召开了多次学术讨论会，以组织和推动一批著名的自然科学家和经济学家、一批理论工作者和实际工作者共同协作，来开展生态经济学的研究。他在1985年出版了《生态经济学探索》一书，对这门学科的研究对象、性质、任务、基本原理和实际应用等许多重要问题，都作了论述。他认为，建立生态经济学是实现社会主义现代化建设所不可缺少的。他说，生态经济学是从经济学的角度来研究生态学在生产建设中的作用及其与经济学的关系。在生态学上，生命系统和环境系统相结合，构成了"生态系统"。人和生物必须与环境系统保持一定的平衡才能生存和发展。人类为了生存和发展，是不可能离开一定的自然环境的。马克思多次指出的人类与自然之间的物质变换，指的就是这个问题。人类与自然之间的物质变化，是人类永恒的条件。生态平衡和经济建设是息息相关的，而且在生态平衡与经济平衡之间，一般说来，主导方面是前者，在生态效益与经济效益之间，后者是以前者为物质基础的。这就要求我们，在生产建设中不仅要从经济方面看问题，而且要从生态系统的相互关系上处理问题。要从实际的自然条件和生态特性出发，调查研究，瞻前顾后，不仅要看到眼前利益，而且要看到长远利益。许涤新强调生态环境和生态平衡的必然性的同时，并不否认人的主观能动性。他明确承认，"生物系统对环境系统的利用，一

———————————

① 许涤新：《对当前几个社会主义经济问题的认识》，《世界经济导报》1985年12月16日。

般说是处于主动的地位"。不过，"这种主动是有限度的；超过这个限度，就会破坏生态平衡"。他批评了西方一些学者看到资本主义工业生产的发展破坏了生态平衡，就提出不要工业化和现代化，只发展手工业，甚至回到自然生活的原始状态去的消极主张，指出，这是一种悲观的开倒车的想法，我们绝不能这样做。"我们要在四个现代化的建设中来解决这些矛盾，而不是回避矛盾。"① 许涤新还提出了许多解决生态平衡问题的具体建议。

许涤新还是我国马克思主义人口学的开拓者。他曾任中国人口学会会长。为建立具有中国特色的社会主义人口学学科体系，他在同时期，不同场所，发表了许多精辟的论述。他一再强调：研究人口问题必须以马克思主义为指导，结合中国的国情，深入实际，探讨人口同经济和社会发展的规律，要勇于开拓和创新，为解决我国经济建设中出现的各种人口问题提供科学依据，逐步建立起我国社会主义人口学学科体系。他在 1978 年的第一次全国人口理论科学讨论会上的报告中指出：控制人口数量，提高人口素质，是社会主义人口规律的要求，对人口增长实行计划化，同马尔萨斯超历史人口规律有着根本的区别。他在《人口学教程》一书序言中写道："控制人口增长的实践，迫切需要从科学上加以总结和概括，并升华为人口理论。中国人口学家有志气，有能力，把人口学的教学和科学工作提高到一个新的水平。"他参与并主持了《人口学词典》的编撰工作。他一再强调："撰写工作必须坚定不移地以马克思主义基本理论为出发点，一定要保证科学性，准确性。"他多次倡导用马克思主义观点研究人口理论和中国的实际问题，不仅亲自撰写了许多人口理论方面的论文，多次出席重要的国际人口会议，还为筹备和领导中国人口学会，做了大量的工作。许涤新的这些努力和探索，为推动我国马克思主义人口学的学科发展作出了重要理论贡献，也为我国的经济建设作出了贡献。

二 经济思想评价

许涤新的一生，兼革命家和理论家于一身，做到了理论和实践的统一。他是一位极忠诚的马克思主义经济学家，但他绝不是墨守成规的教条主义者。他深信作为一个中国经济学者，任何时候都必须从中国的历史和

---

① 许涤新：《加强生态平衡经济问题的研究》，《经济研究》1980 年第 11 期。

现实出发，来探讨中国革命和建设的规律。他常常引用恩格斯的一段话："马克思的整个世界观不是教义，而是方法。它提供的不是现成的教条，而是进一步研究的出发点和供这种研究使用的方法。"而进一步研究的根据，则是社会实践，就是中国的实际。他一生的研究工作都是遵循着这一原则，总是立足于马克思主义基本原理和中国实际的统一。

首先，许涤新致力于马克思主义政治经济学中国化的探索。他认为政治经济学的中国化必须以中国的经济史实作为分析的根据，以中国社会的经济结构为探讨的目标。他的《广义政治经济学》，坚持以生产力与生产关系之演变为贯穿全书的线索，运用马克思主义的有关经济范畴作为分析工具，对历史上曾出现过的各种生产方式和社会主义体系等的内在特征以及两种生产方式间的更替过程进行了深入的分析，是一部具有丰富中外史料和现实例证而又是前后体系协调和理论连贯的巨著，被称为马克思主义政治经济学在中国具体化的先驱。

其次，许涤新在方法论上为马克思主义经济学的中国化作出了重要贡献。许涤新最具代表性的方法，是按照《资本论》的逻辑结构和基本原理来阐述理论和分析问题。他提出按照《资本论》的结构来设计社会主义政治经济学的理论体系，并率先在这方面进行了有益的尝试。他的《论社会主义的生产、流通与分配（读〈资本论〉笔记)》和《广义政治经济学（修订版)》第三卷等代表作，就都是采取了社会主义生产、流通和生产总过程与分配的结构形式。这较之当时国内和苏联那种传统的排列规律或记述政策的研究方式以及经济理论论文集式的表达方式，在合理性、科学性和逻辑性方面都是一个重要突破和进步，因而受到了多数人的赞同。应该指出的是，许涤新按照《资本论》的结构方法研究社会主义经济，并不是每个章节的提法和程序都仿效《资本论》，而是注意把握、运用《资本论》的内在逻辑顺序，并根据社会主义经济的实际来构思。如，他对于社会主义生产的分析是从所有制开始的。他认为，马克思之所以以商品与货币作为《资本论》的始点，是因为商品与货币是资本主义的历史前提，价值是资本与剩余价值的逻辑前提。不从贯穿着价值的商品与货币开始，就不能揭露资本主义生产的秘密。但对于社会主义生产却不能这样办。另外正如马克思在《资本论》中也指出，在资本主义生产方式废除以后，一些经济范畴和经济规律一旦摆脱了资本主义生产关系，对社会主义生产方式是依然适用的。许涤新在运用《资本论》的逻辑方法的同时，也把《资本论》的基本原理和对社会主义的科学预见作为研究社会主义经济的钥匙和重要理论依据。许涤新推崇《资本论》的理论，但历来反对企图在《资本论》里寻找建设社会主义的"现成答案"的教条主义态度。他坚持必须把《资本论》中提出的基本原理和对社会主义的预见，同我国的经济建设实际结合起来，在实践中发展马克思主义的政治经济学理论。他的《广义政治经济学（修订版）》第三卷，"自始至终贯彻了理论和实际相结合的原则，真正做到了把马克思主义政治经济学的基本原理向中国的社会主义经济建设实际相结合，在建立具有中国特色的社会主义政治经济学的道路上，做出了卓越的贡献"①。许涤新的这些研究方法以及对待《资本论》、马克思主义基本原理的态度，为马克思主义经济学的中国化作出了重要的方法论贡献。

总之，"许涤新同志在《资本论》和政治经济学的研究及其结合我国经济实践所做出的贡献，以及他在各种经济分支学科和边缘学科领域运用马克思经济学说的基本原理所起的开拓作用，在老一辈马克思主义经济学家中是无与伦比的"②。

---

① 蒋家俊：《纪念广义政治经济学的先驱许涤新同志》，《财经研究》1990 年第 9 期。
② 胡寄窗：《追忆许涤新同志对马克思主义经济学的贡献》，《财经研究》1990 年第 9 期。

第十章　马克思主义经济学家的
经济思想(中)

20 世纪初期出生的第一代马克思主义经济学家，其代表人物继经济理论家和实践者双肩挑的薛暮桥、许涤新之后，还有执着于马克思主义经济学专门研究的顾准、卓炯和孙冶方。

第一节　顾准的经济思想

顾准（1915—1974 年）是社会主义市场经济理论的先驱者之一。他在 20 世纪 50 年代中后期敏锐地觉察到传统社会主义经济理论的缺陷及计划经济体制的弊端，提出了市场取向的理论观点，被吴敬琏称为"中国经济学界提出在社会主义条件下实行市场经济的第一人"[①]。

一　顾准对市场经济理论的初步探索

（一）市场经济理论的初步探索

第一，从《学习毛泽东同志"调动一切理论为社会主义服务"的报告中经济部分的几点体会》到《关于社会主义经济中价值及价值规律的问题——一个读书札记》。

1956 年 7 月，顾准写下了《学习毛泽东同志"调动一切理论为社会主义服务"的报告中经济部分的几点体会》（以下简称《体会》），紧接着，顾准又写了《关于社会主义经济中价值及价值规律的问题——一个

---

① 学术界有人认为，我国第一位明确提出并论证"社会主义市场经济"的经济学家是中国社会科学院的于祖尧，1979 年 3 月在《经济研究参考资料》（1979 年第 50 期）上发表《试论社会主义市场经济》一文，提出价值规律是商品生产固有的规律，也是调节社会劳动时间按比例分配规律等论断，该文属我国讨论社会主义市场经济范畴。

读书札记》（以下简称《札记》）。尽管顾准为人们所熟知缘于他的《试论社会主义制度下的商品生产和价值规律》一文（以下简称《试论》），①但是梳理顾准经济思想的发展脉络，就会发现顾准的经济思想有一个不断递进、不断深化的过程，可以说，《体会》与《札记》为《试论》奠定了理论基础，或者说《试论》是前两篇论文的进一步深化。

在《体会》一文中，顾准的主旨是通过阐述"在农产品收购中贯彻等价交换在此的重要性"来说明毛泽东"用多发展一些轻工业和农业的办法来发展重工业"思想的可行性、正确性。在论证的过程中，顾准开始涉及社会主义制度下价值规律的作用问题，并发现经典作家对价值规律作用的不同表述，在文中的最后，顾准列举了马克思和斯大林二人对价值规律在社会主义经济中所起作用的完全不同的论述，正是这种不同的观点启发了顾准，促使他追问为什么会有这种不同，于是就有了《札记》的诞生。

在《札记》中，顾准把马克思、恩格斯和斯大林各自关于社会主义经济中价值和价值规律的观点进行了全面的整理和分析。顾准认为，马克思与斯大林二人关于价值规律的概念含义是不同的，马克思把价值规律和商品交换的规律作了严格的区分，价值规律是价值决定的规律：由生产它们的社会必要劳动时间的量，决定一个使用价值的价值的价值。它不包括商品交换的规律。而斯大林给价值规律所下的定义是：价值规律是商品生产的经济规律，按照这一规律，商品的交换同生产商品所消耗的社会必要劳动量是适应的。显然斯大林的定义与马克思的定义相比，一是把价值规律限定在商品生产的范围之内；二是把交换的概念加入到价值规律中来，即把马克思的价值规律与商品交换的规律合二为一了。顾准由此推论说，在马克思那里，价值规律与商品生产和交换的存在与否是没有关系的，因而，尽管马克思预想在社会主义经济中是不存在商品生产和货币经济的，但仍认定价值规律会在社会主义下起支配作用："在资本主义生产方式废止以后，但社会化的生产维持下去，价值决定就仍然在这个意义上有支配作用：劳动时间的调节和社会劳动在不同各类生产间的分配，最后，和这各种事项有关的簿记，会比以前任何时候变得重要。"② 而事实上，社会

---

① 顾准：《试论社会主义制度下的商品生产的价值规律》，《经济研究》1957年第2期。
② 马克思：《资本论》第3卷，人民出版社1975年版，第963页。

主义经济中存在着商品经济，由此顾准进一步推论：价值规律的作用更应该广泛。但如果从斯大林的定义出发，就会得到这样的推论：商品经济不存在，价值规律也就不存在，既然现今的社会主义国家实行的是计划经济，商品生产与交换只能在局部范围内存在，那么价值规律只能对生产起到影响作用，不能起到支配性的调节作用，而且处于被局限之中。

顾准进而指出，并不是因为马克思和斯大林关于价值规律的概念含义不同，导致他们对价值规律在社会主义经济中所起的作用作了不同的判定。问题的实质是，斯大林用计划体制否定了价值和价值规律，"这个否认，正因为涉及价值实体，所以涉及事物的本质，因而这不仅涉及逻辑关系，也涉及事物内部联系的正确认识，涉及根据这种认识，正确地指导实践的问题"。显然顾准是要通过梳理马克思和斯大林在价值规律上不同认识的问题，质疑斯大林社会主义经济理论体系的认识起点和理论基础。

在顾准看来，既然价值规律仍然是社会主义社会广泛起作用的客观经济规律，计划在规定各部类的生产规模及其相互间比例时，应该制约于作为客观经济规律的价值规律，计划要按照价值规律去制订，经济计划要严格地计较各种生产的有用效果与所费劳动。他认为，如果不进行这种计较，这样能够保证最经济地运用现有的物质力量，自然资源与劳动力，以最快的速度提高劳动人民的生活水平？顾准实际上已经提出社会主义经济要以价值规律为本，这也意味着认可由价格变动来调节生产，这当然就含有市场取向的意思了。实际上，在《札记》中，顾准已经隐约地表示出社会主义的所有生产都应该根据市场状况加以调节的思想。

第二，《试论》中的市场经济思想。

从《体会》到《札记》的写作过程中，顾准发现了斯大林整个社会主义经济理论的重大"破绽"，这无疑会引起一个理论工作者的兴奋与创作激情。由此一篇近四万字的长文《试论社会主义制度下的商品生产和价值规律》诞生了。《试论》一文包括 7 个部分：（1）单一的全民所有制与两种所有制；（2）分配方法与核算方法；（3）商品生产；（4）市场经济与经济核算；（5）价值与价格；（6）价值规律的作用；（7）货币。这几部分内容都是围绕商品生产和价值规律展开的。顾准针对当时所谓的

"谁企图用价值规律来解释社会主义经济中的现象，谁就是违背马克思主义"错误观点进行了驳斥，并针锋相对地指出："经过十几年的历史发展，社会主义经济已形成一个体系，这个体系的全部细节是马克思、恩格斯所没有全部预见的，也不可能全部预见的。"① 在顾准看来，在社会主义经济理论研究中，不能只引证马克思等经典作家的现成结论，而必须以马克思主义的基本观点、立场和方法，去分析"我们所生存其中的社会主义的具体经济关系"。正是本着马克思主义实事求是的态度，顾准就经济中的货币、商品生产、价格、价值、价值规律等重要内容，进行了深入的探索，提出了"市场取向"的经济观点。

1. 关于社会主义条件下的商品生产

顾准首先探讨了社会主义条件下商品生产存在的原因。关于这一点，长期流行的观点受斯大林的产品经济思想影响，认为社会主义商品和商品生产之所以存在，是由于社会主义公有制还存在着两种形式，即全民所有制和集体所有制。这两种公有制之间存在着商品交换，存在着买卖关系，即经济关系。只要有交换关系和买卖关系，那么产品就成为商品。在这里，两种所有制之间由于交换发生了产品所有权的转移，产品就成为商品。随着社会主义经济向单一的全民所有制过渡，商品货币关系将消亡。对这种流行的观点顾准是不同意的。他认为，社会主义商品生产存在的原因是经济核算，不能把商品生产存在的原因归结到产品所有权的转移上去。顾准明确地指出："至于目前社会主义之所以存在着商品生产，其原因是经济核算制度的存在，不是两种所有制并存的结果。两种所有制之间的交换，是不能拿来与私人商品生产者之间的交换类比的。"② 首先，社会主义两种所有制之间的交换是社会主义关系，而不是严格意义上的商品关系，它们之间的交换不是按照市场的原则而是按照计划的原则进行；其次，商品生产存在的特征不是"流通过程"，不能以是否存在买卖关系来判断是否是商品。

顾准进一步论证即使在单一的全民所有制中，社会生产仍然是商品生产，同样需要利用货币、商品、价值等经济范畴，因为在单一的公有制中仍然必须进行经济核算。要进行经济核算，首先货币不能被废除，必须用

① 《顾准文集》，贵州人民出版社1994年版，第20—21页。
② 同上书，第28页。

货币来分配消费品。这是因为劳动者及其家属如食品、衣服、居住等种类的消费品需求是通过统计来作为计划生产的根据的，单从具体的消费品的品种、花色而言由于消费兴趣的多样化，人们必然要求自由选购；个人消费诸如住宅的租赁、理发、洗澡、市内交通、外地旅行、旅馆服务等生活服务项目、文化娱乐以及劳动者个人负担的子女教育费、托儿所费用等要求的满足也必须用货币来支付；现实经济生活中的延期消费与提前消费等不仅需要利用货币，还需要信贷系统，当然也需要有利息调节的存在。其次，社会主义社会不仅要利用货币来分配消费品，还同时要利用货币来实行核算，进行商品的生产，因此价值和价格在日常生活中也是必须要存在的。他不同意那种认为社会主义社会可以直接用劳动时间来衡量产品所消耗的劳动量以彻底消灭价值范畴的说法，认为在实行了广泛社会分工的社会主义生产中，每个生产企业都是一个核算单位，每个生产企业在核算过程中都要确切知道诸如支付的货币工资、其他企业转移过来的生产资料的价格、本企业转移出去的产品的价格等数据，这就决定了社会主义社会的生产也必须利用货币来核算产品的价值。他提出，如果不用货币来进行核算而采用劳动时间来进行核算会面临许多的困难，比如用直接劳动时间计算产品的劳动消耗就必须解决复杂劳动换算成简单劳动的标准，而这样的换算只能在社会平均劳动的计算中采用，并不适用个别企业的核算。总之，顾准提出即使在社会主义单一所有制经济的条件下，消灭商品生产和货币都是不可行的。

顾准虽然论证了社会主义生产仍然是商品生产，仍然必须利用货币、价值、价格等范畴，但他并没有否定计划经济，而是提出了一个著名论点："社会主义经济是计划经济与经济核算的矛盾统一体。"① 在他看来，实行经济计划才能避免生产的无政府状态。但是经济计划也并不是具体详细到把全社会生产的一切都包括在计划之中的，必须靠经济核算来弥补不足，这种经济核算并不是说以全社会为核算单位，而是由各个生产企业进行独立的核算。顾准认为，企业进行经济核算可以有最低限度和最高限度两种做法：最低限度做法是经济核算仅仅使产品能够计价，促使企业注意成本问题，价格不对生产起调节作用；最高限度的做法是"充分发挥经济核算制的作用，使劳动者的物质报酬和企业盈亏发生极为紧

---

① 《顾准文集》，贵州人民出版社 1994 年版，第 33 页。

密的联系，使价格成为调节生产的主要工具。因为企业会自发地追求价格有利的生产，价格也会发生自发的涨落，这种涨落就实际上在调节着生产"。① 顾准明显是赞同最高限度的做法，在计划经济等同于社会主义，市场经济等同于资本主义的年代，作为一个革命者，顾准不可能明确提出以市场经济取代计划经济，但其经济思想中的"市场取向"跃然于纸上。

2. 关于价值规律及其作用问题

相比于《札记》，顾准在《试论》中对价值规律在社会主义经济中的地位和作用进行了更加深入的探讨。顾准指出，论述价值与价格之间的关系问题，其实质是价值规律的作用问题。他一方面指出："社会主义是实行经济核算的计划经济"，同时又强调："社会主义经济必须实行经济核算，从理论和历史经验上说，都只是因为价值规律制约着经济计划，经济计划必须运用价值规律，如果不是由经济核算制补充经济计划，计划经济运用价值规律有无法克服的困难之故。"②

首先，价值规律通过计划经济调节全部社会生活。在顾准看来，价值规律是制约计划经济的，同时，经济核算又促使计划经济运用价值规律。实际上，经济核算正是价值规律作用的体现。这个作用主要有两个：一是经济核算所提供的关于成本、价格、利润等资料，是经济计划得以调节生产的依据所在，并使社会生产的经济效果达到最大化。经济核算也帮助经济计划制订正确的国民收入分配方案，规定各生产企业与生产部类之间产品转移的合理价格。二是在经济计划规定的一个合理的限度之内，经济核算对生产、分配及产品转移发挥着自动的调节作用。

其次，价值规律支配着价格的运动。顾准认为，价格是联系生产与消费的纽带，是非常重要的经济范畴。既然价值规律制约着社会主义经济，那么价值规律就支配着价格运动，影响着价值与价格之间的差离，影响着价格的比例。价格比例越是符合价值比例，社会经济的发展越是正常。但是，价格与价值的比例差离又是必要的。这主要是：价格涨跌调节生产、调节消费、调节生产与消费之间的比例关系。

最后，价值规律调节生产，也调节流通，既调节消费资料的生产，也

---

① 《顾准文集》，贵州人民出版社1994年版，第33页。

② 同上书，第44、46—47页。

调节生产资料的生产及转移过程。由于生产与消费之间的密切联系，决定了价值规律在调节生产的同时，也调节了消费。生产资料的生产与分配也是受价值规律调节的。

并且，顾准还对价值规律在社会主义制度和资本主义制度下的作用进行区分的比较，指出在社会主义条件下"价值规律通过经济计划调节全部经济生活"。资本主义则是任凭价值规律作为自发的规律，通过竞争，自发地调节全部生产。这就是社会主义和资本主义的基本区别所在。①

总之，顾准认为，价值规律调节着社会主义生产的总过程，即调节着社会主义生产、交换、分配和消费的全过程。同时，价值规律也调节着社会生产两大部类，即生产资料生产和消费资料生产之间的比例关系。价值规律在社会主义制度下起调节作用是全面的，不是部分的，是在全部的经济生活之中，而不是仅仅局限于社会经济生活领域的某一个方面。

顾准关于社会主义经济体制下也应当运用价值规律、肯定商品货币关系的存在的理论在当时是非常超前的，并且对他同时代的经济学家如孙冶方产生了重要影响。张劲夫在评论"这一件重要的史实"时说，"在50年代能提出这样的看法是非常难得的"②。

二 顾准对"娜拉出走后"的追问

《试论》一文发表不久，1957年11月，刚刚进入中科院经济所一年的顾准就被打成了右派，同时被开除党籍，以至于妻离子散。但这反而促使他进一步反思和探索这么一个中心问题："娜拉出走后怎样"即革命后的中国向何处去？

（一）"娜拉出走后"的命题

娜拉是挪威戏剧家亨利·易卜生1897年创作的戏剧《玩偶之家》的女主角，这部戏曾经在中国新文化运动时期产生过很大影响，"娜拉出走"也被隐喻为个体或群体以革命的方式寻求解放的行为。而顾准所要探究的是"娜拉出走后怎样"的问题，即无产阶级取得政权后该走什么样的道路的问题。

国家、社会这个"娜拉"出走后怎样的问题，主要包括两个核心命

① 《顾准文集》，贵州人民出版社1994年版，第47页。
② 同上书，第5页。

题，即在革命成功后建立怎样的经济体制和政治体制的问题。在马克思主义经典作家的理论中，这当然都是有答案的：经济上实行计划经济体制，政治上实行无产阶级专政。俄国革命胜利后正是按照这一设计去安排的。在顾准看来，40 年（1917—1957 年）的实践却凸显出重重问题：经济上以牺牲农业和轻工业来发展重工业的战略，使农业的经济水平在相当长的时间内低于沙俄时期；政治上则实施斯大林"大肃反"政策。中国的状况也同样不乐观，同时还有顾准本人的遭遇，这无疑都引发了他的思考和深刻的反思。

那么，是不是"娜拉"不该出走呢？应当说，顾准不是没有对革命反思过，顾准对革命的反思放在当代中国思想界可能是最早的，但他却没有对革命进行否定，没有"告别革命"或"否定革命"，而是探索革命以后怎么办，即"娜拉出走后怎样"。这一命题又可分解为两个内容：一是方向问题，"娜拉出走后"向何处去？二是怎样才能使得较好的出走方向得以实现。

（二）"娜拉出走后"方向的探索

在 20 世纪 60 年代，顾准精读马克思《资本论》的同时，还大量阅读了西方著名经济学家如凯恩斯、加尔布雷斯、罗斯托等人的著作，并翻译了熊彼特的《资本主义、社会主义和民主主义》以及罗宾逊夫人的《经济学论文集》，通过这些现代西方经济学著作，顾准不仅了解了西方资本主义现代经济理论，也对资本主义现状有了比较客观的认识和把握。正是在此基础上，20 世纪 70 年代初，在与弟弟陈敏之先生的通信中——主要是《关于原始积累和资本主义发展的笔记》、《关于帝国主义和资本主义》——较全面地展示了自己关于现代资本主义的观点。

顾准对现代资本主义所下的结论是：现代资本主义变了，它在继续发展，危机虽然还有，但大的恐慌性危机已经不存在了。资本主义之所以出现这些变化，顾准认为有四个方面的内因以及一个外因。四个内因：一是西方国家接受德国沙赫特的经验及凯恩斯的经济学理论，采取了国家干预经济的方针；二是新技术、新材料、新产品的影响；三是大公司、大政府、大工会的存在；四是多元主义哲学、学术自由和民主政治。顾准认为第四个原因是根本原因，因为它们的实施最终就是导致批判，从而导致资本主义在不断暴露其弊端的同时，总在得到大大小小的改良。而外因就是社会主义国家的存在。由于苏联社会主义的存在，为了争夺世界的领导权，美国一方面"保持并尽可能提高生产力的发展"，另一方面对外实行的帝国主义政策会有所改变。顾准尽管对现代资本主义的变化有相当的肯定，但他并没有把资本主义作为"娜拉出走后"的方向。在顾准看来，资本主义并不是一个完全能自主的、健康的、发生向善转变的机制，现代资本主义也是问题重重，并且是一大堆罪恶的根源。

拒斥苏联社会主义模式，否定"文化大革命"式的社会主义，又深知资本主义的罪恶，那么，出走的方向在哪里呢？在这种紧张对立中，顾准受罗斯托《经济成长阶段》的影响，开始接受并使用"现代化"的概念，并尝试以此为坐标来叙述中西方近代以降的历史。虽然顾准没有对现代化理论进行深入的研究，但是把现代化作为方向的意念已十分明显，在他看来，到20世纪以后，就不再纯粹是接受资本主义的问题，而成为一个更广泛的"现代化"问题，可以有资本主义道路的现代化，也可以有社会主义道路的现代化，还有20世纪50年代以后"新兴国家"的特殊样式等。就是要把社会主义作为实现现代化的一个选项。顾准这种把革命当作非常态，把建设当作常态的观念无疑是一剂醒世良药。

（三）实现现代化途径的探索

顾准并没有从经济体制或经济模式上对中国的现代化道路进行更多的探讨，而是更多地关注了民主问题。思考民主问题当然与"娜拉出走后"的命题直接相关，因为这个目标的实现必须要有现代民主制度作为保障。同时，关注民主问题也与顾准的个人经历及当时的时代背景有关。"文化大革命"发动的以"大鸣、大放、大字报、大辩论"为形式的所谓"大民主"在中国全面展开所引发的无序和混乱，使顾准深感有必要探讨在现代民族国家的格局下，什么样的民主才是适当的、合理的。

顾准对民主问题的讨论，主要集中在《僭主政治与民主》、《帝国主义和资本主义》、《科学与民主》、《要确立科学与民主，必须彻底批判中国的传统思想》、《直接民主与议会清谈馆》和《民主与终极目的》等六篇写于1973年3—6月的通信和一组在时间上更早一些的笔记中。顾准的民主观主要包括以下内容：

第一，顾准认为民主是外来的东西。中国古代以降就没有民主的传统，甚至没有自然法的观念。即使是一般的权利义务观念、契约观念，也统统没有，因此要确立科学与民主，必须批判中国的传统思想。

第二，在民主与科学的关系上，他发人深省地提出二者虽然须臾而不可分，但却并非没有先后。他主张民主应该放在科学的前面，因为"唯有民主才能发展科学研究，才不致扼杀科学"。"而所谓的科学精神，就是哲学上的多元主义的另一种说法。"是"学术自由，思想自由的老生常谈而已"。

第三，关于民主的具体形式，顾准主张实行间接民主。在他看来，直接民主在民族国家是不现实的，只会导致专制和独裁，而议会制民主是最现实的民主实现形式，尽管这种民主形式并不完美，但能对权力实现有效的制约。

第四，在一个民主的社会里，批评乃是这一社会最重要的特征。顾准认为，资本主义之所以能够一点点改良，批评和批判是一种重要的机制，也只有在民主制度下，真正的批评才可能产生，并进而推动社会的进步。

第五，民主乃是与不断进步相联系，而不是与某个目的相联系。设定一个终极目的，并要求民众为此目标而牺牲，这是宗教，不是政治。

第二节　卓炯的经济思想

卓炯（1908—1988 年）是与顾准同一时代的经济学家。他在 20 世纪 50 年代末 60 年代初，对传统的社会主义经济理论和计划经济体制提出了质疑，并提出社会分工决定产品的商品性，所有制决定商品的社会性质和特点的中心思想，形成了独特的商品经济理论体系，被称为社会分工学派；他还提出了社会主义经济是有计划的商品经济的著名论点。

一　社会主义经济是有计划的商品经济

20 世纪 50 年代，中国的社会主义改造和社会主义建设正如火如荼地进行。作为一个专业学者，卓炯也在不断地进行理论探索。1956 年，他写下了第一本政治经济学专著《政治经济学学习提要》，对劳动价值学说进行了理论探讨。一年以后，出版专著《十大经济政策解说》，他以劳动价值论为基础，阐述了社会主义政治经济学中的一些重大理论问题，如价值规律在社会主义经济中的地位和作用、计划经济与商品经济的关系等，提出计划经济的基础是商品经济。1960—1961 年，卓炯随省委工作团到肇庆地区德庆县参加人民公社的"整风整社"运动，当时蹲点的村叫凤村。这段经历使他亲身体会到"大跃进"运动包括关闭农贸市场、否定商品经济的"左"的政治路线带来的严重后果。同时，他在实践中感悟到，一旦党的经济调整政策（其核心是承认商品生产和商品交换，尊重价值规律）得到贯彻实施，农村经济凋敝的状况马上得到改善，城乡市场重新出现生机和活力。因此卓炯深深意识到，必须在实践中自觉运用商品价值规律，放手发展商品经济，才能使社会主义经济得到蓬勃发展，而关键是必须在理论上解决社会主义经济仍然是商品经济的重大认识问题。于是卓炯在繁忙的工作之余，在艰苦的条件下，一口气写下了《论商品经济》、《论社会分工在政治经济学中的地位》、《申论社会主义制度下的商品》、《从资金循环探讨社会主义生产的商品性质》、《关于商品经济问题的商榷》、《试论商品经济矛盾的普遍性和特殊性》六篇论文。其中，《申论社会主义制度下的商品》发表于《中国经济问题》1961 年第 5—6 期合刊，《论商品经济》发表于《经济研究》1962 年第 10 期，这些文章的问世，标志着卓炯商品经济理论的基本形成。

（一）社会主义经济仍然是商品经济

如前所述，20 世纪 50 年代末我国经济学界对为什么社会主义条件下仍然存在商品经济有过一次大的讨论。传统社会主义经济理论认为大体上有两种解释：一是两种所有制的存在论；二是所有权论。顾准不同意把商品经济的存在归结为以上两个原因，他认为经济核算制度的存在才是社会主义商品经济存在的原因。相比于顾准，卓炯走得更远，观点更为明确：社会分工决定商品经济的存在，生产资料所有制决定商品经济的社会性质。

卓炯对商品经济的两种所有制论和所有权论进行了评议：

1. 关于两种所有制论。卓炯指出，根据马克思的分析，所有制是同商品的一般性质没有联系的。认为商品经济之所以在社会主义依然存在是因为两种所有制并存的观点，不仅在逻辑上存在问题，而且在事实上是行不通的。如果两种所有制生产同样的产品，它们就不需要交换。卓炯进一步指出，两种所有制论是斯大林的教条，如果不破除所有制教条，商品经济的混乱是无法澄清的，因而必然妨碍商品经济的发展。历史已经证明，在奴隶社会和封建社会，同样是私有制，虽然自然经济占统治地位，但已存在商品经济，只是由于自然经济是一种落后的生产形式，它必然要向先进的商品经济生产形式转化。

2. 关于所有权论。卓炯认为，所有权的转移决定了商品生产的存在这种观点也是不符合实际的。国营企业，集体企业，个体企业之间经过交换发生所有权转移，但是如果生产同一种产品就没有交换的必要，所有权转移就没有基础。同样，国营企业之间如果生产不同产品，也要发生交换，但是他们之间的交换虽然不发生所有权转移，但是产品却变成商品。卓炯进而指出，所有权是一种法律语言，属于上层建筑。上层建筑怎么能成为决定商品经济的原因呢？当然，商品作为财产必须要受到法律的保护使之不受侵犯，这是可以理解的，但也只是使之不受侵犯而已，不能成为商品经济的存在原因。从逻辑上说，坚持所有权的转移是商品生产存在的基础即是认为社会主义经济仍然有私有的性质，所以社会主义才有商品经济，这就混淆了公有制和私有制的本质区别。卓炯同时指出，所有权论也是斯大林的教条，不打破这种所有权教条，商品经济也是搞不好的。

那么社会主义存在商品经济的原因到底是什么呢？卓炯认为是社会分工而不是别的原因决定了社会主义经济仍然是商品经济，他分析说，根据马克思的观点，分工使劳动产品转化为商品，因而使它转化为货币成为必然的事情……如果这些物不是不同质的使用价值，从而不是不同质的有用劳动的产品，它们根本就不能作为商品来互相对立。上衣不会与上衣交换，一种使用价值不会与同种的使用价值交换。不同的使用价值就是一个社会分工的问题。所以离开社会分工来解释商品经济是一种舍本逐末的行为，是不符合马克思的意愿的。所以卓炯提出：社会分工决定商品经济的存亡，而所有制形式决定商品经济的社会性质和特点。

（二）社会主义经济是计划商品经济

卓炯对经济计划与商品经济之间的关系也进行了深入的思考，他认为，资本主义商品经济与社会主义商品经济之间的区别在于它们是否有计划，资本主义商品经济可称为自发性商品经济，公有制下的商品经济可称为计划性的商品经济。"现在的事实很明显，在公有制下，不论是全民所有制的产品也好，集体所有制的产品也好，只要有社会分工存在，产品就要进入交换过程，就要成为商品……这种商品经济的特点就是计划商品经济。"

其实卓炯著作中所说的商品经济实质上就是市场经济。卓炯将市场经济的出现看作是人类社会文明的大发展，他在1961年写道："商品经济的集中表现形式就是市场，而市场是人类生活中一种进步的表现，从市场的大小和规模，可以看出一个社会经济、文化发展的程度。在人类社会中，没有一种东西比市场对人的吸引力更大，它既经常而且持久。我们要消灭商品经济意味着要消灭市场，这对于人类经济文化的发展是否有这个必要，是值得加以重新考虑的。我觉得建设共产主义的任务并不是要消灭市场，而是要把无政府状态的市场（也就是自由市场）改造成有计划的市场。"

可以看出，卓炯以是否有计划来划分资本主义商品经济与社会主义商品之间的区别，并且他的商品经济概念实际上是市场经济概念的另一种表述。对此卓炯本人在 1986 年也予以进一步明确："其实，商品经济就是市场经济，是一个东西的两个不同概念。""所谓商品经济或市场经济只是社会分工的必然产物，其实并无褒贬的含义。"

二　计划商品经济必须遵循价值规律

（一）价值规律的一般性和特殊性

卓炯认为，价值规律是商品经济的基本规律。价值规律的内容应包括：价值是由社会必要劳动时间决定；商品交换必须是等价交换，等价交换的实质是等量劳动相交换，价格必须反映价值和供求变化；价值是由 C、V、M 三个部分组成；价值的三个部分分别表现为物化劳动、必要劳动和剩余劳动；C 是生产资料价值规律；V 是劳动力价值规律；M 是剩余价值规律。只要是商品经济，必须遵循价值规律，这是价值规律的一般性；价值规律在不同的社会形态有不同的表现形式，这是价值规律的特殊性，从社会性质层面来看，社会主义经济的基本规律是公共必要价值规律。

卓炯用如下公式表述了他的这一思想。在劳动一般层次上，价值规律表现为社会必要劳动时间规律：社会必要劳动时间（W）＝物化劳动时间（C）＋必要劳动时间（V）＋剩余劳动时间（M）。在商品经济一般层次上，社会必要劳动时间规律变成价值规律，价值规律可表述如下：商品价值（W）＝生产资料价值（C）＋劳动力价值（V）＋剩余价值（M），或者，商品价值（W）＝不变资金（C）＋可变资金（V）＋利润（M）。在资本主义经济中，价值规律转化为资本价值规律：资本价值（W）＝不变资本（C）＋可变资本（V）＋无偿占有价值或资本剩余价值（M）。资金是资本的一般形式，资本是资金的资本主义形式。在社会主义商品经济中，价值规律转化为资本价值规律：社会价值（W）＝不变资本（C）+可变资本（V）+公共必要价值或资本剩余价值（M）。资金是资本的一般形式，资本是资金的社会主义形式。

（二）价值规律的宏观作用与微观作用

卓炯认为，价值规律有微观及宏观两重作用。价值规律的微观作用就是促进生产力的发展。由于商品的价值是由社会必要劳动时间所决定的，商品如能降低必要劳动时间，它就可以推动生产力的发展，所以价值规律是一个发展生产的规律。同时价值规律又是一个等价交换的规律，分配的规律，平衡人与人物质利益的规律，所以价值规律有调节供求的作用，这是它的宏观作用。关于价值规律的宏观作用，卓炯论证道，假定社会需要一定的商品量，而供给又恰恰符合这个一定的商品量，这就是供求平衡的表现。如果需求和供给之间的差额很大，这样就会产生相对的生产过剩或生产不足的现象，市场价格就会偏离市场价值更远，或更高于市场价值或更低于市场价值。这时我们就可以通过经济杠杆（实际上是价值杠杆）来加以调节，生产不足的加以鼓励，生产过剩的加以限制，这样就可以使供求得到平衡。所以我们只要按照价值规律按比例地分配社会劳动（包括生产资料和劳动力），并用价值杠杆来加以调节，达到供求的基本平衡是可以做到的。可是我们长期以来，既不按价值规律分配社会劳动，又不运用价值杠杆来进行调节，以致造成长期的比例失调。

卓炯还明确提出必须推倒传统理论的所谓"国民经济有计划按比例发展规律"。他认为，国民经济有计划发展只是一种发展状态，而不是经济规律。价值规律本身就要求按比例地分配社会总劳动量于不同的生产部门，按比例就是计划性，所谓"计划规律"只是肢解了价值规律和再生产规律。因此，社会经济所必须遵循的基本经济规律是价值规律而不是国民经济有计划按比例发展规律。

三　对改革道路的探索

相比于顾准，卓炯的个人命运是幸运的，尽管因其"异端邪说"在历次政治运动中屡受冲击，但他等来了"拨开乌云见日出"的那一天。然而此时的卓炯已是年过古稀的耄耋老人，他以只争朝夕的心态一方面继续完善他的社会主义商品经济理论，另一方面对改革开放事业投入了极大的热情，他对社会主义经济体制改革中的重大问题，包括改革的方向，价格体制改革、流通体制改革、金融体制改革、劳动制度改革等进行了有益的探索，为改革开放事业作出了新的贡献。

首先，他提出了市场化取向思路。早在1979年卓炯就指出，商品经济是一种社会关系体系，是由商品的直接生产过程、商品的流通过程、商品生产的总过程组成的一个体系。他认为把商品生产看作是资本主义生产并不准确，应该说商品生产是资本主义和社会主义的共性，其特征应该是资本主义商品经济和社会主义商品经济。既然社会主义经济是商品经济，计划经济的本意是不承认商品经济的，那么就要把计划经济体制改革成商品经济体制。如前所述，卓炯的商品经济是扩大的商品经济，实质是市场经济，也就意味着卓炯提出的经济体制改革的基本思路就是市场取向的思路，就是把计划经济体制改成市场经济体制。1984年中央《关于经济体制改革的决定》（以下简称《决定》）通过，卓炯一方面感到高兴；另一方面又认为这个《决定》在理论上不彻底，因为《决定》说："社会主义有计划的商品经济，是计划经济，而不是市场经济。"在卓炯看来，《决定》发表后，又只能讲商品经济，不能讲市场经济了，其实，商品经济就是市场经济，是一个东西的两个不同概念。

其次，卓炯在研究解决经济改革的理论与导向的同时，对经济改革的具体内容如价格改革、金融体制改革、流通体制改革等进行了探索，其主要观点包括：

1. 改革财政制度中的无偿拨款制度，建立公共财政体制，明确各级政府的财政责任。

2. 改革金融体制方面以财政拨款为主，不充分发挥银行的骨干作用的现状，要把银行办成社会经济生活的调节者。

3. 改革物资体制方面产品调拨制度，实行商品流通制度。

4. 改革商业体制中的统购统配、行政层次和行政区划制度，实行市场竞争，自由买卖。

5. 改革企业体制中的政企不分和财政统收统支，把企业办成独立的经济实体，实行经济核算。

6. 改革固定工制度，实行劳动合同用工制度；改革平均主义的工资制度，实行按劳分配。

7. 改革计划体制中的自上而下，集中过死、主观主义，建立国家宏观调控体系。

8. 破除单一商品市场格局，建立完整的包括资源市场在内的统一开放的市场体系。

9. 改革对物价管得过多，统得过死、许多物价不合理的局面，从体制上松绑，下放物价管理权，扩大浮动物价的品种范围，扩大议价范围，放开大部分小商品价格，生产资料价格实行市场调节，等等。卓炯的这些理论观点远远地走在了时代的前列并一再被后来的社会主义实践所证实。

综上所述，顾准和卓炯是同时代经济学家，主要理论观点也几乎同步形成。都是在 20 世纪 50 年代中后期我国计划经济体制开始形成时，敏锐地发现传统社会主义经济理论的缺陷及计划经济体制的弊端，并在进行深刻反思之后，提出了市场取向的经济思想，这在当时无异于一种反潮流的"离经叛道"之说，但是他们始终坚持马克思主义实事求是的原则，在求真求实的路上一往直前，义无反顾，在思想学术上取得了突破。

当然，顾准和卓炯的经济思想既有相似之处，也有一定的差别：

首先，关于社会主义的商品经济性质。顾准和卓炯都对传统的所有制论及所有权论进行了反驳，都认为社会主义经济仍然具有商品经济的性质。顾准认为社会主义阶段之所以存在商品经济，是因为经济核算制的存在；而卓炯则从商品经济的一般性及特殊性来论证商品经济存在的基础是社会分工，与根本经济制度并没有必然的联系。应当说，在这个问题上，顾准尚未达到卓炯观点的高度和深度，没有解决社会主义商品经济的根本问题。

其次，关于价值规律在社会主义经济的地位及作用问题。二人都认为价值规律的作用是覆盖全社会的，对整个社会生产起全面的调节作用。顾准认为，价值规律调节着社会主义生产的总过程，即调节着社会主义生产、交换、分配和消费的全过程。同时，价值规律也调节着社会生产两大部类，即生产资料生产和消费资料生产之间的比例关系。卓炯则把价值规律视为一般劳动过程的规律，并对价值规律的微观作用及宏观作用进行了深入的分析，主张社会主义经济应充分利用价值规律的作用，大力发展商品经济，并把经济计划建立在价值规律的基础之上。

最后，关于理论深度及学术影响。二人都对传统的社会主义理论及计划经济体制进行了反思，卓炯的思想成就主要体现在经济学理论方面，而顾准的反思则更全面、更深刻、更彻底，他思考的是"娜拉出走后怎样"的宏大命题，思想成就远远超出了经济学理论的范围，其理论深度及学术影响是卓炯所无法比拟的。

中国的社会主义革命和社会主义建设是以马克思主义为指导同时又是马克思主义不断中国化的过程，社会主义市场经济理论就是马克思主义和中国社会主义实践相结合的产物，是马克思主义经济思想中国化的具体体现。在它形成及发展的过程中，凝聚了无数先驱者的智慧及思想火花。顾准、卓炯就是这样的先驱者。尽管以现在的眼光来看，他们的市场经济理论探索还处在起步阶段，并没有明确提出市场经济的主张，但他们无疑为后来者提供了一个新的起点、新的方向。

第三节　孙冶方的经济思想

马克思主义经济学家孙冶方（1908—1983 年）的社会主义经济理论形成和发展经历了三个阶段，即形成时期（1956—1958 年）、深化和系统化时期（1959—1964 年）与进一步发展和完善的阶段（1976—1983 年），他在商品生产和价值规律理论、价格理论、国家与企业的权限划分问题、计划与市场理论、统计理论等方面都作出过卓越的贡献，特别是对我国社会主义建设的重大理论问题和实际问题进行了创造性的研究，对我国经济建设方针的确立提出了不少有价值的新见解，对经济体制改革提出了一系列具有真知灼见的观点和建议，为推进社会主义市场经济体制改革和马克思主义经济学中国化进程，作出了重大贡献。

一　以价值论为基础的社会主义经济理论

与传统的理论所认为的价值和价值规律是外在于社会主义经济，特别是外在于社会主义全民所有制经济的东西根本不同，孙冶方认为，价值和价值规律是社会化大生产的客观规律，是社会主义经济固有的。价值论是孙冶方社会主义经济理论的核心，也是贯穿他关于社会主义经济理论各种观点的理论基础。

（一）价值规律是社会化大生产的客观规律，而不是商品生产的特有规律

在商品经济条件下，价值规律同商品货币关系相联系，通过自发的机制而起作用。商品货币关系消亡了，商品价值规律也不存在了。但是，生产的社会化程度更高，作为社会化大生产的客观规律的产品价值规律依然

存在。① 他的社会主义经济理论的出发点是，把社会主义经济看成既不同于自给自足的"自然经济"（实物经济），又不同于价值规律起自发调节作用的商品经济，而是存在着广泛的社会分工和产品交换关系，自觉运用价值规律的调节作用的计划经济。由此角度，他阐明了社会主义经济中价值和价值规律的作用，得出了一些独特的见解：（1）价值与交换价值不同，前者是同社会化大生产相连的，后者是与商品生产相连。"价值是生产费用对效用的关系"②，表达了价值的"质"方面，而社会必要劳动或社会必要劳动的耗费只能表达价值的"量"，而不能表达价值的"质"。（2）由于价值不只是与商品经济相联系的范畴，价值与价值规律不但存在于尚保留商品生产的社会主义社会，而且也存在于商品经济已消亡的共产主义经济中。（3）在社会主义经济和共产主义经济中，价值规律的作用就是社会必要劳动决定价值，由此就起着节省劳动时间和按比例分配劳动时间的作用。价值规律是一切社会化生产的共有规律。在社会主义经济中，价值规律可以督促各个企业努力改善经营管理、革新技术、提高经济效果，调节生产资料和劳动力在各个部门、各个地区的分配，但是这种调节作用不像在私有制度下那样是通过市场价格波动自发实现，而是通过人们的自觉活动实现。社会主义的实践也已经证明，从社会主义经济客观要求进行社会必要劳动的耗费的计算出发，客观地要求把经济效果与生产费用比较出发，排斥或忽视价值规律是不利于社会主义经济的发展的。对此，他曾写道："价值规律在没有自由市场或自由市场受约束的条件下，它变得不灵敏了，可是它存在着。因此，我们更应重视它，通过计算去寻找它、发现它、尊重它，并进一步掌握它，使它为我们服务；要不然它将比惩治资本家更残酷地来惩治我们。"③孙冶方再三强调："千规律，万规律，价值规律第一条。"④ 这是孙冶方在应用价值规律对国民经济各部门的管理、社会生产各环节的运行进行研究的过程中形成的观点，其中心是为了强调价值规律在社会主义经济所有规律中的基础和核心地位。

---

① 因此，价值规律是在任何社会化大生产中根本不能取消的客观规律，这种价值规律是由全民所有制的生产关系中必然引出来的客观规律。孙冶方把他的这一看法称之为价值规律的"内因论"。

② 《马克思恩格斯全集》第1卷，人民出版社1956年版，第605页。

③ 孙冶方：《社会主义经济理论中的若干问题》，人民出版社1979年版，第6页。

④ 孙冶方：《孙冶方选集》，山西人民出版社1984年版，第478页。

孙冶方认为，通过市场竞争的途径来决定价格，这只是价值规律在个体经济和资本主义商品经济时代的一种特殊作用形式。在社会主义条件下，则是通过直接计算劳动成本的方法来决定价值。在此基础上，他进而阐述了社会主义条件下（产品）价值规律作用表现形式的特点：① （1）统计、计划是产品价值规律的表现形式。社会主义公有制条件下的（产品）价值规律，不再需要通过价格与价值相背离的表现形式，它可以通过统计和会计来把握产品的价值并使价格和价值靠拢，促进国民经济有计划地发展。（2）净产值是表现产品价值规律的好形式。因为净产值指标能够比较准确地评价企业的好坏，能够推动企业节约劳动时间，促使落后企业赶上先进企业。（3）以利润作为计划和统计的中心指标。孙冶方进一步认为，应该用利润指标作为计划的基本指标。因为净产值和利润没有原则上的差别，后者只是比前者多扣除了一个工资，因而更"净"些。

（二）"最小—最大"红线

既然孙冶方的社会主义经济理论体系以价值论为基础，那么用最小的劳动消耗取得最大的有用成果，即"最小—最大"作为社会主义政治经济学的红线，就是逻辑的必然的结果。因为价值是劳动创造的，价值规律的本质要求是节约劳动消耗。所以，在孙冶方提出价值论的同时，即早在20世纪50年代，他就提出用"最小—最大"作为社会主义政治经济学的红线的主张。在他看来，社会主义的经济效益就是用最小的劳动消耗取得最大的劳动成果或有用效果，用最小的劳动时间去获得物质财富，用最小的价值去取得更大的使用价值，用最小的费用去取得最大的效用，归根到底是用最小的成本去取得更大的利润。这根红线所包含的思想，他多次以不同形式表述过。如他曾写道："一切经济活动的秘密就在于如何以更少的劳动获得更多的产品。"又曾写道："研究经济效果（'最终归结为时间的节约'）是社会主义社会的价值规律问题的核心。"②

"最小—最大"是一个古老而朴素的经济学常识，但孙冶方却以恩格斯"价值是生产费用对效用的关系"的思想立论，创造性地运用于我国经济实践，用"最小—最大"总结社会主义经济建设教训，批评在"左"倾狂热下所出现的高消耗、低效益的痼疾，他曾尖锐指出："社会主义经

---

① 孙冶方：《孙冶方选集》，山西人民出版社1984年版，第130—142页。

② 孙冶方：《社会主义经济理论中的若干问题》，人民出版社1979年版，第65、126页。

济最大的问题，就是只讲费用不讲效果，或只讲效果不讲费用"①；用"最小—最大"判断社会主义公有制的真假，批评自然经济论和"大锅饭"的弊病，进而主张经济管理（包括计划、财政、统计等各个方面）体制的改革，都要围绕"最小—最大"（就是提高经济效益），并且为实现这一原则服务；用"最小—最大"批评苏联政治经济学教科书，重新编写中国的理论经济学。他认为，要从根本上改变社会主义政治经济学的体系，必须抓住"最小—最大"这条红线，以生产过程、流通过程、社会经济总过程为表述顺序，来建立社会主义政治经济学体系，这集中体现在他的《社会主义经济论稿》中。他用大半生的科学研究实践，使"最小—最大"在新的历史条件下绽放出了新的理论光彩，因此，它被我国经济学界公认为是孙冶方公式。

（三）利润论—价值论的发展形态

用什么来衡量社会主义经济活动效果的高低，以贯彻"最小—最大"这条红线呢？孙冶方从他的价值论出发，认为利润是一切经济活动效果的综合表现，利润是考核企业经营管理好坏的综合指标。因此，评价社会主义经济活动效果，就不能以使用价值指标作为中心指标（孙冶方把以使用价值指标作为中心指标的办法比喻为抬牛腿的办法），而应该以价值指标作为中心指标（孙冶方认为这是牵牛鼻子的办法）。抬牛腿，既费力又很难走，而牵住牛鼻子很省力就可以拉牛往前走。用什么价值指标呢？孙冶方在 1956 年写的《从"总产值"谈起》一文中指出，净产值是价值指标，但是净产值不够净，利润比净产值更净。利润才是计划和统计的中心指标，利润才是企业经营好坏的最集中的表现。他论证道，利润指标的最大好处，就在于它反映了生产的实际情况，能够推动企业改善经营管理，降低成本，提高劳动生产率。因此，随着利润的增长必然带来物质财富的增长。他的利润论在 20 世纪 60 年代有所发展。先是在 1960 年的著述中，他提出在经济核算中，不仅要核算劳动消耗的效果，而且要核算资金占用的效果。继而，他在 1963 年写出研究报告《社会主义计划经济管理体制中的利润指标》，完整地提出了资金利润率作为评价经济活动的标准的理论。他得出了如下结论：在"定生产方向、定协作关系、严格执行供产销合同、遵守计划价格等条件下，利润的多少是反映企业技术水平和经营

---

① 孙冶方：《社会主义经济的若干理论问题》，人民出版社 1979 年版，第 126 页。

管理好坏的最综合的指标。社会平均资金利润率是每个企业必须达到的水平，超过平均资金利润率水平的就是先进企业，达不到这水平的就是落后企业"。

因此，考核企业的经济效果，必须以按平均资金利润率计算的生产价格为基础定价。在社会主义建设中，长期存在着如何评价以及衡量有利、无利和利多、利少的问题。孙冶方认为，那是因为产品定价不合理，无法正确评价各项经济活动的效果，而且会颠倒国民经济的比例关系。因此，他在我国经济学界最早提出：社会主义合理的价格体系必须以生产价格为基础。以后，在讨论投资效果的计算方法时，他主张用投资回收期作为考察投资效果的主要指标。这就等于用资金利润率作为评价各部门投资效果的标准，实际上等于承认了生产价格。因为只有价格以生产价格为基础，才能贯彻用资金利润率来评价投资效果的原则。

（四）流通是社会化大生产的物质代谢过程

他认为，在社会主义制度下，流通仍然是独立的经济过程，是社会主义再生产的"物质代谢"。20 世纪 50 年代末，孙冶方在具体的经济领导工作中，深感社会主义流通过程是一个关系社会主义经济发展全局而又未被人们给予应有注意的领域，因此社会主义流通过程成了他特别关注的研究领域。他一再批评经济学界对社会主义流通过程的研究不够重视，常常只片面地看到生产对流通的决定作用，无视流通对生产的决定作用。被用于再生产的商品或生产资料的流通为什么被包括在生产内部，并决定生产呢？被用于个人生活消费的商品的流通，为什么反作用于生产呢？在他看来，首先，用于生产的商品流通被包括在生产中。购买生产用的商品流通，被包括在生产内，等于生产活动，它是生产过程和流通过程的统一。购买生产资料的流通，是再生产过程的开始，并被包括在生产过程的原理，适用于任何社会经济制度。其次，企业家之间的流通也是一种生产活动。企业家之间的流通，就是一个企业的领导者代表本企业和另外一些企业之间进行的流通，由此实现企业的再生产。用作生产资料的商品的流通和企业家之间的流通，既然被包括在生产内，属于生产过程，它们就决定着生产。最后，作为直接消费品的流通反作用于生产。他说："在流通与生产的关系中，流通不仅仅是被动的、被决定的。流通组织的好坏，对生产可以起促进或促退的作用，对公有制可以起巩固或瓦解的作用。"因此，应当大力发展社会主义流通，发挥流通过程在组织社会计划经济中的关键作用。

在他的流通论中，他非常强调等价交换。他极力论证，等价交换是社会主义流通过程的最重要的规律，不仅不同所有制之间，就是在全民所有制内部各个地区、部门、企业之间，也要贯彻等价交换原则。他认为，社会主义制度下价格的最重要职能是核算社会劳动消耗，因此价格必须尽可能接近或符合价值或生产价格，打破"没有价格同价值的背离就没有价格政策"这个老教条。

为了发挥流通对生产的反作用，孙冶方主张改革流通体制，促进生产力发展和公有制的巩固，贯彻等价交换的原则，建立合理的价格体系，正确处理流通过程中各方面的物质利益关系，加强流通环节，使流通规模适应生产与消费的需要。为此，要进一步研究流通中的各种具体问题，包括：流通渠道、购销形式、网点设置等。

二 经济体制改革的理论及设想

（一）经济体制改革的理论探索

孙冶方是最早主张改革经济管理体制的经济学家。早在 20 世纪五六十年代，他就改革原有的经济体制（当时称为财经体制），提出了自己系统的意见，并从理论上作了有自己特色的论证。

1961 年，他在《关于全民所有制经济内部的财经体制问题》研究报告中，在我国经济学界中首次从政治经济学的角度提出和研究了社会主义经济管理体制的问题。[①] 在该报告中，他一开头就提出了体制在社会主义政治经济学中的地位问题。他认为，经济管理体制是生产关系的一个重要方面，从长期来看，所有制的变革终究是有限度的，不可能不断变革。随着生产力的发展，在一定所有制下的经济管理体制也要不断改进和变革。社会主义公有制的建立，并不意味着能够自然形成合理的经济管理体制，如何对公有制经济进行有效的经营和管理，是一个需要在理论和实践上探索的问题。因为，在私有制条件下，谁具有对生产资料的占有、使用和支配权，谁就是所有者，但在全民所有制之下，占有、使用和支配权是一个主体，而所有权是另一个主体。国营组织，只是根据它们的活动目的和财

---

① 在此之前，虽然一些实际工作者也提出过要研究这些问题，但他们主要是从解决当前的实际问题着眼来改革现行的行政管理制度，而不认为是政治经济学的研究范围。

产的用途对固定给他们的国家财产行使占有、使用和支配之权。而这些财产的所有者是国家。在公有制条件下，由于"两个主体"的存在，企业的权力规定以及国家对企业的经营管理体制是否合理，对于生产力的发展有重大影响。因此，国民经济管理体制的实质是受生产力水平制约的客观经济关系，政治经济学应该把体制问题摆在重要位置上加以研究。

同年10月，他又专门讲到了"财经管理体制的问题在社会主义政治经济学中的地位"，更系统地论述了为何经济体制问题是社会主义政治经济学的对象。他认为，体制问题首先不是法学问题、上层建筑问题，而是生产关系问题，因为规章制度的订立，它本身是反映生产关系或生产方式的。社会主义计划经济的生产关系，在规章制度和条例中固定下来，就成了体制。所以，"体制问题首先是经济学家研究的问题"[1]。

从理论上说，他的体制改革的理论是建立在价值论基础上的。其出发点是传统经济体制的弊端。经过大量的调查研究和实践经验，孙冶方发现，出现这些问题的一个重要原因，在于经济管理体制有毛病。这些毛病种种表现是：由于"否定或低估价值规律的作用"，"'不惜工本'似乎是社会主义建设的应有气魄"。[2] 究其根源在于"自然经济论"。"自然经济论"看不到社会主义条件下生产劳动的二重性：只看到生产过程是创造使用价值的过程，看不到它同时也是创造价值的过程，因而往往只是片面地从实物量的增长来看生产过程，按总产值的增长来看国民经济的发展。

孙冶方不仅提出了体制问题是社会主义政治经济学研究的重要课题，而且身体力行，在他的经济理论活动中，为探索适合于生产力发展的经济体制倾注了大量心血。在20世纪60年代所写的一系列报告，他几乎都是研究经济体制问题（社会主义全民所有制经济体制问题），比较中肯地分析了我国经济管理体制的弊端，并对如何改革传统体制提出了许多具有远见卓识的主张。改革开放以后，他很快就觉察到我国集体经济管理体制长期以来存在的种种弊端。例如，他比较早地（1979年8月）就指出了农业合作社运动中，由于三步并作一步走，违背了群众的意愿，违反了自愿和互利的原则，造成了生产力的破坏。他指出："实际上，离开了生产力

---

① 孙冶方：《社会主义经济理论中的若干问题》，人民出版社1979年版，第185页。
② 同上书，第4—5页。

以及必然地由它决定的生产关系，任意扩大农村公有化的规模，绝不意味着生产关系的前进，反而很可能是倒退，在社会主义、在公有制的招牌下，倒退到封建主义等前资本主义的生产关系中去。"① 因此，我们可以认为，晚年的孙冶方触及和研究了农村集体所有制的管理体制问题，并作了鞭辟入里的分析。②

（二）经济体制改革的设想

孙冶方主张把计划建立在价值规律的基础上，这意味着计划管理体制也要遵循价值原则。他认为，全民所有制经济管理体制的核心问题是国家与企业的关系问题，"关键是在于明确划清作为国民经济细胞的企业的职责和代表国家的职责"③，是企业的经营管理权问题。如何处理国家与企业的关系呢？他提出，应当以资金价值量的简单再生产和扩大再生产为界限，来划分国家与企业的经营管理权，即属于资金价值量简单再生产范围内的事是应该由企业来管理的"小权"，让企业有自主权，国家不宜多加干涉，否则就会管死；而资金价值量扩大再生产范围内的事则是应该由国家严格管理的"大权"，在这方面，国家不管或管理不严，经济生活就会乱。由此得出的具体结论是：折旧基金应该不集中，应该下放给企业，而企业的赢利除提了必要的奖励基金、福利基金外，则应该全部上交给国家集中使用。

在坚持上述"大权独揽，小权分散"的原则下，他主张对原有的经济体制进行根本的变革。概括起来说，他的社会主义经济体制改革的模式大体上包括如下内容：（1）企业管理制度的变革。第一，在原有资金范围内的事务，特别是企业固定资产大修理、更新改造工作以及招工、干部任免等工作，原则上应交给企业。所有企业独立核算，实行资金有偿占用制度。第二，在原有协作关系的产供销活动，由有关企业通过合同自行安排，国家不再插手，但老企业改变原有的协作关系要经国家批准；新建企业的产供销关系由国家负责安排。第三，企业创造的剩余产品（相当于剩余价值的部分）绝大部分要由国家集中使用。（2）相应的配套变革。

① 孙冶方：《社会主义经济理论中的若干问题》（续集增订本），人民出版社1982年版，第77页。

② 刘国光、张卓元、冒天启：《孙冶方的经济体制改革理论研究》，经济日报出版社1987年版，第4—18页。

③ 孙冶方：《社会主义经济理论中的若干问题》，人民出版社1979年版，第239页。

上述企业管理制度的变革，要求国家计划的编制程序或计划体制、物资供应制度和考核企业指标体系的变革。具体地，在基层一级搞好产供销平衡，实行合同制的基础上，新建企业的供产销综合平衡计划，组成全国的或全社会的国民经济计划；由对全国几十万个企业实行实物制或配给制，改变成通过产品或商品交换形式，建立普遍的基层企业的产供销合同制度；改变原来考核企业的各种烦琐的指标体系，以资金利润率作为考核企业经营管理效果的综合指标。①

三　经济思想评价

（一）经济理论上的卓越贡献

自 20 世纪 50 年代中期，孙冶方提出"把计划和统计放在价值规律的基础上"的改革理论和 20 世纪 80 年代初期撰文《二十年翻两番不仅有政治保证而且有技术经济保证——兼论"基数大、速度低"不是规律》的增长模式，其间还有《论价值》等近百篇博大精深的经济学论文，他论证了价值规律在社会主义全民所有制内部存在的客观必然性，提出著名的"孙冶方公式"——"用最小的劳动消耗取得最大的经济效果"，主张社会主义生产关系中不应排斥交换和流通，探索社会主义政治经济学的对象、范畴和体系，论证国民经济管理体制改革，等等。他在理论上的重大贡献具体表现如下：

1. 孙冶方是社会主义政治经济学体系的开拓者，他的理论体系大大突破了传统的社会主义经济理论体系。传统的社会主义经济理论由于长时间受到自然经济论的深刻影响，把价值视为社会主义经济的异物，因而排除价值与价值规律的作用，而孙冶方的社会主义经济理论体系却是以价值论为基础的。理论界中他第一个站出来不遗余力地批判苏联体制，第一个对斯大林《苏联社会主义经济问题》提出系统的质疑，在打破迷信、解放思想方面，无疑是时代的弄潮儿。老经济学家赵人伟说，对传统体制弊端的分析和解剖，孙冶方的贡献甚至超过了顾准。② 他在《论价值》一文中明确地提出要大大地提高"价值"这个范畴在社会主义政治经济学体

---

① 参见何建章《评孙冶方的社会主义经济理论和经济体制模式》，载中国社会科学院经济研究所资料室编《孙冶方经济理论评论》，人民出版社 1985 年版，第 57—68 页。

② 新望：《改革年代里的兄弟经济学家——近看孙冶方与薛暮桥》，《中国改革》2005 年第 4 期。

系中的地位，他说："'价值这个概念'不论在社会主义政治经济学甚至是共产主义政治经济学的任何一篇中也是少不了的。少了它是不成其为政治经济学的，且也不成其为经济的。"① 他的《论价值》一文，既坚持了马克思的科学劳动价值论，又大大地发展了劳动价值论，不但具有深远的理论意义，而且具有重大的现实意义。②

他以价值论为基础，从产品的两重性出发，按照《资本论》的程序来研究和分析社会主义经济，即按照生产过程、流通过程和生产总过程的顺序，设计了社会主义政治经济学体系。他把价值理论贯穿于全部社会主义政治经济学的研究中，从而使他的理论形成了一个互相衔接、彼此相通的理论体系（见前面价值论的阐述）。"千规律，万规律，价值规律第一条"，在我国30年的经济体制改革实践中，得到了越来越有力的验证。特别是1992年10月党的十四大确定我国经济体制改革的目标是建立社会主义市场经济体制以后，孙冶方的上述理论概括，其现实意义就更大了。③

在政治经济学的研究对象方面，他明确地指出经济体制是政治经济学的研究对象，是生产关系中的重要内容，这是孙冶方在长期理论研究中提出的一项创造性见解。这一见解表明他在20世纪60年代初期就认识到如下几个问题：（1）社会主义经济管理体制不同于社会主义经济制度。后者反映社会主义生产关系的本质属性，前者则是社会主义生产关系的具体形式。（2）社会主义生产关系是相对稳定的。社会主义经济理论不能着眼于生产关系的不断变革。（3）社会主义生产关系并不存在一套固定的模式，社会主义政治经济学应当探求适合于生产力的生产关系的具体形式，改革不适应生产力发展的那部分生产关系。这些重要的经济思想，不仅为我国正在进行的经济体制改革提供了充实的理论根据，对于创立科学的社会主义经济学体系，也至关重要。

在政治经济学的研究方法方面，他运用"过程法"，研究社会主义客观经济运动。他认为，对社会主义生产关系的研究，必须要以历史发展的

---

① 孙冶方：《社会主义经济理论中的若干问题》，人民出版社1979年版，第136页。

② 何炼成：《重温孙冶方同志的〈论价值〉——纪念孙冶方〈论价值〉一文发表50周年》，《当代经济研究》2010年第1期。

③ 张卓元：《孙冶方经济思想的重要现实意义——纪念孙冶方百年诞辰》，《经济研究》2008年第10期。

客观经济过程为对象，从具体事实出发，揭示问题的本质。根据这样的认识，他摒弃了传统的从分析社会主义公有制出发来写社会主义政治经济学的方法，对创建社会主义政治经济学新体系进行了有益的探索。在《社会主义经济论》（提纲）中，他以社会主义全民所有制的产品为出发点，把"最小—最大"原理作为贯穿整个体系的主线，把价值范畴贯穿于各章节，分析社会主义生产过程、流通过程和社会再生产过程，从中揭示社会主义经济发展的内在规律。他是我国经济学界中最早的"生产价格论"者。[①]

2. 重视流通过程的研究是孙冶方经济理论的一大特色。他是我国经济学界中研究社会主义流通理论和实践问题的先驱。他最早提出在社会主义制度下，流通仍然是独立的经济过程，是社会主义再生产的"物质代谢"过程。研究社会主义流通过程，不能限于"狭义的流通过程"即商品流通和产品流通，而是包括生产过程和流通过程在内的资金流通，或者说是资金循环过程。他对流通体制的论述，不乏对随后推进的经济体制改革提供了可资借鉴的理论和建议：例如，把基于技术分工的计划管理体制转移到社会分工的基础上来，或者说，新的计划体制应该以流通为基础；资金占用的大小是衡量流通体制改革是否有成效的重要标志。

3. 他的体制改革的理论与设想也有不少长处与优点。他的一个重要贡献是揭示了经济管理体制的实质，并论述了它在社会主义经济中的地位。他以敏锐的观察力和深厚的理论功底，比较早地突破了传统的束缚，正确地论述了经济管理体制的性质和地位。他明确地指出，经济管理体制是生产关系的一个重要方面，在一定的所有制结构下，经营管理体制和形式是否合理，对于生产力的发展具有重要影响。从长远来看，所有制结构的调整是有限度的，而随着生产力的发展，在一定所有制结构和形式下的经营管理方式和管理体制却有非常广阔的天地。因此，他大声疾呼在实际工作中要改革经济管理体制，在经济理论上要把基金管理体制放在重要地位。另一大贡献在于，他明确地提出了经济管理体制中的重要问题在于处理国家与企业的关系问题，合理确定企业的经营管理职权。这个论断的正确性已经为改革的实践日益证明。他不仅指出了处理国家与企业关系的重

[①]　张卓元:《对传统的社会主义经济理论的严重挑战——评介孙冶方的社会主义经济理论体系》，《经济科学》1983 年第 2 期。

要性，而且提出了如何处理这种关系的明确主张，这就是以最近价值量的简单再生产和扩大再生产为线来划分国家与企业的经营管理职权。他40多年前提出的要正确划分和处理国家和企业的关系、特别是要尊重企业自主权的观点和主张，至今仍未完全落实和解决。他对关于处理好国家与企业关系的观点和主张，仍是我国今后深化改革的一项重要任务，仍有重要现实意义。他对经济管理体制的另一大贡献在于他提出了计划管理必须正确地认识和妥善地处理价值和使用价值的关系的思想。他认为，抓经济必须同时抓价值和使用价值，然而应当根据他们的不同特点采取不同的抓法，把经济的统一性与差别性、计划性与灵活性很好地结合起来，做到管而不死，活而不乱，使经济在协调发展中取得较好的经济效益。这一意思是很有价值的，它为复杂的经济管理指出了一个方向。

（二）理论体系中的矛盾与缺陷

孙冶方是在特定历史条件下出现的历史人物，他的某些理论观点，无疑也受到历史环境的限制。比如，他的价值理论也不是完美无缺的。价值规律的存在基础是商品经济，还是社会化大生产？价值规律能否同商品经济、市场机制脱钩？生产费用对效用的关系是不是一个表达价值的质的概念？在这些问题上，经济学界许多同志的看法还存在分歧。在《社会主义经济论大纲》中，他不承认企业是商品生产者，不承认人们的经济利益差别，从根本上排斥市场机制，这就和我们当今发展社会主义市场经济的理论和实践，有着明显的差异。许多孙冶方的生前好友，包括薛暮桥在内，都在后来纪念孙冶方的不同的场所指出过这些理论上的重大缺陷。[①]

有学者对他的理论困境及其形成的深层次原因作了如下中肯的分析："当他有所觉醒而奋起冲击时，他却未能完全挣脱掉传统理论所加诸他的思想枷锁。特别是在我国自50年代后期以后，'左'的思想甚嚣尘上，巨大的理论压力和政治压力像万顷波涛向他扑来。这种局面，就使得他更难于完全挣脱掉传统理论的思想枷锁。他一方面大声疾呼价值规律是社会主义生产关系（甚至共产主义社会）本身所固有的东西，决非'异己物'，与计划经济决不对立，另方面又把商品生产和市场机制排斥在全民所有制经济之外。一方面主张不要把利润、价格、价值规律当作资本主义

① 新望：《改革年代里的兄弟经济学家——近看孙冶方与薛暮桥》，《中国改革》2005年第4期。

经济残余来对待，另方面又把'市场'跟资本主义经济紧紧联系在一起，从而使得自己的理论体系成为一种'新雏'与'旧壳'拌和在一起的充满着矛盾的体系。"①

　　尽管由于种种原因，孙冶方的社会主义经济理论体系框架内部还存在着一些矛盾与缺陷，这也真实地反映了一位经济学家对历史的抗争以及历史和时代对他的束缚，但他毕竟在我国社会主义政治经济学的体系探索上付出了毕生的心血，作出了承前启后的不可磨灭的贡献。他几十年前提出的重要理论观点，所显现的"天才的闪耀"，至今有不少仍具有重要现实意义。②

---

　　① 黄范章：《孙冶方经济理论体系中的矛盾》，《经济研究参考资料》1983 年第 11 期。
　　② 张卓元：《孙冶方经济思想的重要现实意义——纪念孙冶方百年诞辰》，《经济研究》2008 年第 10 期。

第十一章　马克思主义经济学家的经济思想(下)

第一代马克思主义经济学家的代表人物主要有薛暮桥、许涤新、孙冶方、顾准和卓炯。而第二代马克思主义经济学家的代表人物主要有刘国光、吴敬琏，以及厉以宁、董辅礽、苏星、林子力等一大批著名经济学者。

第一节　刘国光的经济思想

刘国光是最早创立社会主义市场取向改革理论的经济学家之一，其经济思想伴随着计划经济和改革开放的实践经历了一个否定之否定的正、反、合过程，不断地对一些新矛盾进行新的反正，在更高层次上转向新的综合。他主要关注中国经济发展、宏观经济管理、经济体制改革等领域，涉及经济体制改革、宏观经济管理、国有企业改革、现代企业制度建设、金融体制改革等热点问题，为推进我国经济改革、经济发展和马克思主义经济学中国化进程作出了贡献。

一　从"坚持市场改革方向"到"重视国家宏观计划调控"

刘国光是社会主义市场取向改革理论最早的创立者，形成了严密的理论体系，坚持计划与市场的有机结合，而不是"一点论"，强调具体问题具体分析，认为不同阶段的重点也不相同，体现了否定之否定的两个时期。

第一个时期是改革开放初期，提出了完善的市场取向改革理论，这个理论体系包括以下几个方面：

一是社会主义发展市场经济的理论依据。刘国光从生产力和生产关系的相互关系层面来分析这个问题,市场经济是发展生产力层面,社会主义是生产关系层面,社会主义和市场经济表现为对立统一的两个方面;社会主义中的计划和市场的关系,既不是相互排斥,也不是由外在的原因所产生的一种形式上的凑合,而是由社会主义经济本质所决定的一种内在有机结合;社会主义经济的本质则是解放生产力和发展生产力,一切有利于社会大生产的方式都应该被我们所利用,市场能够合理、有效地配置社会资源,鼓励竞争和创新,促进经济的发展和效率,理应被社会主义所利用。

二是社会主义市场取向改革的内容。刘国光指出我国原有的生产力水平较低,商品货币关系不发达,经济上存在二元结构,科学文化也较落后,因此,市场经济发展困难也较之一般国家要大得多。刘国光在分析这一问题时,非常明确地指出这一改革基本上是按两条主线分三步推进的。两条主线是:其一,培育市场主体、转换企业机制;其二,建立市场体系,改造价格机制。三步推进是:第一步,1984年以前改革的主战场是农村,目标是把农民推向市场,让农业和乡镇企业实行市场化自由经营;第二步,1984年展开城市经济改革以后,改革的辐射面扩大,但重点是非国有制经济市场化,大力发展个体、私人和"三资"企业,把集体和私有制企业推向市场,而这一步中以承包为特征的国有企业改革还属于传统制度内的改革;第三步,从1991年第四季度开始,提出把国有企业特别是大中型企业推向市场的方针,成为改革的主要议程,这是培育市场主体最重要的一步。[1]

三是对市场取向改革难点的分析。市场取向改革作为一项没有先例的改革,没有范例可以参考,是一个不断发现问题并解决问题的过程。刘国光提出了改革中的几个难点问题:企业如何建立自主决策和盈亏的现代企业制度、下岗失业问题和地方保护主义。刘国光不仅分析了经济中的难点,还给出了相应的解决措施。就现代企业制度问题,他指出要加快理顺国有企业的产权,转变企业职能,减少政府对企业的干预。就就业问题,他指出要大力发展劳动密集型产业,同时促进中小企业的发展,为经济发展创造一个宽松的环境等。就地方保护主义,他指出一方面要统一市场法规,另一方面要发展横向经济联系。

第二个时期是市场经济体制建立以后,实践的发展使得市场的缺陷有

---

① 刘国光:《坚持经济体制改革的基本方向》,《人民日报》1982年9月6日。

所凸显，刘国光着重研究有效的政府调控问题，其宏观调控理论包含以下两个方面：

一是关于社会主义国家强有力宏观调控理论必要性的分析。刘国光认为，社会主义市场经济是一个完整的概念，在继续坚持市场取向改革的同时，需要加强宏观计划调控的作用，强调国家计划在宏观调控中的指导作用，强有力的宏观调控是社会主义相对资本主义的特点也是优势之一。而且"单纯靠计划或者市场调节都是不完善的。市场作为资源配置的基础性方式，是历史的必然，但市场经济也有许多缺陷，不能迷信市场。在坚持市场取向改革的同时，政府必须实施合理而有效的宏观调控"①。在现代市场经济中，经济与社会发展的目标已越来越不是单一的，而是多重的，不仅要经济增长，还要充分就业、物价稳定、促进收入均等化等。这些不同目标之间存在着一定的矛盾，而市场机制主要是为单一的经济效率目标服务的，它不能自动地同时实现这些往往互相矛盾的目标。

二是社会主义宏观调控理论。刘国光是"双稳健的宏观调控"的探索者和倡导者之一。所谓双稳健调控，就是一种有保有压、有紧有缩、上下微调、松紧适度的政策，实现总量管理和结构管理的有机统一。在总量管理方面，采取双稳健的财政政策和货币政策，"既防止通货膨胀苗头的滋长，又防止通货紧缩的出现"②，通过对投资的控制，防止经济的过热和过冷，实现经济平稳快速发展。在结构管理方面，对不同行业区别对待，对一些生产过剩行业要在财政政策和货币政策上从紧，在经济发展的特殊行业和薄弱行业要适度从宽，加大支持力度，实现经济的持续和健康发展。

二 从"效率优先"到"更加重视社会公平"

效率和公平之争一直是我们社会主义市场经济改革发展进程中的无法回避的重大问题之一，刘国光对这一分配领域问题的认识也经历了一个不断深化的过程，经历了从效率优先到更加注重公平的转变。在这个理论体系中，刘国光不仅对效率和公平理论有着深入的研究，还在对决定分配的

---

① 刘国光：《实现市场经济与社会主义的有机统一》，《中国社会科学报》2010 年 6 月 29 日。

② 里白：《关于双稳健宏观调控政策探讨——著名经济学家刘国光访谈录》，《经济师》2005 年第 12 期。

所有制理论方面，建树颇多。

一是效率和公平理论。刘国光对于效率和公平问题的认识随着实践的发展也经历了不断深化的两个时期。第一个时期是在改革开放初期，在重公平、轻效率的大背景之下，刘国光赞成效率优先的提法，以此改变吃"大锅饭"和平均主义的利益格局，其意图是为社会提供有效的激励机制，让一部分人通过诚实劳动和合法经营先富起来，从而带动社会大多数的共同富裕。效率和公平是一个对立统一的关系，它们可能是相互促进的关系，但大部分情况表现为对立的属性，分配越公平，人们积极性就越低，效率也很低，同时"不提高效率，蛋糕做不大，难以实现更多的公平措施，解决社会增多的矛盾"。[1] 刘国光认为"效率优先，兼顾公平"在特定时期在社会主义中国提出有其合理性，是和当时的特定国际国内的形势相关的，当时和平和发展已经成为时代的主题，我国的发展面临巨大的战略机遇期，邓小平在南方谈话中指出"发展是硬道理，是解决中国所有问题的关键"，这个时候我国面临最大的问题是做大蛋糕，而不是切蛋糕。第二个时期是改革进行了 30 年之后，当效率问题不如公平问题突出、公平问题愈益表现出影响效率和稳定的新形势下，刘国光则极力呼吁效率与公平兼顾并重，更加重视社会公平。2003 年刘国光提出"逐步淡出效率优先、兼顾公平的口号，向实行效率和公平并重的原则过渡"[2]，开始进行分配体制上的反思，2005 年更进一步，认为"提出效率优先、兼顾公平要淡化，把公平置于兼顾次要地位欠妥，初次分配也要注重公平"[3]。当然刘国光提出的更加注重公平不是要回到过去的大锅饭时代，而是实现了否定之否定的过程，是一种前进和上升的发展过程。此外，刘国光还指出了注重公平的三条具体的措施：第一是初次分配就要注重公平问题；第二是再分配的核心是要发挥财税制度的作用；第三是强调各个阶层能享受机会平等。

二是所有制和分配统一理论。按照马克思主义的观点，所有制决定分配，刘国光认为所有制的变化是我国贫富分化的根本原因。他认为改革开放开始时，我国还只有公有制经济，非公有制经济几乎从零开始，前期的

① 刘国光：《改革开放新时期的收入分配问题》，《百年潮》2010 年第 4 期。
② 刘国光：《研究宏观经济形势要关注收入分配问题》，《经济参考报》2003 年 4 月 22 日。
③ 刘国光：《要把效率优先放到该讲的地方去》，《刘国光文集》第 10 卷，中国社会科学出版社 2006 年版，第 623—625 页。

发展速度必然是非公有制经济超过公有制经济,多种经济共同发展的局面才能形成。这是有利于整个经济的发展的。所以,有一段相当长的时间,非公有制经济要保持超前于公有制经济的速度,从而增加非公有制经济在总体经济中的比重,而公有制经济则相对减少。与此同时,在分配方式上按劳分配的比重减少,按资本和按劳动力市场价格分配的比重就要增加。"这一分配方式的变化所带来的后果,就是随着私人产权的相对扩大,资本的收入份额也会相对扩大,劳动的收入份额则相对缩小,从而拉大贫富收入差距。"[①] 因此要调整收入分配差距关系、缩小贫富差距时,从分配关系入手,特别是从财政税收、转移支付等再分配领域入手,完善社会保障,改善低收入者的民生状况,这些措施都是完全必要的,但是,光从分配和再分配领域着手是远远不够的,不能从根本上扭转贫富差距扩大的问题。还需要从所有制结构,从财产制度上直面这一问题,坚持公有制的主体地位,从根本上阻止贫富差距扩大、向两极分化推进的趋势。

三 从"双重模式转换"到"两个根本性的转变"

刘国光关注经济体制和经济增长问题,是最早提出"双重模式转换理论"的经济学家,该理论是对马克思主义再生产理论研究的深化和具体运用,符合中国经济演变的基本国情,为两个根本性转变决策作了先行论证。

一是"双重模式转换"的内容。1985 年,刘国光提出了双重模式转换理论,即经济发展模式转换和经济体制模式转换。经济发展模式转换是指从过去片面追求增长速度为最高目标、以外延型增长方式为主、以不平衡发展为主要策略,逐渐转变为以提高人民生活水平为最高目标,以内含型增长方式为主、以相对平衡的发展为主要策略,使经济增长速度、结构比例、经济效益优化组合,保证国民经济持续、稳定、协调、高效的增长。经济体制模式转换是指从过去过度集中的决策权力结构、直接控制的调节结构、平均主义的利益结构、政企不分的组织结构,逐步转变为以增强企业活力为核心的多层次决策结构、以经济手段间接调控为主的调控体系、把物质利益原则和社会分工原则结合起来的利益结构以及政企分开的

---

① 刘国光:《关于分配和所有制关系若干问题的思考》,《红旗文稿》2007 年第 4 期。

组织结构。① 两种模式转换内在统一，相互促进，相互制约，基本形成了对刘国光所有经济思想方面面的概括。

二是从"双重模式转换"到"两个根本性的转变"分析。从经济体制模式上来说，"双重模式转换"紧紧扣住了政府和市场的关系，如果只提体制模式转换显然是不够的，还需要发展战略转换。原因很多，包括政府考核机制、政企不分、企业素质低、劳动压力大等，特别是在改革开放初期的双重体制下，政府依然很强势，行政代替市场还很普遍，这是体制转换时要强调发展战略的根本原因。到20世纪90年代中期，社会主义市场改革目标得以确立，体制得到很大改观，但是政府主导的投资拉动型增长依然没变，提出来的"两个根本性的转变"，即体制上从计划经济体制向社会主义市场经济体制转变、增长方式从粗放经营为主向集约经营为主转变，是适应新时期发展的需要而提出来的，其根本性问题没有发生变化。从发展模式上来看，发展模式转换包含产业结构转换、消费和积累转换、发展策略转换等很多方面。但是增长模式转换是其最主要的外在表现形式，也是各种发展转换矛盾的集中反映。粗放型增长是行政集中投资的结果，歪曲了积累和消费的关系，导致价格的扭曲。我国计划经济体制片面强调以重工业为主的工业，经济发展也主要靠外延型的推动。但是当社会主义进入市场机制阶段的时候，经济发展目标多样化，发展方式由外延型向内涵型转变，原有的体制很难适应。在发展方式上，从过去以粗放方式向集约方式转化，注重经济发展的质量。因此，"双重模式转换"和"两个根本性的转变"实质都是改变过去政府主导经济增长，转向依靠市场和内涵式的增长方式。两者的不同仅仅是20世纪90年代时相对宽松的经济体制基本形成，从而为改革和发展提供了更好的环境，"双重模式转换"事实上为后来的"两个根本性的转变"创造了条件。②

除此之外，刘国光在其他领域也颇多建树。详而言之：

宏观管理体制改革思想。刘国光是较早提出宏观管理体制改革问题的经济学家，指出宏观管理体制改革的主要内容是转变政府职能，建立健全间接调控体系，逐步缩小指令性计划，逐步扩大指导性计划。放在今天，

---

① 刘国光：《略论两种模式转换》，《世界经济导报》1985年8月26日。
② 柘林：《从"双重模式转换"到"两个根本性转变"——刘国光经济思想专题研究》，《经济学动态》2003年第11期。

依然很有指导意义。

双重体制改革思想。刘国光是双重体制改革理论的创立者，率先提出在我们这样的东方大国可以实现新旧体制的共存和相容，在新旧体制转换中反对休克疗法，主要渐进式改革，在这个过程中，市场体制方生，计划体制未灭，两种机制同时存在。就其原因刘国光给出了四条：一是原有生产力低下；二是改革目标高、跨度大；三是地区和城乡发展不平衡，很难一步到位；四是总结自己和别人的经验。双重经济体制改革已经被实践证明了其科学性，为我国顺利实现体制转换的同时保持经济稳步发展发挥了重要作用。[①]

综合平衡发展思想。刘国光以马克思主义再生产理论为指导，借鉴苏联的国民经济平衡方法，结合中国"大跃进"的教训，形成了自己的综合平衡理论。强调社会主义内部各个部门都要注意比例的协调，具体表现为：社会主义再生产中的比例和速度的关系、积累和消费的关系、消费资料和生产资料的关系、简单再生产和扩大再生产的关系、外延再生产和内涵再生产关系、固定资产无形损耗的补偿和折旧关系、折旧基金和扩大再生产的关系等一系列重大比例关系。这些虽然是计划经济时代的理论成果，但很多内容放在今天市场经济依然很有价值。

生态环境平衡思想。刘国光指出，在发展经济同时应注意保护环境，实现可持续发展的思想。并具体分析了我国经济发展过程中的环境和生态问题，研究生态环境保护的基本思路。一方面，要实现由片面追求经济增长向注重人和环境和谐相处的转变，在经济发展过程中就要注意环境污染和生态破坏问题，绝不走"先污染，后治理"的老路；另一方面，要加强对环境问题的宣传和教育工作，提高人们对环境问题的重视程度。

"软着陆"的经济思想。20世纪90年代中期，我国国民经济成功地实现了"软着陆"，被称为世界经济史上的一个奇迹。刘国光对这方面进行了系统的研究，形成了完整的"软着陆"思想，并指出该思想宏观经济理论与微观经济理论的统一。在宏观方面把着力点放在宏观调控的力度和时机方面。在力度上强调控制货币和信贷规模，在结构上强调有松有紧。在微观层面强调以国企改革为重点，在产权、政企等方面提出了很多

---

① 参见刘国光主编《中国经济体制改革的模式研究》，中国社会科学出版社1988年版。

有益的建议。①

四　经济思想评价

马克思主义经济学家刘国光被学界称为中国社会科学思潮中的"新马克思主义派"的重要代表人物。②"新马克思主义学派"是中国改革理论中体系完整、内容丰富、认识深刻，注重历史与现实、理论与实践、批判地借鉴与自我完善和发展相结合的改革流派之一。刘国光熟悉马克思主义经济学并且深谙西方经济学，通晓中国国情，他的经济学思想以马克思主义经济学为基础，吸收和借鉴西方经济学中的有益成分，并和中国的国情相结合，刘国光可以说是将三者结合最好的经济学家之一。一言以蔽之，"刘国光是一位坚定不移和始终一贯地坚持和发展中国化马克思主义经济科学，并与本国实践紧密联系的马克思主义理论家，在改革开放的光辉进程中，他一直充当着经济学理论研究的领跑人"③。

第二节　吴敬琏的经济思想

吴敬琏因其大力倡导和践行社会主义市场经济理论，而被视为"市场取向改革论"和"协调改革派"的主要代表。同时还是我国经济体制比较研究学科的开创者之一。他在中国改革进程的不同时期提出的一些理论主张和政策建议如确立社会主义市场经济的改革目标、整体协调的改革主张、建立现代企业制度、国有企业战略性改组、积极发展民营经济、实现多种所有制经济的共同发展等丰富和发展了中国本土化经济学。

一　社会主义市场经济论和整体协调的改革主张

自 1978 年改革开放以来的十几年的时间里，中国思想理论界一直围绕着改革的目标是计划经济还是市场经济的问题进行激烈的争论，经历过

---

　　① 详见刘国光《中国经济走向——宏观经济运行与微观经济改革》，江苏人民出版社 1999年版。

　　② 详见沈立人《坚持和发展马克思主义经济学的中国化——〈刘国光文集〉十卷本评介》，《经济研究》2007 年第 2 期。

　　③ 杨承训：《改革理论领跑者的睿智——读刘国光〈经济学新论〉》，《高校理论战线》2010 年第 3 期。

计划经济和市场经济相结合（1978 年）、计划调节和市场调节相结合
（1979 年）、生产资料公有制占优势，多种经济成分并存的商品经济
（1980 年）、计划经济为主、市场调节为辅（1982 年）、公有制基础上的
有计划的商品经济（1984 年）、计划经济与市场调节相结合（1989 年）、
社会主义市场经济（1992 年）等提法。吴敬琏始终如一鲜明地坚持市场
取向的改革主张。他是改革开放之后最早提倡市场取向的改革主张的经济
学家之一，也是最早形成比较完整的社会主义市场经济的理论体系的经济
学家。他广泛地吸收了原东欧经济学家布鲁斯、锡克、科尔奈关于社会主
义经济体制改革的理论和现代西方经济学的合理成分，对传统社会主义经
济理论和前几年的改革实践进行深层的反思，并结合中国改革的实际情况
加以发展，逐渐形成了具有鲜明特色的社会主义市场经济理论体系，从而
为推进中国的改革开放作出了重要贡献。详而言之：

1. 对传统计划经济的弊端做了深刻的剖析和批判，从资源配置效率
角度分析比较计划体制和市场体制的优劣，逻辑论证了市场取向改革的理
论依据。吴敬琏认为，计划和市场都是资源配置方式，两种机制的优劣判
断标准是资源配置效率，而资源配置是否有效率及效率高低又取决于信息
机制和动力机制状况，吴敬琏指出，旧体制的根本特征在于通过行政命令
和指令性计划配置资源，这种资源配置方式不能克服信息机制和动力机制
的重大缺陷，而以市场机制为基础的资源配置方式则能较好地解决信息和
动力问题。在《论作为资源配置方式的计划与市场》（1991 年）一文中，
吴敬琏提出，经济体制是由处理生产问题的需要产生的，它的首要功能是
有效地配置资源，衡量各种经济体制和经济政策长短优劣的最终标准，乃
是它们能否保证资源的有效配置，提高经济效益。行政（计划）配置资
源方式能够有效运转的隐含前提是：完全信息假定和单一利益主体假定。
问题在于，至少在社会主义阶段，这两个前提条件是难以具备的，因此，
采取这种资源配置方式，在作出决策和执行决策时，会遇到难以克服的信
息方面的障碍和激励方面的困难。实行命令经济各国的僵化的体制极大地
妨碍了社会主义潜力的发挥，使经济效率难于提高，说明这种运行机制存
在着根本性的缺陷。而以市场机制为基础的资源配置方式的优点是，稀缺
资源配置是通过市场这个由千千万万商品经营者之间按一定规则进行的交
易活动交织而成的灵巧机器实现的，因而既能克服传统体制下决策权力过
分集中的缺点，又不致出现混乱无序的状态。第一，从信息机制看，通过

市场交易和相对价格的确定，每个经济活动的当事人都可以分享分散发生在整个经济各个角落的供求信息，从而解决了社会化大生产中信息广泛发生同集中处理的需要之间的矛盾。第二，各种资源配置决策不是靠行政权力由上到下地贯彻，而是由追求效用最大化的经济活动当事人根据市场信号（这个市场信号已经含有社会调节的因素），通过自己的计算自主地作出并自愿地执行的，从而能够使局部利益同社会利益协调起来。

2. 分析了市场经济的特征及其有效运行的一些现实性问题。在分析计划经济的缺陷之后，吴敬琏也指出市场经济的有效运转也有两个必须满足的前提条件：完全竞争假定和价格灵敏性假定。这两个条件不具备，市场制度也难以发挥有效配置资源的作用。现实生活中以上两个前提条件也不可能完全满足，但和集中计划经济下情况不同之处在于，它们有可能近似地得到满足。而且，这些缺陷是可以在一定程度上由政府干预和"行政指导"来弥补的。现代市场经济无例外的是有宏观管理、政府干预或行政指导的市场经济，或称"混合经济"。就是说，这种经济以市场资源配置方式为基础，同时引入政府等公共机构通过计划和政策对经济活动进行的调节。同时市场机制作用也存在自发性、盲目性、滞后性、波动性等固有缺陷，需要对市场进行必要的社会管理和调节，以实现社会公平的社会主义目标。特别是在社会主义的条件下，国家拥有多种手段进行干预和指导，就更有可能运用自己的影响，改善资源的配置状况。

3. 论证了社会主义与市场经济的相容性问题，为社会主义市场经济概念的最终确立作出重要的理论贡献。吴敬琏认为，社会主义并不排斥市场制度，这不仅是由于从社会主义的观点看，最有利于经济发展的制度才是最好的制度，市场制度并不是天然与社会主义原则相对立，市场制度只是提供了通过均衡价格体系达到帕累托最优状态的可能性，而并不决定最大化了的福利如何在各种社会集团中进行分配。因此，在社会主义市场经济条件下，代表全体人民利益的国家政府完全可以通过自身的行政管理和政策引导来贯彻社会主义原则，确保人民大众的最大利益。他还提出，正如商品生产和商品交换可以存在于不同的社会中一样，市场经济也并不是资本主义的专有物，并不必然要以财产私有和西方民主为前提。市场经济是可以建立在实现形式经过改革的公有制的基础上和以社会主义民主制为政治外壳的。

4. 深刻分析市场经济的有机体系，为确定改革的战略方向作了理论铺垫。吴敬琏并不是单单倡导和论证了市场取向的改革目标，他和"协调改革派"一些其他经济学者还对如何推进改革设计了详细的方案，提出了一种推进经济改革的整体协调性改革思路。而这些方案的设计要首先归因于吴敬琏对市场经济有机体系的深刻分析，他认为有宏观管理的市场经济，是一个有机的体系。这个体系主要由自主经营、自负盈亏的企业，竞争性市场体系，以及主要通过市场进行调节的宏观管理体系三者组成。且三者相互联系，相互制约，缺一不可。因此，经济改革必须在这三方面同步配套进行。

5. 探讨了社会主义市场经济条件下的产权制度问题，论证了社会主义可以建立在多种所有制共同发展的基础之上。吴敬琏认为，市场制度是可以在公有制为主体的多元化产权制度的基础之上建立的，在这种新型的市场经济制度下，政府只具有管理和调节社会经济的职能，而不再充当公共所有者的代表，更不直接经营企业。小型企业可以归个人或集体所有或经营，大型企业则可以采取以各种公众组织（共有投资公司、社会福利基金、公益基金会）持股和企业相互持股为主、股权可以自由转让的股份公司形式。股份公司实行所有权与控制权（经营权）的完全分离，由经理人员（董事会和董事会聘任的高层经理）全权控制和经营。[1] 吴敬琏深刻地认识到：在社会主义国家建立市场经济体制的一个重要障碍，是苏联政治经济学关于"国有制是公有制的高级形式和社会主义必须追求的目标"的教条。1997年十五大前夕，吴敬琏经过全面研究，运用邓小平关于社会主义的本质是逐步实现共同富裕的原理，批判了错误的论调，树立了正确的观点，指出公有制有多种实现形式，应当鼓励对多种所有制形式的探索和开拓，而不能将它局限于国家所有制和苏式"集体所有制"，更不能把国家所有制看作"公有制的最高形式和社会主义追求的目标"，我国的社会主义市场经济应当建立的以公有制为主体，多种经济成分共同发展的基础之上，为社会主义理论创新开辟了新的前景。[2]

---

① 吴敬琏：《十年发展与改革的回顾与思考》，《经济工作者学习资料》1989年第59期，第82—83页。

② 吴敬琏送交中共中央领导人的研究报告：《把社会主义的理论创新提高到一个新的水平——关于社会主义的再定义问题》（1997年5月8日），见《吴敬琏自选集》，山西经济出版社2003年版，第54—63页。

在明确了改革的方向和目标之后，接下来便是改革的战略选择问题。这一问题在20世纪80年代中期以来，一直是中国经济理论界探讨争论非常热烈的问题，并以此形成了众多的改革流派。吴敬琏以其整体或协调改革主张而独树一帜。

早在1985年，吴敬琏就针对当时流行"搞活企业是经济体制改革的出发点和落脚点"的提法，提出了企业、市场体系和宏观调节体系"三环节配套改革"的主张。① 自主经营自负盈亏的企业、竞争性的市场体系、主要通过市场进行调节的宏观管理体系组成，三者相互联系，相互制约，缺一不可。经济改革必须在这三方面同步配套进行。在他看来，在新体制下，企业应从旧体制中计划的消极执行者转变为追求利润最大化的自负盈亏的市场主体；同时还应建立竞争性的市场体系，通过竞争形成能够灵敏地反映资源稀缺程度的相对价格体系的市场，并且不单有竞争性的商品市场，还要有要素市场，从而形成一个体系；宏观管理体系则由旧体制的时代通过下达指令性计划直接决定经济资源在地区之间、部门之间和企业之间的配置转变为利用市场机制配置相应资源，政府运用财政政策、货币政策和收入分配政策对国民经济进行间接地调节。②

上述理论主张，被理论界称为"整体改革论"或"协调改革论"。吴敬琏和他身边一批中青年经济学者，也被称为"协调改革派"。他们主张价格不能绕开。我国改革最困难、最落后的地方就在于：一方面，价格的"双重扭曲"；另一方面，全国统一市场形成所遇到的巨大障碍，使任何其他方面的改革都难以奏效。目前的迫切任务是以价格体系改革为突破口，实现新旧体制的基本转轨。由于他们十分强调价格改革是经济改革的关键，所以又一度被学术界称之为"价格改革主线派"。同时他们认为还必须有重点地进行配套改革，实现有宏观管理的市场经济改革目标。他们提出了一种推进经济改革的整体协调性改革思路，这种思路把全面配套改革分成两大阶段：理顺基本经济关系阶段和理顺非经济关系阶段。第一阶

---

① 他在1985年7月15日《中共中央关于制定第七个五年计划的建议（草稿）》征求意见座谈会提出了这一意见。见吴敬琏《单项推进，还是配套改革》，《经济改革问题探索》，中国展望出版社1987年版，第268—269页。

② 参见吴敬琏《以改善宏观控制为目标，进行三个基本环节的配套改革》（1986年1月24日），《吴敬琏自选集》，山西经济出版社2003年版，第109页；吴敬琏、周小川、楼继伟等：《中国经济改革的整体设计》，中国发展出版社1988年版；吴敬琏、周小川、荣敬本等：《建设市场经济的总体构想与方案设计》，中央编译出版社1996年版。

段以理顺基本经济关系（价格、计划、税收、物资分配等）为重点，同时根据需要和可能调整改革其他非基本关系方面，是政府经济管理基本上转入新的轨道。第二阶段以理顺非基本经济关系为重点，同时必然要求重新调整基本经济关系，最终完成由直接控制型体制向间接控制型体制的过渡，达到目标模式。他们明确之初，价格改革不能绕开，要理顺基本经济关系，建立起竞争性的市场体系，关键在于理顺价格，只有适时推出以价格改革为中心的配套改革方案，才能完成新旧体制的基本转轨。但价格改革不可能一步到位，他们结合我国的经济发展具体实际，提出了详细的分类分阶段推进价格改革的具体规划。至此，以吴敬琏等人通过倡导市场取向的改革以及提出整体协调的改革思路，他们确立了富有鲜明特色的社会主义市场经济理论，形成了比较完整的关于中国经济体制改革的理论体系。

二 探索国有经济和民营经济共谋发展的道路

在国有企业改革和建立现代公司制度方面，吴敬琏亦有很多重要的创见。他的国企改革有两个方面内容：一方面是国有经济布局调整，从一般竞争性竞争领域和非战略性行业退出；另一方面是实现国有企业的公司化改制，建立现代企业制度。

吴敬琏对于国有企业改革的思想，有一个长期演进的过程。从 20 世纪 50 年代中期介入国有企业"管理体制改革"后的相当长时期，吴敬琏是沿着"放权让利"的思路考虑问题的。并追寻孙冶方的"大权独揽、小权分散"的模式，试图设计一种在保持资源的计划配置的大格局下给国有企业以自主权，以便发挥它们的积极性的体制。

在 20 世纪 80 年代中期，吴敬琏愈来愈深入地掌握现代经济学的企业理论以后，他的思想逐渐明确起来："放权让利"并不是国企改革的正确方向，必须实现企业的制度创新。国有大中型企业的改革方向应当是改组为所有权与经营权相分离的现代公司。随着改革的不断推进，国有企业改革被提上议程。我国从 1986 年年末开始的国有大中型企业"股份制试点"是建立现代企业制度的有益探索，但由于对什么是规范化的现代公司制度、如何按公司制的基本规范对国有大中型企业进行改造，以及这一改革的实质和重点是什么等问题缺乏准确的把握，没有达成试点目的。

20 世纪 80 年代末 90 年代初，以吴敬琏为代表的"整体改革派"用了很多的时间来研究现代公司和它的治理结构。① 正是在吴敬琏等人的持续努力下，我国引进了公司治理结构（法人治理结构）的概念。他关于确保所有者"在位"，防止"内部人控制"，确保董事会履行受托责任，确保董事会对高层经理人员的监督，对经理人员给予足够的激励，发挥证券市场在增强公司治理结构中的作用等论述，对完善我国公司治理结构起了重要的推动作用。②

　　20 世纪 90 年代以后，中国的经济改革进入了改造微观基础的企业改革阶段。吴敬琏等人认为必须要冲破"国有经济是公有制的高级形式，是社会主义所必须追求的目标"这类从苏联搬来的意识形态教条，努力寻找能够促进生产力发展的公有制实现形式，按照"三个有利于"的原则，完善所有制结构，实现多种所有制经济的共同发展；另一个是必须大胆利用一切反映社会化生产规律的经营方式和组织形式，必须对国有经济进行战略性改组，使国有资本从一般竞争性领域向需要有国有经济发挥作用的战略性领域集中。根据以上认识，国有经济改革既包含国有企业改革，还包含国有经济布局的调整。1997 年，他领导的国务院发展研究中心的"国有经济战略性改组"课题，提出要依托在改革中已经涌现出来和将要陆续建立的优势企业，在国家产业政策的引导下，发挥资本市场在资金配置和再配置中的基础性作用，实现国有资本从一般竞争性领域退出。③ 这一对国有经济布局进行战略性调整的思想作为一项重要方针写入十五大报告。

　　与此同时，尤其 20 世纪 90 年代中期以后，吴敬琏对发展民营经济的问题给予了特别的关注。他认为我国的社会主义市场经济应当建立在公有制为主体，多种经济成分共同发展的基础之上。除公有制经济外，适应着现代社会生产力和多层次性和个人创造性的重要作用，应当支持和鼓励各种非国有经济成分，包括合作社经济、民营经济以及外资经济的发展。国家应当对各种经济成分采取一视同仁的政策，消除对民营经济等非国有经

---

　　① 1993 年出版的《大中企业改革：建立现代企业制度》和 1994 年出版的《现代公司与企业改革》（两书都由天津人民出版社出版）是他在这方面研究成果的集中体现。

　　② 参见吴敬琏《当代中国经济改革：战略与实施》，上海远东出版社 1999 年版，第 140—182 页。

　　③ 参见吴敬琏、张军扩、刘世锦等《国有经济的战略性改组》，中国发展出版社 1998 年版。

济成分在价格、税收、金融、市场准入等方面的歧视，着力营造平等的环境，实现在市场规则面前人人平等，使各种经济成分都能在国家统一的产业政策的引导下各显其能，共同缔造持续的繁荣。他的一些建议和主张被中央决策部门接受，为十五大明确规定公有制为主体、多种所有制共同发展的社会主义初级阶段的基本经济制度作出了理论贡献。吴敬琏高度肯定了民营经济在促进就业，尤其解决城市下岗职工的再就业方面的重要作用，并认为这还是化解农村贫困、提高农民收入的根本道路，民营经济的发展无疑有力地推进了市场经济向纵深方向发展。

1998 年，当如何分流国有企业下岗职工成为政府和学界普遍关心的问题时，吴敬琏提出了应当以民营中小企业作为分流国企下岗职工、解决我国就业问题的主渠道，同时提出了如何支持民营中小企业发展的具体措施。国务院领导采纳了吴敬琏及其他人士提出的应以民营中小企业的发展带动就业的建议并发出了加强对中小企业的信贷服务等一系列指示。接着，他对浙江民营经济的发展作了全面的考察，并且向国务院领导报告他的考察结论，指出民营中小企业所蕴含的巨大的、有待开发的潜力显然是我们克服当前困难和走向新的高涨所应当依靠的力量。

三 倡导建立法治的市场经济

吴敬琏是最早对转轨过程中可能出现腐败蔓延甚至陷入权贵资本主义（即官僚资本主义）泥坑危险提出警告的经济学家之一。

早在 1988 年，他就率先引进西方经济学中的"寻租"理论加以分析，揭露了"官倒"活动权钱交易的实质，也为反腐倡廉指出了正确的途径。[①] 转轨期间腐败的另一种形式，是利用市场的不规范和某些不受约束的权力掠夺中小投资者致富。并且依据微观经济学理论对我国证券市场上"政府托市、公司圈钱"，以及官商勾结、操纵市场，坑害中小投资者的行为进行分析和批判，倡导在规范的基础上发展证券市场。在他看来，转轨时期仍然存在腐败赖以滋生的土壤和条件。例如：虽然国有经济在国民生产总值中并不占有优势，但它仍然控制着国民经济命脉，国有企业在石油、电信、铁道、金融等重要行业中继续处于垄断地位；各级政府握有

---

① 吴敬琏：《"寻租"理论与我国经济中的某些消极现象》，中国展望出版社 1989 年版，第 1—5 页。

支配土地、资金等重要经济资源流向的巨大权力；现代市场经济不可或缺的法治基础尚未建立，各级政府的官员有很大的自由裁量权，通过直接审批投资项目、设置市场准入的行政许可、管制价格等手段对企业的微观经济活动进行频繁的直接干预，等等。

同时，吴敬琏在对转轨时期的社会关系和政府职能的分析上，也有独到见解。在关于各种社会力量对待改革的态度上，吴敬琏作了这样的区分：第一种是亲市场取向改革的力量，他们力图建立一种符合大众利益的市场经济，以便求得社会公正和逐步实现共同富裕。第二种是亲计划体制的力量，他们认为市场经济姓"资"，国家所有制是社会主义的经济基础，只能加强，不能削弱。第三种人既不愿意回到计划经济的体制，也不愿意看到规范化的、平等竞争的市场的建立。他们力图保持现有的双重体制，甚至企图通过"设租"活动，扩大行政权力对经济活动的干预，以便继续利用自己的特殊地位弄权"寻租"，发财致富。①

由于上述第三种社会力量的活动有可能导致改革偏离建设好的市场经济的方向。1998 年，吴敬琏率先发出避免滑入权贵资本主义泥坑的警言。② 在他看来，随着改革日益进入深水区，既得利益和机会主义的固化特权和垄断，官僚依赖性的管制，对社会成本和环境的透支日益严重，因此，他认为，建立一个什么样的市场经济，是转型时期一个尖锐的社会问题。它的核心就是如何在大变革中力求保持社会公正。由此，政府在经济转型中的作用就显得格外重要。因此必须加快政治改革，提升政治文明，建立民主政治，建设法治国家。他还认为，改革不是一个经济自发演进的过程，而是一种制度的重新安排。这就意味着经济利益关系的巨大调整。这种调整必然会遇到那些不愿意放弃原有既得利益的人的阻碍和抵抗。只有政府通过运用行政、法律、教育、经济政策诱导等各种手段，才能消除这种阻碍和抵抗。政府除了要保证在转轨时期的产权再配置中初始分配不过分悬殊之外，还完全应当而且一定能够在人民生活水平普遍提高的基础上，充分运用各种政策工具，抑制少数人个人财富的过度积累，防止两极分化，逐步实现共同富裕。

---

① 吴敬琏：《当代中国经济改革：战略与实施》，上海远东出版社 1999 年版，第 421 页。
② 吴敬琏、汪丁丁：《关于中国改革前途的对话》，《财经》1998 年第 8 期；吴敬琏：《改革：我们正在过大关》，生活·读书·新知三联书店 1998 年版，第 2—39 页。

他指出，当前中国的改革发展面临着两个重大命题：一是政府的职能与角色，二是市场经济体系的完善。这两个问题的解答和建设，必须从法律和经济两个层面同时推进。21 世纪以来，吴敬琏积极倡导建立以法治为基础的现代市场经济，他指出好的市场经济是建立在公正、透明的游戏规则之上，即法治的市场经济。

四 经济增长模式转变理论

转变经济增长模式一直都是近十年来中国经济改革研究的热点问题。2006 年出版的《中国增长模式抉择》一书集中体现了吴敬琏关于转变经济增长模式方面的创见。他首先通过研究有关国家的经济发展史和发展经济学的文献，否定根据霍夫曼定理得出"重工业化是中国不可逾越的阶段"的结论。他通过发展经济学的文献梳理表明：在主要依靠物质资本积累和其他资源投入驱动的早期增长模式之外，一些先行工业化国家早已转向主要依靠人力资本积累和效率提高驱动的现代增长模式。而我们在重化工业化浪潮中的所作所为，不过是对早期增长模式的延续。他回顾了早期发展经济学关于工业化道路的理论以及苏联和我国在工业化道路上的利弊得失。认为重化工业化道路对中国而言是"扬短避长"，造成整体经济效益的下降。

我国自 20 世纪 90 年代以来，政府曾多次作出决定要根本改变经济增长方式，但根本转变的目标迄今尚未得到实现。吴敬琏把增长模式转变不成功的原因归结为：与传统工业化道路相配套的体制和政策仍旧遗留在我国当前的经济发展中。并将其概括为四个方面：一是把数量扩张作为主要目标的旧思想和老做法没有彻底改变；二是各级政府继续保持着过多的资源配置权力和对企业微观经济政策的干预权力；三是财政体制的缺陷使各级政府官员有动力和能力进行过度投资营建"形象工程"和"政绩工程"；四是要素价格的严重扭曲鼓励高资源投入、低经济效率项目的扩张，因此，"传统经济增长模式不断被复制出来，根本原因在于这种增长模式乃是现行经济体制的必然产物"。①

基于这些深层次的原因，吴敬琏指出，要改变经济增长模式必须改革体制，建立一个有效支持这种转变的制度基础。转变增长方式的要义，在

---

① 吴敬琏：《中国经济增长模式抉择》，上海远东出版社 2006 年版，第 134 页。

于铲除传统增长模式的体制基础，建立和健全新增长模式的制度环境。其中最为关键的关键，是加快政府职能转变，建立有限和有效的政府。增长模式能否转变，最终取决于政府改革能否取得成功。目前我国政府在执行自己的职能时存在着"越位、错位和不到位"的偏差，为了提高经济效益，转变增长方式，必须根据社会主义市场经济的要求，限制各级政府配置资源和直接干预企业和个人微观决策的权力。矫正土地、资金等生产要素价格的扭曲，关键在于实现价格市场化，把定价权还给市场，要素价格由它们本身的稀缺度而不是由行政官员决定，市场机制才能够在资源配置中起基础性作用。

五　经济思想评价

综上所述，吴敬琏是在国内较早倡导市场取向改革目标的经济学家，是社会主义经济改革理论与政策研究的主要代表人物，他既没有教条式地照搬照抄马克思主义经典作家的个别论断，也没有尊奉西方的经济理论和政策主张为圭臬，更没有生硬移植其他转轨国家的改革思维，而是将其改革理论与政策思想建立在比较制度分析和中国具体的历史、国情的基础之上。

吴敬琏首先确立了社会主义经济的商品属性，突破了市场经济姓社姓资的束缚。这在当时是理论上的重要突破和发展。之后他通过分析商品经济和市场经济这两个既有联系、又有区别的概念，指出社会主义商品经济，也就是社会主义市场经济。他认为市场经济就是资源配置以市场为导向的经济，这是从资源配置方式立论的，而非社会制度属性。只有从资源配置方式着眼，计划经济（命令经济）才是同市场经济（商品经济）相互对立的。从词源和语义看，所谓市场经济都无非是从资源配置角度对"商品经济"（列宁）或"货币经济"（马克思）的另一种称呼。[1] 社会主义并不排斥市场制度，最有利于经济发展的制度才是最好的制度，市场制度并不是天然地与社会主义原则相对立，市场制度只是提供了通过均衡价格达到帕累托最优状态的可能性。在 1991 年出版的《论竞争性市场体制》一书中，吴敬琏明确把中国经济改革的目标模式概括为建立社会主义市场经济体制。1992 年他又进一步论证，市场经济是具有一定社会化

---

① 　吴敬琏、刘吉瑞：《论竞争性市场体制》，中国财政经济出版社 1991 年版，第 6—7 页。

程度的商品经济。中国经济体制改革的实质，是以市场机制为基础的资源配置方式取代以行政命令为主的资源配置方式，在这个意义上，社会主义经济可以叫作市场经济。① 这样，吴敬琏就科学分析了社会主义经济属性，从资源配置方式上区分了计划经济和市场经济，论证了社会主义制度与市场经济完全能够结合在一起，确立了社会主义市场经济的概念和体制改革目标，形成了比较完整的社会主义市场经济理论体系。他的这些观点和主张对理论和实践都产生了重大影响。时至今日，社会主义市场经济这一提法以及建立和完善社会主义市场经济的体制改革目标已经成为政府和学术界普遍接受的概念和共识。这在中国经济理论发展史上，具有重要的意义。另外在改革的方案设计上，以吴敬琏为代表的协调改革派提出了一种推进经济体制改革的整体协调性改革思路，制订了一个个详尽的方案，现今这些方案很多已经成功转化为我国经济改革的实践，这些方案所体现的一些协调配套思想也已经成为我国经济改革的指导思想。

此外，吴敬琏论证了公有制应有多种实现形式，指出我国社会主义市场经济应当建立在以公有制为主体，多种经济成分共同发展的基础之上。这是马克思主义的社会主义经济理论在所有制问题上的又一个创新和突破。它冲破了"国有经济是公有制的高级形式，是社会主义所必须追求的目标"这一从苏联搬来的意识形态教条，为探索公有制的多种实现形式、为国有经济布局的调整以及国有经济的战略性改组，做出了重要贡献，同时也推动了个体、民营、外资等非公有制经济的发展，促进了社会主义市场经济体系的形成和发展。吴敬琏还深刻分析了市场取向的改革是否能够同巩固公有制的大方向兼容问题，他指出市场的形成以利益主体的多元化，即独立商品经营者的存在为前提，因此它同任何独家垄断的所有制形式不相容。但是，公有制并不注定要采取目前这种政府一元化管理的形式。在他看来，把我国大中型国营企业改组为公有制法人持股为主、个人持股为辅的分散持股的独立法人组织，② 政企分开、所有权和经营权的分离，是有可能在社会主义公有制的范围内做到的。这样做不仅增强了企业的活力、提高了效率，也加强社会主义经济的整体力量。这显然只会加强公有制，而不会削弱公有制。

① 吴敬琏：《建议确立"社会主义市场经济"的提法》，《财贸经济》1992 年第 7 期。
② 吴敬琏：《产权制度和大中型企业的改革》，《经济社会体制比较》1989 年第 6 期。

　　在经济研究方法上，吴敬琏注重比较研究和对西方经济学积极成果的吸收，这对其社会主义市场经济理论的形成起到了重要作用，也为马克思主义经济学结合具体实际的中国化过程提供了方法论上的启示。吴敬琏的比较研究包括横纵两个方面：纵比，能够对照我国经济改革不同阶段的理论和实践进行演绎和总结，在发展的基础上推进改革成果。横比，能够对照原东欧国家改革的理论和实践，加以借鉴和突破。[①] 他的社会主义经济理论和协调改革的理论主张就是在这种横纵比较中逐渐形成的。同时在改革之初，吴敬琏就反对意识形态上的"标签主义"，他批评了认为凡是西方资产阶级经济学的理论就加以完全否定的观点，他认为某些西方经济学家的理论带有辩护性质；另外，作为一门实用性很强的学问，西方经济学对于市场运行和宏观经济政策进行了深入的研究，某些积极成分和合理成分对于社会主义的商品经济是同样适用的。有鉴于此，就应当充分地吸收现代经济学的积极成果，增长我们对现代经济运动规律的认识，从而加强对经济改革的理论准备。[②]

---

　　① 叶远胜主编：《中国经济改革理论流派》，河南人民出版社 1994 年版，第 123 页。
　　② 吴敬琏、周小川等：《中国经济改革的整体设计》，中国展望出版社 1990 年版，第 9—11 页。

参考文献

图书类

1. 《马克思恩格斯文集》10 卷，人民出版社 2009 年版。
2. 《马克思恩格斯全集》第 4 卷，人民出版社 1958 年版。
3. 《马克思恩格斯全集》第 19 卷，人民出版社 1963 年版
4. 《马克思恩格斯全集》第 40 卷，人民出版社 1982 年版。
5. 《马克思恩格斯全集》第 46 卷（上册），人民出版社 1979 年版。
6. 《马克思 恩格斯 列宁 斯大林论思想方法和工作方法》，人民出版社 1984 年版。
7. 《马克思恩格斯选集》第 1—2 卷，人民出版社 1995 年版。
8. 马克思著：《资本论》，第 1—3 卷，人民出版社 1975 年版。
9. 马克思、恩格斯著：《德意志意识形态》，人民出版社 1961 年版。
10. 《列宁选集》第 2 卷，人民出版社 1995 年版。
11. 《列宁全集》第 23 卷，人民出版社 1990 年版。
12. 《毛泽东选集》第 3—4 卷，人民出版社 1991 年版。
13. 《毛泽东文集》，第 6—8 卷，人民出版社 1999 年版。
14. 《毛泽东著作选读》下册，人民出版社 1986 年版。
15. 《刘少奇选集》（上卷、下卷），人民出版社 1981 年版。
16. 《刘少奇论新中国经济建设》，中央文献出版社 1993 年版。
17. 《周恩来选集》（下卷），人民出版社 1984 年版。
18. 《周恩来统一战线文选》，人民出版社 1984 年版。
19. 《张闻天选集》，人民出版社 1985 年版。
20. 《张闻天社会主义论稿》，中共党史出版社 1995 年版。
21. 《邓小平文选》第 1 卷，人民出版社 1989 年版。

22. 《邓小平文选》第 2 卷，人民出版社 1994 年版。

23. 《邓小平文选》第 3 卷，人民出版社 1993 年版。

24. 《陈云文选》第 1—2 卷，人民出版社 1984 年版。

25. 《陈云文选》第 3 卷，人民出版社 1986 年版。

26. 《陈云同志文稿选编》，人民出版社 1981 年版。

27. 《十四大以来重要文献选编》（中），人民出版社 1997 年版。

28. 《十四大以来重要文献选编》（下），人民出版社 1999 年版。

29. 《十五大以来重要文献选编》（上），人民出版社 2000 年版。

30. 《十五大以来重要文献选编》（中），人民出版社 2001 年版。

31. 《十六大以来重要文献选编》（上），中央文献出版社 2005 年版。

32. 《十六大以来重要文献选编》（中），中央文献出版社 2006 年版。

33. 《十七大以来重要文献选编》（上），中央文献出版社 2009 年版。

34. 《中国共产党第十七次全国代表大会文件汇编》，人民出版社 2007 年版。

35. 《中共中央关于制定国民经济和社会发展第十个五年计划的建议》，人民出版社 2000 年版。

36. 《中共中央关于经济体制改革的决定》，人民出版社 1984 年版。

37. 《中共中央关于制定国民经济和社会发展第十二个五年规划的建议》辅导读本，人民出版社 2010 年版。

38. ［德］黑格尔著：《精神现象学》上卷，贺麟等译，商务印书馆 1979 年版。

39. ［匈］卢卡奇著：《历史与阶级意识》，杜章智等译，商务印书馆 1992 年版。

40. ［德］哈贝马斯著：《重建历史唯物主义》，郭官义译，社会科学文献出版社 2000 年版。

41. ［法］阿佩尔著：《哲学的改造》，孙周兴等译，上海译文出版社 1994 年版。

42. 《李达文集》第 1 卷，人民出版社 1980 年版。

43. 吴冷西著：《忆毛主席》，新华出版社 1995 年版。

44. 沈志远著：《新民主主义经济概论》，生活·读书·新知三联书店 1950 年版。

45. 《马寅初经济论文选集》下册，北京大学出版社 1981 年版。

46. 管大同著:《过渡时期的国家资本主义》,人民出版社 1954 年版。

47. 薄一波著:《若干重大决策与事件的回顾》,中共中央党校出版社 1993 年版。

48. 顾龙生著:《毛泽东经济年谱》,中共中央党校出版社 1993 年版。

49. 中共中央文献研究室编:《邓小平年谱(1975—1977)》,中央文献出版社 2004 年版。

50. 任青、李志成编著:《国内邓小平理论研究述评》,山东人民出版社 1999 年版。

51. 马文奇著:《张闻天经济思想研究》,青海人民出版社 1992 年版。

52. 刘凤岐著:《陈云经济思想研究》,青海人民出版社 1993 年版。

53. 曹应旺著:《开国财头陈云》,上海人民出版社 2005 年版。

54. 陈光林著:《陈云经济思想研究》,山东人民出版社 1990 年版。

55. 中共中央文献研究室编:《陈云研究述评》(上册、下册),中央文献出版社 2004 年版。

56. 钱胜著:《江泽民经济思想研究》,安徽人民出版社 2005 年版。

57. 冷溶主编:《中国特色社会主义与全面建设小康社会》,社会科学文献出版社 2008 年版。

58. 许涤新著:《中国经济的道路》,新中国书局 1949 年版。

59. 许涤新著:《我国过渡时期国民经济的分析》,科学出版社 1957 年版。

60. 许涤新著:《中国社会主义经济发展中的问题》,中国社会科学出版社 1982 年版。

61. 许涤新著:《论社会主义的生产、流通与分配(读〈资本论〉笔记)》,人民出版社 1979 年版。

62. 《许涤新经济文选》,上海人民出版社 1980 年版。

63. 孙冶方著:《社会主义经济理论中的若干问题》,人民出版社 1979 年版。

64. 孙冶方著:《孙冶方选集》,山西人民出版社 1984 年版。

65. 孙冶方著:《社会主义经济理论中的若干问题》,人民出版社 1979 年版。

66. 刘国光等著:《孙冶方的经济体制改革理论研究》,经济日报出版社 1987 年版。

67. 中国社会科学院经济研究所资料室编：《孙冶方经济理论评论》，人民出版社 1985 年版。

68.《刘国光选集》，山西人民出版社 1986 年版。

69.《刘国光文集》，中国社会科学出版社 2006 年版。

70. 刘国光主编：《中国经济体制改革的模式研究》，中国社会科学出版社 1988 年版。

71. 刘国光著：《中国经济走向——宏观经济运行与微观经济改革》，江苏人民出版社 1999 年版。

72. 吴敬琏等著：《建设市场经济的总体构想与方案设计》，中央编译出版社 1996 年版。

73. 吴敬琏著：《当代中国经济改革：战略与实施》，上海远东出版社 1999 年版。

74. 吴敬琏等著：《国有经济的战略性改组》，中国发展出版社 1998 年版。

75. 吴敬琏著：《"寻租"理论与我国经济中的某些消极现象》，中国展望出版社 1989 年版。

76. 吴敬琏著：《当代中国经济改革：战略与实施》，上海远东出版社，1999 年版。

77. 吴敬琏著：《吴敬琏自选集（1980—2003 年）》，山西经济出版社 2003 年版。

78. 吴敬琏著：《改革：我们正在过大关》，生活·读书·新知三联书店 2001 年版。

79. 吴敬琏著：《中国经济增长模式抉择》，上海远东出版社 2006 年版。

80. 吴敬琏、刘吉瑞著：《论竞争性市场体制》，中国财政经济出版社 1991 年版。

81. 吴敬琏、周小川等著：《中国经济改革的整体设计》，中国展望出版社 1990 年版。

82. 叶远胜主编：《中国经济改革理论流派》，河南人民出版社 1994 年版。

83. 颜鹏飞著：《马克思主义经济学说史》，武汉大学出版社 1995 年版。

84. 颜鹏飞主编：《中国社会主义市场经济理论溯源》，湖北人民出版社 2001 年版。

85. 颜鹏飞著：《中国社会经济形态的大变革——基于马克思恩格斯的新发展观》，经济科学出版社 2009 年版。

86. 颜鹏飞主编：《马克思主义经济学论与中国改革发展研究》（6 卷），经济科学出版社 2009 年版。

论文类

1. 沈志远：《怎样认识当前工商业的困难和前途》，《学习》1950 年第 2 卷第 7 期。

2. 狄超白：《国家资本主义的性质、形式及其作用》，《学习》1951 年第 4 卷第 4 期。

3. 许涤新：《论人民经济的价值法则》，《新建设》1951 年 1 月号。

4. 许涤新：《新民主主义社会的商品生产和价值法则》，《新建设》1953 年 7 月号。

5. 许涤新：《论过渡时期中的社会主义基本经济法则》，《新建设》1953 年第 10 期。

6. 许涤新：《论价值规律在我国过渡时期的作用》，《学术月刊》1957 年第 7 期。

7. 许涤新：《论农村人民公社化后的商品生产和价值规律》，《经济研究》1959 年第 1 期。

8. 许涤新：《关于社会主义社会的剩余劳动和利润》，《光明日报》1978 年 9 月 30 日。

9. 许涤新：《加强生态平衡经济问题的研究究》，《经济研究》1980 年第 11 期。

10. 薛暮桥：《价值法则在中国经济中的作用》，《学习》1953 年第 9 期。

11. 蒋学模：《我国向社会主义过渡时期的商品生产和价值法则》，《复旦学报》1955 年第 5 期。

12. 黄楠生：《论我国现阶段生产力和生产关系的关系》，《新建设》1957 年第 3 期。

13. 关梦觉：《关于高级农业生产合作社的生产力与生产关系问题》，《新建设》1956 年 7 月号。

14. 张闻天：《关于生产关系的两重性问题》，《经济研究》1979 年第 10 期。

15. 蒋家俊：《纪念广义政治经济学的先驱许涤新同志》，《财经研究》1990 年第 9 期。

16. 胡寄窗：《追忆许涤新同志对马克思主义经济学的贡献》，《财经研究》1990 年第 9 期。

17. 张梅娟：《陈云农业经济思想及其对解决"三农"问题的启示》，《党史文苑》2008 年第 2 期。

18. 王杰：《陈云经济思想的实验科学特色》，《中国浦东干部管理学院学报》2010 年第 4 期。

19. 王杰：《陈云经济思想的理论贡献新探——从欠发达版块经济学角度的思考》，《中国社会科学院研究生院学报》2005 年第 3 期。

20. 龚育之：《陈云对毛泽东思想的形成和发展的贡献》，《学习时报》2011 年 8 月 18 日。

21. 何炼成：《重温孙冶方同志的〈论价值〉——纪念孙冶方〈论价值〉一文发表 50 周年》，《当代经济研究》2010 年第 1 期。

22. 张卓元：《孙冶方经济思想的重要现实意义——纪念孙冶方百年诞辰》，《经济研究》2008 年第 10 期。

23. 张卓元：《对传统的社会主义经济理论的严重挑战——评介孙冶方的社会主义经济理论体系》，《经济科学》1983 年第 2 期。

24. 新望：《改革年代里的兄弟经济学家——近看孙冶方与薛暮桥》，《中国改革》2005 年第 4 期。

25. 黄范章：《孙冶方经济理论体系中的矛盾》，《经济研究参考资料》1983 年第 11 期。

26. 徐雪寒、骆耕漠、冒天启：《怀念改革的先驱者孙冶方》，《经济导刊》1993 年第 3 期。

27. 张卓元：《孙冶方经济思想的重要现实意义——纪念孙冶方百年诞辰》，《经济研究》2008 年第 10 期。

28. 刘国光：《研究宏观经济形势要关注收入分配问题》，《经济参考报》2003 年 4 月 22 日。

29. 刘国光：《关于分配和所有制关系若干问题的思考》，《红旗文稿》2007 年第 4 期。

30. 刘国光：《略论两种模式转换》，《世界经济导报》1985 年 8 月 26 日。

31. 桁林：《从"双重模式转换"到"两个根本性转变"——刘国光经济

思想专题研究》,《经济学动态》2003 年第 11 期。

32. 沈立人:《坚持和发展马克思主义经济学的中国化——〈刘国光文集〉十卷本评介》,《经济研究》2007 年第 2 期。

33. 杨承训:《改革理论领跑者的睿智——读刘国光〈经济学新论〉》,《高校理论战线》2010 年第 3 期。

34. 吴敬琏:《建议确立"社会主义市场经济"的提法》,《财贸经济》1992 年第 7 期。

35. 吴敬琏:《产权制度和大中型企业的改革》,《经济社会体制比较》1989 年第 6 期。

36. 颜鹏飞:《也谈中国社会主义初级阶段的经济特征》,《财经理论与实践》1988 年第 1 期。

37. 颜鹏飞:《中国社会主义市场经济新形态的再认识》,《马克思主义研究》2003 年第 4 期。

38. 颜鹏飞、马瑞:《关于构建转轨型政治经济学体系的反思》,《经济学动态》2005 年第 4 期。

39. 颜鹏飞、蔡彤:《中国社会经济转型和可持续改革开放的新拐点》,《经济学动态》2007 年第 5 期。

40. 颜鹏飞:《对新中国 60 年经济思想史的系统归纳与总结》,《经济思想史评论》2010 年第 6 辑。

41. 丁霞、颜鹏飞:《中国经济学逻辑体系的新探索——兼论马克思的经济学逻辑构建体系》,《当代经济研究》2011 年第 1 期。

后　记

　　本书是承担教育部哲学社会科学研究重大课题攻关项目"马克思主义中国化研究"（首席专家陶德麟，03JZD003）、教育部哲学社会科学研究重大课题攻关项目"《资本论》及其手稿再研究"（首席专家颜鹏飞，长江大学特聘教授，11JZD004），以及广东省哲学社会科学"十二五"规划项目"关于民生本位的中国经济发展理论体系从起点范畴上升到总体的具体化研究"（主持人丁霞，GD13CMK05）和广东财经大学国民经济研究中心招标项目"关于经济发展范畴在具体化行程中的多层次研究"（主持人丁霞，2013XM11）的阶段性研究成果。

　　颜鹏飞撰写绪论和第三章，并且设计全书提纲以及统稿、修改和定稿工作。颜鹏飞指导的博士和博士后承担了资料收集、校对等技术性工作以及部分书稿撰写工作。丁霞撰写第一章、第二章和第六章，并参与全书修改和定稿事宜。其他各章：第四章"张闻天的经济思想"（赵昊鲁）；第五章"陈云的经济思想"（李铁强）；第六章"邓小平的经济思想"（颜昌顺、丁霞）；第七章"'三个代表'重要思想体系中的经济思想"（王琴）；第八章"科学发展观体系中的经济思想"（李华）；第九章"马克思主义经济学家的经济思想"（上）（高健、刘会闯）；第十章"马克思主义经济学家的经济思想"（中）（李朝辉、刘和旺）；第十一章"马克思主义经济学家的经济思想"（下）（刘会闯、高健）。此外，何萍提供了关于"毛泽东经济思想"的初稿，丁霞提供了"关于马克思主义经济学家经济思想"的部分初稿。王小辉、杨芳、贺静承担了部分修订工作。

　　另外，感谢中国社会科学出版社田文编审为本书出版所付出的辛勤劳动。

颜鹏飞，武昌珞珈山，2014 年 12 月 23 日